교사를 위한 캔바
수업활용의 모든 것
[심화편]

디자인, 영상, AI까지
캔바 고급기능으로 창의적 교실 만들기

교사를 위한
캔바
심화편
수업활용의
모든 것

박준호, 장덕진, 강나진, 김현희, 박태호, 신민경,
윤지원, 이은지, 정지현, 최서원, 황은지 지음

함께 보면 효과 백배! 이 책 원격연수

테크빌교육

수업 자료 디자인이 아니라, 학습 경험을 새롭게 디자인해 주는 가장 훌륭한 도구 캔바로 선생님을 초대합니다

한 장의 활동지, 한 컷의 시각 자료, 한 편의 짧은 동영상이 학생들의 이해를 열어 주고 질문을 이끌며, 친구들 간의 협업을 자연스럽게 만들어 주는 순간을 우리는 교실에서 수없이 보아 왔습니다. 때로는 "이런 자료 하나만 있으면 참 좋겠다."라는 바람을 품기도 했습니다.

과거에는 교과서 발행사에서 제작한 인쇄물을 걸어 두는 '괘도'가 대표적인 수업 자료였습니다. 수정이 어렵고, 활용도 또한 제한적이었습니다. 이후 컴퓨터의 도입으로 프레젠테이션 도구(PPT)가 등장하며 교사가 자유롭게 편집할 수 있었지만, 파일 형식의 제약 때문에 활용에 한계가 있었습니다. 클라우드 기반 도구가 발전하면서 웹에 자동 저장되고, 여러 사람이 동시에 편집할 수 있는 새로운 차원의 협업이 가능해졌습니다.

수업의 디자이너인 교사가 이러한 기술을 가장 효율적으로 활용할 수 있는 도구로 주목한 것이 바로 캔바(Canva)입니다. 설치가 필요 없는 웹 기반 플랫폼, 낮은 진입 장벽, 다양한 교과 적용 가능성, 그리고 실시간 공동 편집 기능까지 갖춘 캔바는 학생과 교사 모두에게 편리하고 친숙한 도구입니다.

이번 책은 캔바 코리아 공식 앰배서더(Local Leader), 국내 1호 캔바 크리에이터 교사를 비롯해 최고의 캔바 전문가 교사들이 6개월간 집필한 결과물입니다. 집필진이 속한 디지털미디어교육콘텐츠 교사연구협회(몽당분필)는 캔바를 기본 도구로 삼아 학습지, 프로젝트 결과물, 사회공헌 자료까지 '공공성과 실용성'을 동시에 지닌 산출물을 꾸준히 만들어 왔습니다.

2025년 현재 전 세계 2억 3천만 명 이상이 사용하는 캔바는 단순한 디자인 툴을 넘어 글로벌 교육 현장에서 활발히 활용되고 있습니다. 이 책은 세계적인 흐름 속에서 한국 교실의 맥락에 맞춘 실천 사례와 노하우를 담아 다시 공유합니다.

무엇보다 이 프로젝트의 특징은 전문 디자이너의 시각이 아니라, 교실 속 학생 경험을 디자인하는 교사의 관점으로 기록되었다는 점입니다. '완벽해서'가 아니라, '교실에서 함께 성장하기 위해서' 캔바를 교육용 도구로 활용한 도전의 기록입니다.

캔바는 누구나 금방 시작할 수 있습니다. 템플릿과 다양한 요소는 교사의 수업 의도를 빠르고 쉽게 구현할 수 있도록 돕습니다. 학습지·워크시트, 포스터·인포그래픽, 영상, 발표 자료, 학급 신문, 행사 배너, 목업(Mockup) 등 교과 속 다양한 활동을 디지털화할 수 있으며, 공동 편집 과정 자체가 협력적 학습이 됩니다. 시각화된 결과물은 학생들의 이해를 깊게 하고, 질문과 탐구를 자연스럽게 촉진합니다.

이 책이 선생님들의 교실에 작은 여유와 자신감을 불어넣기를 바랍니다. 아이들과 함께 만든 첫 포스터, 첫 카드뉴스, 첫 발표 자료가 선생님의 추억이자 소중한 수업 포트폴리오가 되기를 기대합니다. 학습 경험을 새롭게 디자인할 수 있는 캔바의 세계로 여러분을 초대합니다.

디지털미디어교육콘텐츠 교사연구협회(몽당분필)
집필진 일동

목차

1 캔바 심화 활용 꿀팁

 기본편에서 캔바의 기초적인 사용법과 화면 구성, 주요 메뉴 기능을 익히셨다면 이제는 이를 바탕으로 실제 교육 현장에서 바로 활용할 수 있는 방법들을 배울 차례입니다. 실전편에서는 수업 자료 제작, 학급 운영, 개인 프로젝트 등 다양한 교육 상황에서 활용 가능한 캔바의 고급 기능과 창의적인 응용법을 실습 중심으로 다룹니다.

 실전편 1장에서는 그 첫걸음으로 프로젝트 관리부터 작업 효율을 높이는 단축키, 템플릿과 요소 활용법, PDF/PPT 파일 편집까지 수업 자료 제작에 꼭 필요한 핵심 기능들을 모아 한눈에 정리해 보겠습니다. 그러면 지금부터 캔바의 실전 기능들을 하나씩 익히며 창의적인 수업 활동을 위한 여정을 시작해 봅시다.

가. 프로젝트 관리 방법

 캔바 프로젝트는 사용자가 제작한 모든 캔바 작업물을 효율적으로 관리할 수 있는 공간입니다. 사용자가 만든 디자인, 업로드한 미디어 자료, 그룹화된 폴더 등을 한곳에 모아 관리하고, 필요할 때 쉽게 찾아볼 수 있도록 도와줍니다.

 그렇다면 왜 '프로젝트 관리'가 중요할까요? 캔바를 자주 사용할수록 디자인 작업물은 계속 쌓이게 됩니다. 이때 정리를 하지 않는다면 마치 컴퓨터 바탕화면에 파일을 무작위로 저장해 둔 것과 같은 혼란스러운 상황이 벌어집니다. 시간이 지날수록 원하는 작업물을 찾기 어려워지고, 필요한 파일을 불러오는 데 큰 불편함을 겪게 되죠.

 이제 실습과 함께 프로젝트 관리 방법에 대해 알아보겠습니다.

1) 캔바 프로젝트 메뉴 열기

01 www.canva.com에 접속하여 로그인합니다.

02 좌측 사이드 메뉴에서 [프로젝트] 항목을 클릭합니다.

그림 1-1. 캔바 프로젝트 메뉴 열기

2) 프로젝트 탭 상세 구성 살펴보기

- **소유자 탭**: 디자인의 소유자에 따라 내가 제작한 프로젝트와 공유받은 프로젝트를 분류할 수 있습니다.

- **카테고리 탭**: 제작한 디자인의 유형별로 작업물을 정리할 수 있습니다.

- **수정된 날짜 탭**: 최신순 또는 과거순 등 시간순으로 작업물을 분류할 수 있습니다.

- **정렬/보기 방식**: 리스트형/섬네일형 보기 등 작업 환경에 맞게 정렬과 레이아웃을 변경할 수 있습니다.

- **[새 항목 추가] 버튼**: 새 폴더 생성 또는 파일 업로드를 할 수 있는 기능입니다.

그림 1-2. 프로젝트 탭 상세 구성 살펴보기

3) 하단 분류 탭 이해하기

프로젝트 메뉴 하단에는 다음과 같은 분류 탭이 존재합니다.

– **폴더**: 폴더 단위로 정리된 작업물 목록.

– **디자인**: 내가 제작한 모든 디자인 파일 보기.

– **브랜드 템플릿**: 제작한 브랜드 템플릿이 저장되고 관리되는 공간.

– **이미지, 동영상**: 작업 중 사용한 미디어 자료들.

※ 이 탭들은 사용자가 작업을 진행한 항목에 따라 자동 생성되며, 사용하지 않은 항목은 나타나지 않습니다.

그림 1-3. 하단 분류 탭 이해하기

4) 프로젝트 정리의 핵심 : 폴더링

'폴더링'이란 바탕화면의 폴더처럼 **디자인 파일을 주제별로 정리하는 과정**입니다. 이러한 폴더를 활용하면 작업물 정리에 큰 도움이 됩니다.

폴더를 생성하는 방법은 다음과 같습니다.

01 [새 항목 추가] → [폴더] 버튼을 클릭합니다.

02 폴더의 이름을 설정하고, 해당 폴더를 공유할 대상(동료 또는 학생 등)을 지정할 수 있습니다.

그림 1-4. 폴더 생성하기(1)　　　　그림 1-5. 폴더 생성하기(2)

　이어서 생성한 폴더에 디자인을 넣어 정리해 보겠습니다.

01　폴더링하고자 하는 디자인을 선택합니다.

02　**[폴더로 이동]** 아이콘을 클릭합니다.

03　디자인을 이동하고자 하는 폴더를 선택하고, **[폴더로 이동]**을 클릭합니다. 이때 적절한 폴더가 없다면 **[새로 만들기]** 버튼을 클릭하여 즉시 새로운 폴더를 생성할 수도 있습니다.

그림 1-6. 폴더에 디자인 넣기

　이렇게 폴더를 생성하면 흩어져 있던 디자인을 체계적으로 관리할 수 있게 됩니다. 다만, 폴더를 삭제할 경우 그 안에 포함된 디자인도 함께 삭제되므로 이 점에 유의하시기 바랍니다.

Tip 1. 작업 중인 디자인 화면에서 폴더링하기

① 디자인 화면 좌측 상단의 **[파일]**을 클릭합니다.
② **[폴더로 이동]**을 선택한 후, 앞서 배운 것처럼 디자인을 바로 이동할 수 있습니다.

그림 1-7. 작업 중 화면에서 폴더링하기

Tip 2. 자주 사용하는 폴더에 빠르게 접근하기 위해 바로가기(별표 표시) 기능 활용하기

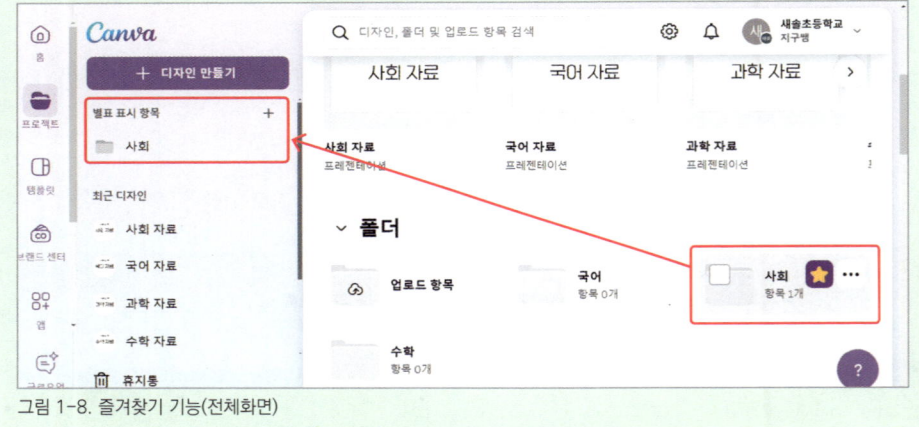

그림 1-8. 즐겨찾기 기능(전체화면)

① 원하는 폴더에 커서를 놓은 후, 별 아이콘을 클릭합니다.
② 아이콘이 노란색으로 채워지면 해당 폴더는 즐겨찾기로 설정된 것입니다.
③ 즐겨찾기된 폴더는 캔바 페이지 좌측의 **[별표 표시]** 항목에 업데이트되어 빠르게 접근할 수 있습니다.

이러한 폴더를 만들고 분류하는 기준은 본인의 필요에 따라 자유롭게 설정할 수 있습니다. 예를 들어, 수업 자료를 관리할 때는 과목별, 학년별 또는 연도별로 폴더를 생성할 수 있습니다. 또는 연도별 폴더를 만든 후 그 안에 과목별로 세분화된 폴더를 추가할 수도 있습니다. 이렇게 폴더 내에 또 다른 폴더를 생성하여 더욱 체계적인 관리도 가능하니, 사용자의 작업 환경에 맞는 적절한 분류 기준을 설정해 보시기 바랍니다.

나. 작업 시간을 단축하는 캔바 단축키 모음

캔바는 다른 디자인 도구와 마찬가지로 다양한 단축키를 제공합니다. 이 단축키를 활용하면 복잡한 작업 과정도 단순화되어 작업 속도와 효율성을 크게 높일 수 있습니다. 그중에서도 이번 장에서는 실제 수업 자료 제작이나 업무에서 주로 쓰이는 필수 단축키를 알아보겠습니다.

1) 작업 복구 단축키

- **실행 취소(Ctrl+Z)**: 마지막 작업을 취소하고 이전 상태로 돌아갈 수 있습니다. 실수를 바로 수정할 때 유용합니다.
- **다시 실행(Ctrl+Y)**: 실행 취소한 작업을 다시 되돌릴 수 있습니다. 작업을 반복적으로 비교할 때 유용합니다.

2) 복사 및 붙여넣기 단축키

- **복사하기(Ctrl+C) / 붙여넣기(Ctrl+V)**: 기본적인 텍스트 및 요소 복사와 붙여넣기입니다.
- **간편 복사(Alt+드래그)**: 요소를 선택한 후 Alt 키를 누르고 드래그하면 쉽게 복사본을 만들 수 있습니다. 직관적인 작업 흐름으로 빠르게 디자인할 때 유용합니다.

3) 수평 및 수직 이동 단축키

- **수직 및 수평 이동(Shift+드래그)**: Shift 키를 누르고 요소를 드래그하면 수직이나 수평으로만 이동합니다. 정확한 정렬이 필요할 때 필수적입니다.

- **수평 및 수직으로 복사(Shift+Alt+드래그)**: 앞서 배운 Alt와 Shift를 동시에 누르고 드래그하면 원래 요소의 위치에서 정확히 수직이나 수평 방향으로 복사본이 생성됩니다.

4) 다중 선택 및 그룹화 단축키

- **다중 선택(Shift+클릭)**: 여러 요소를 선택할 때 Shift를 누른 채 클릭하면 선택된 요소들을 한 번에 관리할 수 있습니다.
- **그룹화(Ctrl+G)**: 선택한 요소들을 하나의 그룹으로 묶어 쉽게 이동하거나 수정할 수 있도록 합니다.
- **그룹 해제(Ctrl+Shift+G)**: 이미 그룹화된 요소들을 다시 개별 요소로 나눕니다.

5) 레이어 순서 변경 단축키

- **요소 앞으로 이동(Ctrl+])**: 선택된 요소를 한 단계 앞으로 이동합니다. 여러 요소가 겹쳐 있을 때 순서를 조정하는 데 효과적입니다.
- **요소 뒤로 이동(Ctrl+[)**: 선택된 요소를 한 단계 뒤로 이동합니다. 여러 요소가 겹쳐 있을 때 순서를 조정하는 데 효과적입니다.

캔바의 기타 모든 단축키는 캔바 공식 단축키 안내 페이지에서 더 자세히 확인할 수 있습니다.(https://www.canva.com/ko_kr/help/keyboard-shortcuts/)

그림 1-9. 캔바 단축키

다. 템플릿과 요소 활용 실전 팁

캔바의 핵심 강점 중 하나는 방대한 양의 템플릿과 요소를 제공한다는 점입니다. 이번 단원에서는 이 다양한 템플릿과 요소를 효과적으로 활용해 더욱더 창의적이고 빠르게 디자인하는 방법을 알아보겠습니다.

1) 템플릿 색상 필터링 활용법

작업에 필요한 특정 색상의 템플릿을 찾고 싶다면, 색상 필터링 기능을 활용할 수 있습니다.

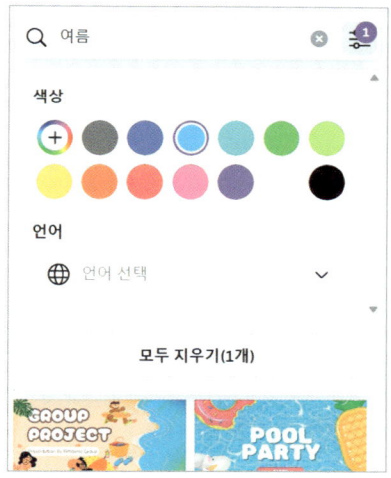

그림 1-10. 색상 필터링

01 캔바 디자인 화면이나 템플릿 탭에서 원하는 키워드를 입력합니다.

02 검색창 오른쪽의 필터 아이콘을 클릭한 뒤 원하는 색상을 선택합니다.

→ 선택한 색상에 맞는 템플릿들이 추천되어 효율적으로 템플릿을 탐색할 수 있습니다.

2) 템플릿 즐겨찾기 추가하기

자주 쓰는 템플릿을 바로바로 사용할 수 있도록 즐겨찾기로 등록하는 방법입니다.

01 템플릿 섬네일에 마우스를 올린 후 우측 상단의 점 세 개(더 보기) 아이콘을 클릭합니다.

02 별표 아이콘을 눌러 즐겨찾기에 추가합니다.

→ 이렇게 추가된 템플릿은 **[프로젝트]** → **[별표 표시]** 탭에서 빠르게 불러올 수 있습니다.

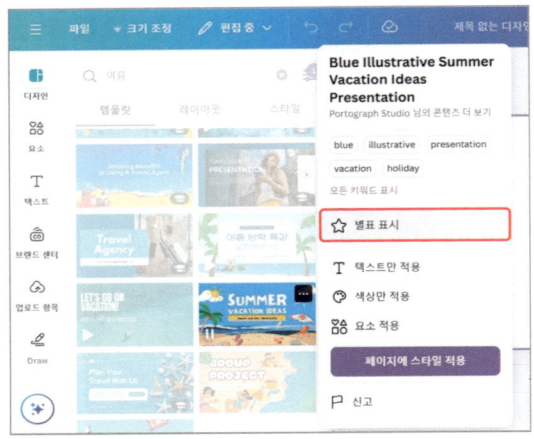

그림 1-11. 템플릿 즐겨찾기(1)   그림 1-12. 템플릿 즐겨찾기(2)

3) 요소 검색 시 영문 키워드 활용하기

캔바 요소 검색 시 한글보다 영어로 검색할 때 더욱 다양하고 정확한 결과를 얻을 수 있습니다. 다음과 같은 추천 영문 키워드를 활용해 보세요.

그림 1-13. 검색 키워드(1)   그림 1-14. 검색 키워드(2)

- 손그림 스타일: doodle, handdrawn, scribbles

- 브러시 스타일: paint stroke, oil stroke, swash

- 꽃 스타일: botanical, vintage flower, funky flower

- 콜라주 및 스크랩북: scrapbook, cutout

4) 자주 사용하는 요소 저장 및 폴더 관리

작업을 하다 보면 마음에 드는 템플릿뿐만 아니라 자주 사용하고 싶은 요소를 발견할 때가 있죠. 이럴 때 템플릿과 마찬가지로 요소를 저장해 두면, 언제든지 쉽게 꺼내 사용할 수 있습니다.

01 원하는 요소에 마우스를 올리고 마우스 오른쪽 버튼을 클릭하여 정보 보기를 선택합니다.

02 별표 아이콘을 클릭하여 즐겨찾기에 추가하거나, **[폴더에 추가하기]**를 선택해 원하는 폴더에 저장할 수 있습니다.

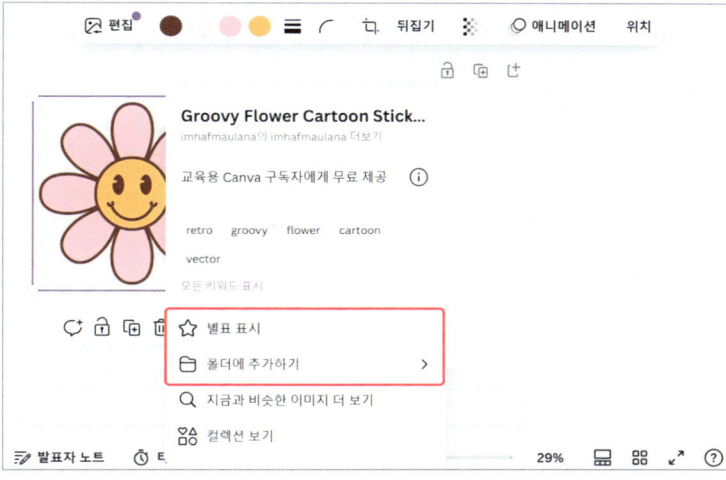

그림 1-15. 요소 즐겨찾기

라. 캔바로 PDF와 PPT 파일 쉽게 편집하기

캔바는 새로 디자인을 시작할 때뿐만 아니라 기존에 작성된 PDF나 PPT 파일을 불러와 수정하고 새롭게 디자인할 수 있는 매우 유용한 기능을 제공합니다. 이를 활용하면 수업 자료나 발표 자료를 더 효율적이고 창의적으로 개선할 수 있습니다.

1) PDF/PPT 파일 업로드 및 편집 준비하기

01 캔바의 메인 화면에서 **[업로드]** 버튼을 클릭합니다.

02 **[파일 업로드]** 버튼을 클릭하거나 PDF/PPT 파일을 화면에 끌어놓아(드래그 앤드 드롭) 업로드합니다.

→ 업로드가 완료되면 파일이 캔바의 디자인 페이지로 자동 변환되어, 개별 요소를 즉시 편집할 수 있게 됩니다.

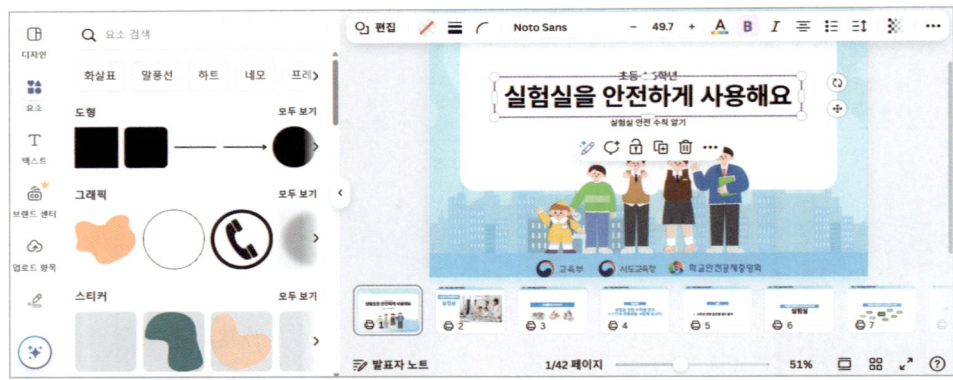

그림 1-16. PPT 파일 업로드 화면

2) 변환된 문서 편집하기

업로드한 문서는 페이지 단위로 자동 분리되며, 텍스트, 이미지, 도형 등 각 요소를 개별적으로 선택하고 수정할 수 있습니다.

- 텍스트 내용 변경, 폰트 변경, 크기 조정 등 자유로운 편집 가능합니다.

- 불필요한 이미지나 도형은 삭제하거나 교체할 수 있으며, 캔바에서 제공하는 다양한 요소로

더 풍성하게 꾸밀 수 있습니다.

- 새로운 페이지를 삽입하거나 기존 페이지의 순서를 변경할 수도 있습니다.

3) 최종 편집 파일 다운로드하기

편집이 완료된 파일은 간단히 다운로드하여 다시 사용하거나 공유할 수 있습니다.

01 화면 우측 상단의 **[공유]** → **[다운로드]** 버튼을 클릭합니다.

02 원하는 파일 형식(PDF, PPTX, 이미지 등)을 선택하고 [다운로드]를 클릭하여 내 컴퓨터에 저장합니다.

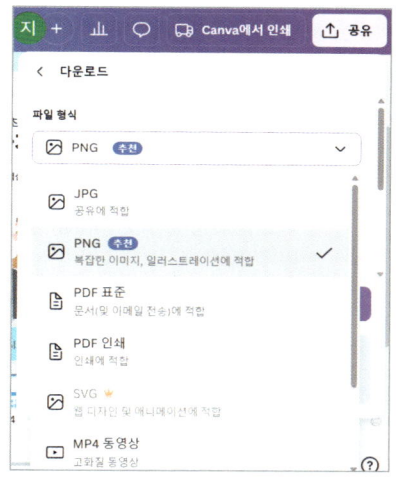

그림 1-17. 파일 다운로드

지금까지 실제 수업과 교육자료 제작에 바로 적용할 수 있는 캔바의 다양한 기능과 활용 팁을 살펴보았습니다. 이번 강의를 통해 프로젝트 관리부터 템플릿 활용, 요소 검색, 파일 편집까지 캔바를 보다 효율적으로 다룰 수 있는 방법을 익히셨을 것입니다.

앞으로의 디자인 작업에서 더 높은 생산성과 창의성을 경험하시길 바랍니다.

2 디자인 테크닉
세련된 PPT는 캔바로 만든다

가. 캔바에서 PPT 제작 시작하기

캔바는 브라우저에서 간편하게 접속할 수 있으며, 무료 계정만으로도 다양한 기능을 활용할 수 있습니다. 또한 교사나 교육 종사자라면 재직증명서를 제출해 교육용 계정 인증을 받을 수 있습니다. 교육용 계정을 사용하면 유료 요소까지 무료로 활용할 수 있어 더 풍부한 기능을 체험할 수 있습니다.

1) 첫걸음: 캔바에 로그인하기

01 캔바 웹사이트 접속: https://www.canva.com으로 이동합니다.

02 회원가입 또는 로그인: 이메일 또는 Google 계정으로 간단히 가입하거나 로그인합니다.

2) 프레젠테이션 템플릿 선택하기

01 캔바 홈 화면에서 [프레젠테이션]을 클릭합니다.

02 빈 작업 화면이 열리면, 사이드바에서 템플릿을 선택하거나 직접 텍스트와 요소를 추가하며 편집을 시작합니다.

3) 제목 설정하기

캔바는 작업물을 자동으로 클라우드에 저장하기 때문에 프로젝트의 제목을 설정하면 정리와 공유가 용이합니다. 상단 바의 제목란을 클릭하고 '학교 수업용 PPT'라고 제목을 입력하거나 프로젝트와 관련된 제목을 입력합니다.

나. 템플릿 규격 확인하기

프레젠테이션 제작 시 템플릿의 규격을 확인하는 것이 중요합니다. 좌측 상단 바의 파일 버튼을 클릭하면 프레젠테이션 규격을 확인할 수 있습니다. 캔바는 기본적으로 프레젠테이션 템플릿에 1920×1080px의 고화질 템플릿을 제공하며, 이는 발표 시 선명한 화면을 보장합니다.

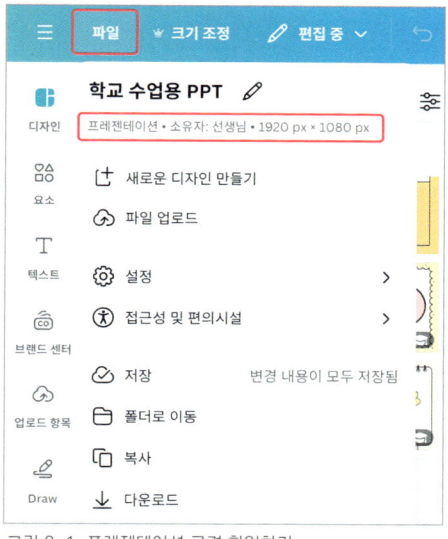

그림 2-1. 프레젠테이션 규격 확인하기

다. 원하는 템플릿 검색하고 적용하기

캔바는 다양한 템플릿을 제공하며, 검색 기능을 통해 손쉽게 적합한 템플릿을 찾을 수 있습니다.

1) 템플릿 검색과 적용하기

- **검색창 활용**: 사이드바의 [디자인] 탭에서 키워드를 입력합니다. 예를 들어, '학교'라고 검색하면 교육용으로 적합한 템플릿이 표시됩니다.

그림 2-2. 디자인 탭에서 키워드 입력하기

책을 따라하며 실습하실 수 있게 책과 동일한 템플릿을 QR코드로 공유해 드리겠습니다.

*템플릿 링크: https://www.canva.com/ko_kr/templates/EAGAek38iWc/

그림 2-3. 실습 PPT 템플릿 QR코드

- **템플릿 추가 방법**

사이드바의 디자인 탭을 선택한 뒤 편집하고 싶은 **PPT** 템플릿을 클릭합니다. 필요한 슬라이드를 개별적으로 선택하거나, **[모든 페이지에 적용]** 버튼을 눌러 템플릿 전체를 한 번에 추가할 수 있습니다.

그림 2-4. 편집할 템플릿 선택 후 모든 페이지에 적용

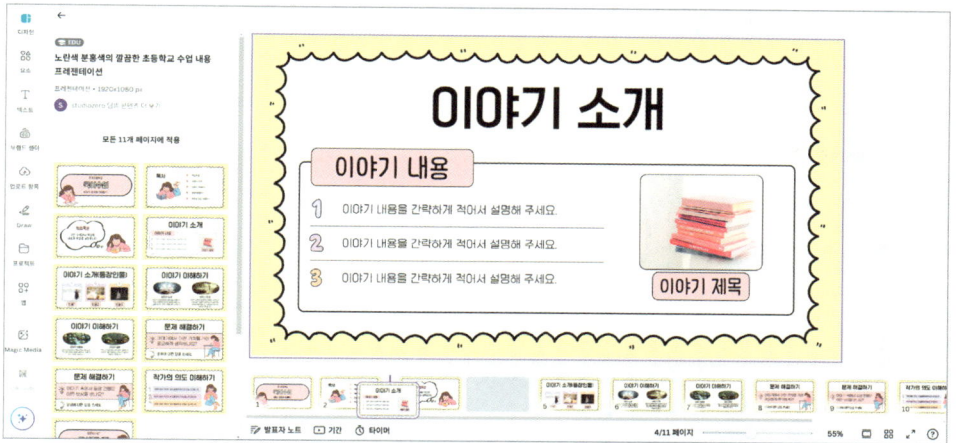

그림 2-5. 드래그로 슬라이드 순서 조정하기

그림 2-6. 더 보기 메뉴 클릭해 슬라이드 복제 또는 삭제하기

추가된 슬라이드는 드래그로 순서를 조정할 수 있으며(그림 2-5), 각 슬라이드의
[더 보기(⋯)] 메뉴를 통해 복제하거나 삭제할 수 있습니다(그림 2-6). 슬라이드 편집
은 드래그와 메뉴 기능을 활용해 간편하고 유동적으로 조정할 수 있습니다.

라. PPT 내용 편집하기

1) 텍스트 편집

템플릿의 텍스트 상자를 클릭하여 내용을 입력하거나 수정하거나, 텍스트 박스 클
릭 후 상단 툴바에서 글꼴, 크기, 색상, 정렬, 자간 등을 조정합니다.

그림 2-7. 텍스트 박스 수정 및 글꼴, 크기, 색상, 자간 등 조정하기

텍스트에 음영 효과, 그림자 등을 추가하려면 상단 메뉴의 '텍스트 효과'를 활용합
니다.

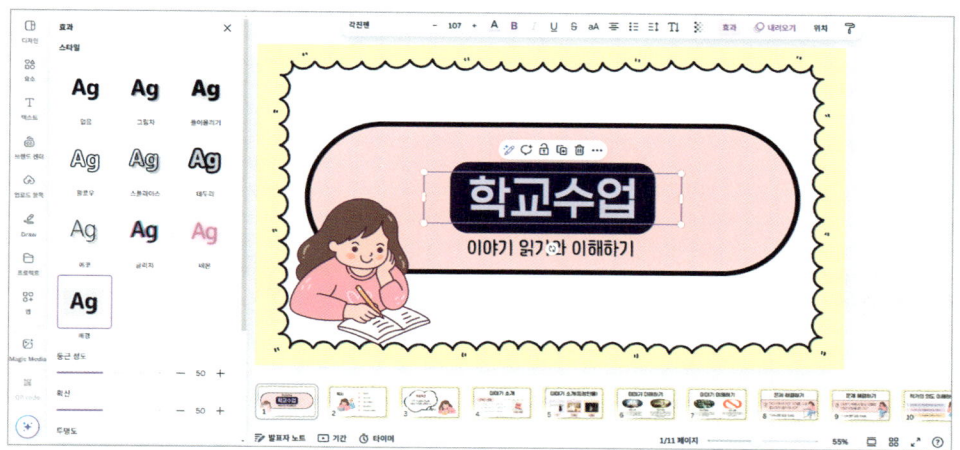

그림 2-8. 텍스트 효과 추가하기

2) 새로운 요소 추가

이번에는 작업 화면에 '**없는**' 새로운 요소를 추가해 보겠습니다. 슬라이드에 새로운 요소를 추가하고 싶다면, 사이드바를 활용하면 됩니다. 사이드바의 [요소] 탭에서는 도형, 그래픽, 사진, 영상 등을 검색해 추가할 수 있습니다. 이 템플릿과 어울릴 만한 새로운 요소를 찾기 위해 '**연필**'이라고 검색해 보겠습니다. 사이드바에서 마음에 드는 연필 요소를 클릭하면 작업 화면에 연필 요소가 추가됩니다.

작업 화면상에 새 요소가 추가되면 드래그를 통해 위치 조정이 가능하고 모서리를 늘이고 줄여 요소의 크기 조정이 가능합니다. 또한 작업 화면에 들어온 요소에 대한 편집은 클릭 후 상단 바에서 쉽게 하실 수 있습니다. 만약 요소를 삭제하거나 복제하고 싶다면, 해당 요소의 [더 보기] 버튼을 클릭하거나 우클릭하여 편집 메뉴를 열고 삭제 또는 복제 옵션을 선택할 수 있습니다. 다양한 템플릿과 요소가 제공되니 캔바로 하는 PPT 편집은 정말 쉽습니다.

사이드바의 [요소] 탭을 클릭합니다. 검색창에 원하는 키워드(예: '연필')를 입력합니다. 추가된 요소를 드래그하여 위치를 조정하고, 모서리를 드래그하여 크기를 변경합니다.

그림 2-9. 추가한 요소 위치 및 크기 조정하기

3) 복제 및 삭제

요소를 삭제하려면 선택 후 키보드의 Delete 키를 누르거나 [더 보기] 메뉴에서 '삭제'를 선택합니다. 동일한 요소를 복제하려면 [더 보기] 메뉴에서 '복제'를 선택합니다.

그림 2-10. 요소를 복제하거나 삭제하기

4) 일관된 글꼴, 색상, 요소로 PPT 꾸미기

기본적인 편집 방법을 익혔으니, 이제 심화된 내용으로 넘어가 보겠습니다. PPT 디자인에서 중요한 것은 일관성입니다. 발표 내용의 흐름을 유지하면서 색상, 글꼴, 요소 등이 통일되면 더 깔끔하고 전문적인 인상을 줄 수 있습니다. 캔바에서는 이러한 일관성을 유지하기 위해 다양한 기능을 제공하고 있습니다. PPT 제작 시 색상과 글꼴에 대한 일관성을 유지하는 방법을 살펴보겠습니다.

먼저 색상을 바꿀 수 있는 요소를 클릭 후 상단 바에서 색을 클릭해 보겠습니다. 사이드바를 보시면 문서에서 사용된 모든 색상을 캔바가 인식하여 띄워주는 것을 볼 수 있습니다. 앞 슬라이드에서 사용한 색과 어울리는 색상으로 일관된 디자인을 하라는 의미입니다.

그림 2-11. 캔바의 문서 색상 추천 기능

글꼴도 마찬가지입니다. 텍스트 박스를 클릭하고 상단 바의 글꼴을 클릭하면 사이드바에서 문서의 글꼴을 모두 잡아주는 것을 볼 수 있습니다. 이러한 캔바의 기능을 통해 사용자는 쉽게 PPT 제작 시 색상과 글꼴의 일관성을 유지할 수 있습니다.

그림 2-12. 캔바의 문서 글꼴 추천 기능

마지막으로 그래픽 요소의 일관성을 유지하는 방법을 살펴보겠습니다. 예를 들어, **'학생'**이라는 키워드로 요소를 검색하면 다양한 스타일의 그래픽이 나타납니다. 각 크리에이터마다 그림체나 요소의 선 굵기 등이 다르기 때문에, 같은 키워드로 검색된 요소라고 해서 디자인 스타일이 일치하지는 않습니다. 이렇게 다양한 스타일의 그래픽을 혼용하면 PPT 전체의 시각적 일관성이 떨어질 수 있습니다.

그림 2-13. 같은 키워드(학생)여도 다른 그림체인 요소들

이때, 사용하면 좋은 기능은 [요소]를 **클릭한 후 우클릭하여 [정보] 아이콘**을 누르는 것입니다. 이 아이콘을 클릭하면, 선택한 요소와 비슷한 스타일의 그래픽을 찾을 수 있습니다.

그림 2-14. 요소 우클릭 후 정보 아이콘 클릭

[지금과 비슷한 이미지] 또는 [컬렉션 보기] 기능을 사용할 수 있습니다. 이를 통해 세트로 제작된 요소를 쉽게 찾아, PPT 디자인에서 일관성을 유지할 수 있습니다.

캔바의 사용자 친화적인 기능을 적극 활용하여, 일관된 디자인을 유지하면서도 개성을 반영한 세련된 프레젠테이션을 만들어 보세요.

그림 2-15. 컬렉션 보기 클릭하여 세트 요소 추천받기

5) 캔바의 색상과 폰트 조합 추천받기

색상, 글꼴, 요소의 일관성을 유지하는 캔바의 기능을 알았는데도 여전히 PPT 디자인이 어려우신가요?

디자인 감각이 부족할 때는 캔바의 색상 및 폰트 조합 추천 기능을 활용하면 큰 도움이 됩니다. 사이드바의 [디자인] 탭에서 [스타일] 탭을 선택하면, 캔바가 추천하는 다양한 색상 팔레트와 글꼴 조합이 나타납니다. [조합] – [모두 보기]에 들어가서 원하는 조합을 클릭하면, 캔바가 슬라이드 전체에 색상과 글꼴을 자동으로 적용해 줍니다. 조합을 클릭하여 스타일 셔플을 돌릴 수 있습니다.

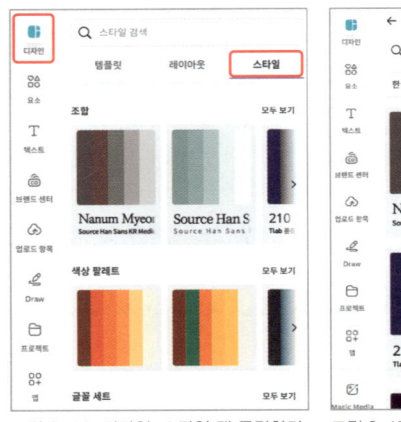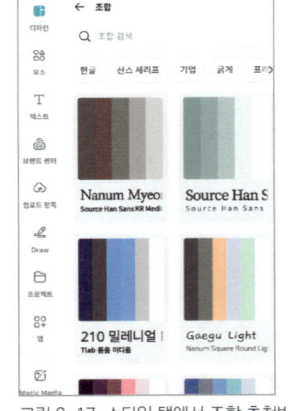

그림 2-16. 디자인-스타일 탭 클릭하기　　　그림 2-17. 스타일 탭에서 조합 추천받기

　또한, 만약 특정 요소는 유지하고 싶다면, 요소를 클릭 후 해당 요소를 **'잠금'**하여 고정할 수 있습니다. 예를 들어, 슬라이드에 들어간 그래픽이나 특정 글꼴은 변경하고 싶지 않을 때, 해당 요소를 잠근 후 스타일 셔플을 돌리면 나머지 부분만 색상이나 폰트 조합이 바뀝니다.

그림 2-18. 특정 요소 잠금하여 고정하기

6) 여러 PPT 템플릿을 조합하여 스타일 수정하기

　캔바에서는 색상과 폰트 조합을 추천받는 것뿐만 아니라 여러 템플릿의 디자인 요소를 조합하여 스타일을 더욱 독특하게 만들 수 있습니다. 여기서 편의상, 현재 편집

중인 템플릿을 1번 템플릿, 새롭게 조합할 템플릿을 2번 템플릿이라고 부르겠습니다.

1번 템플릿의 틀을 유지하면서, 2번 템플릿의 색상이나 글꼴을 가져와 적용하고 싶다면, 캔바의 스타일 셔플 기능을 활용할 수 있습니다.

그림 2-19. 스타일을 조합할 2번 템플릿 찾기

먼저, 사이드바의 '디자인' 탭에서 2번 템플릿을 찾은 후, 해당 템플릿의 [더 보기] 아이콘을 눌러보세요. 여기에서 스타일 셔플 기능을 선택하면, 2번 템플릿의 색상과 글꼴 조합을 1번 템플릿에 적용할 수 있습니다. 이렇게 하면 1번 템플릿의 레이아웃은 그대로 유지하면서도, 2번 템플릿의 스타일을 결합하여 새롭고 독창적인 프레젠테이션을 만들 수 있습니다. 스타일이 마음에 든다면 **[모든 페이지에 스타일 적용]** 버튼을 눌러 편집 중인 모든 슬라이드의 스타일을 일괄 변경할 수도 있습니다.

그림 2-20. 2번 템플릿의 스타일을 1번 템플릿에 적용하기

마. 완성된 캔바 PPT로 발표하기

PPT 디자인이 완료되었다면, 이제 그 PPT를 실제로 발표하는 방법을 알아보겠습니다. 캔바는 프레젠테이션에 필요한 다양한 도구를 제공하여 발표를 더욱 효율적으로 할 수 있도록 돕습니다.

1) PPT 프레젠테이션 실행하기

이제 PPT 프레젠테이션 모드로 전환하여 직접 제작한 슬라이드를 발표하는 방법을 살펴보겠습니다. 우측 상단의 **[프레젠테이션]** 버튼을 클릭해 주세요. 그러면 슬라이드 쇼가 전체화면으로 시작됩니다.

첫 번째로 소개할 발표 기능은 **원격 제어 기능**입니다. 모바일 기기를 사용해 슬라이드를 넘길 수 있어, 교실에서 자유롭게 다니며 수업을 진행할 수 있습니다.

2) 원격 제어

프레젠테이션 화면 하단의 [더 보기] 아이콘을 클릭한 후, **[원격제어 공유]** 버튼을 누릅니다. 이때 화면에 QR 코드가 나타납니다. 이제 모바일 기기로 이 QR코드를 스캔하면, 원격으로 슬라이드를 넘길 수 있게 됩니다.

그림 2-21. 원격 제어용 QR코드

다음은 휴대전화로 QR코드를 스캔했을 때 모습입니다.

사진처럼 휴대전화가 마우스 포인터 기능을 하게 되는 것을 보실 수 있습니다. 슬라이드를 넘길 수 있고 매직 단축키를 통해 발표 시 주의집중 효과를 줄 수도 있습니다.

그림 2-22. QR코드를 스캔한 휴대전화 화면

3) 타이머

이제 타이머 기능을 사용해 보겠습니다. 타이머 또한 하단의 [더 보기] 버튼을 클릭하고 타이머 보기를 클릭해 사용하실 수 있습니다. **타이머는 학생들에게 쉬는 시간이나 활동 시간을 줄 때 매우 효과적인 기능입니다.** 타이머 버튼을 클릭한 후, 시간을 설정해 보세요. 시간이 가는 동안 음악이 흐르도록 옵션을 설정할 수도 있습니다.

그림 2-23. 타이머가 띄워진 모습

4) 발표자 모드 활용하기

　다음으로 발표자 모드를 활용해 보겠습니다. 이 기능은 발표자가 노트를 보며 슬라이드를 진행할 수 있어, 수업을 자연스럽게 진행하는 데 매우 유용합니다. 프레젠테이션 모드인 상태에서 하단의 발표자 보기 열기 아이콘을 클릭해 주세요.

그림 2-24. 발표자 보기 아이콘

　듀얼 모니터가 있을 경우, 한 화면에는 슬라이드만 표시되고, 다른 화면에는 발표 노트가 표시됩니다. 발표 노트에서는 지금까지 다루었던 원격제어, 타이머 등 모든 기능을 사용할 수 있으며 슬라이드마다 메모를 해둘 수 있어 편리합니다. 또 발표자가 앞으로 진행될 슬라이드를 미리보며 발표 화면에 띄워질 화면을 선택할 수 있어 자연스럽게 수업을 진행하게 도와주는 수업에 최적화된 기능이라고 할 수 있습니다.

그림 2-25. 발표자 보기 모드의 발표자 화면

5) 캔바 라이브를 통한 대화형 Q&A 모드 활용하기

다음 기능은 캔바 라이브를 통한 대화형 Q&A 모드 활용하기입니다. 캔바 라이브는 수업 중 학생들과 실시간 소통을 할 수 있는 기능입니다. 학생들이 실시간으로 질문을 보내면 발표자는 즉석에서 답변할 수 있어, 상호 소통이 잘 되는 수업을 만들 수 있습니다.

그림 2-26. 캔바 라이브를 통한 대화형 Q&A 아이콘

하단의 [캔바 라이브를 통한 대화형 Q&A] 버튼을 클릭하여 캔바 라이브 모드를 실행하고 [새 세션 시작하기]를 누릅니다. 이때, 프레젠테이션 화면에 QR코드가 생성됩니다. 이 QR코드를 스캔한 기기는 모두 캔바 라이브에 입장할 수 있습니다.

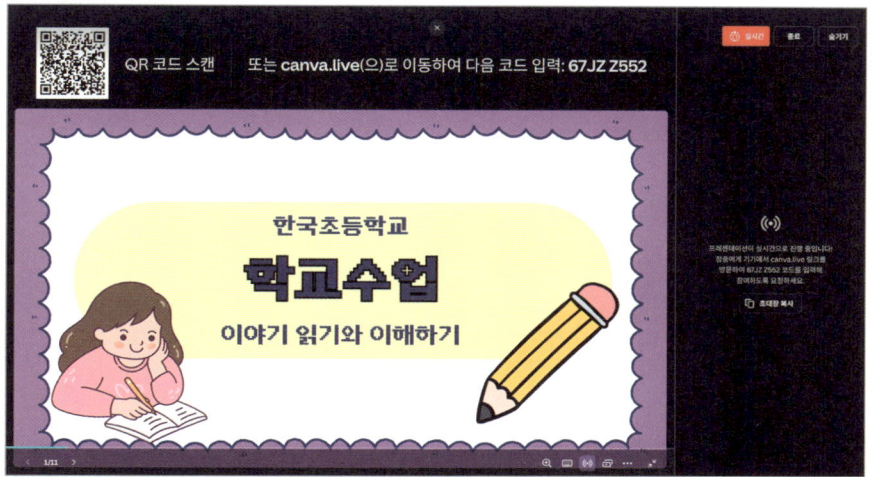

그림 2-27. 캔바 라이브 모드 실행 화면

이번에도 휴대전화로 QR코드를 스캔한 화면이 어떻게 보이는지 확인해 보겠습니다. 라이브 모드 참가자의 질문화면입니다. 예를 들어 학생이 교사의 수업 시 라이

브 모드에 입장했다고 했을 때 학생은 교사가 수업을 진행하는 중 이름을 설정하고 질문을 할 수 있습니다. 또 이모티콘을 통해 수업에 대한 반응을 할 수 있습니다.

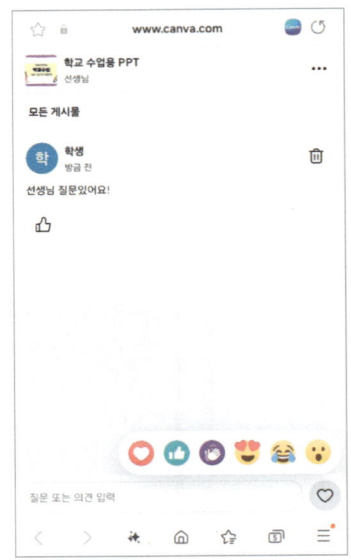

그림 2-28. 라이브 모드 QR코드를 스캔한 화면

이렇게 캔바의 라이브를 통해 교사와 학생이 상호소통하는 수업을 진행할 수 있습니다.

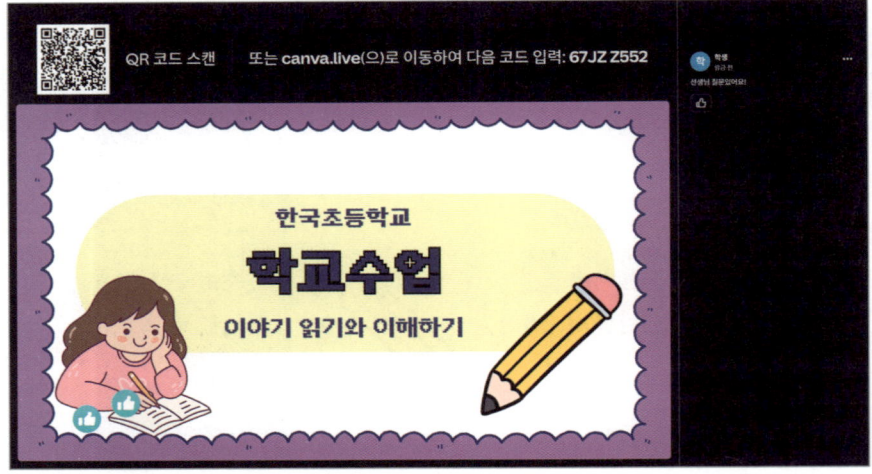

그림 2-29. 라이브 모드에서 학생이 질문한 화면

6) 매직 단축키 활용하기

그림 2-30. 매직 단축키 아이콘

마지막으로, 매직 단축키를 소개하겠습니다. **프레젠테이션 모드에서 매직 단축키 아이콘을 클릭하여 사용할 수 있습니다. 또 알파벳 B, C, D 등의 단축키를 이용하여 효과를 사용할 수도 있습니다.**

그림 2-31. 프레젠테이션 모드에서 매직 단축키 사용

이런 애니메이션 효과는 수업 중 학생들의 주의를 다시 집중시키거나, 수업의 흐름을 전환할 때 매우 유용합니다.

선생님들께서도 직접 단축키를 눌러 보고, 다양한 애니메이션 효과를 확인해 보세요. 수업에 재미와 활기를 더하는 방법으로 사용할 수 있습니다. 지금까지 캔바로 PPT를 만들고 발표하는 방법을 알아보았습니다.

3 양식, 색상, 로고 통일성 지켜주는 브랜드 키트 활용법

이번 장에서는 캔바 브랜드 키트 활용법을 알아보겠습니다. 브랜드 키트는 학교나 학급의 일관된 정체성을 유지하면서, 자료 제작 시간을 절약할 수 있는 도구입니다. 교사와 학생이 함께 브랜드 키트를 활용하면 더 깔끔하고 전문적인 자료를 만들 수 있습니다. 오늘은 브랜드 키트 생성부터 브랜드 키트를 이용한 템플릿 편집까지 실습을 통해 익혀보겠습니다.

가. 캔바 브랜드 키트 기능 알아보고 생성하기

1) 브랜드 키트 생성하기

먼저 브랜드 키트를 생성해야 합니다. 홈 화면의 [브랜드센터] – [브랜드 키트]로 이동해 [새 항목 추가]를 클릭합니다.

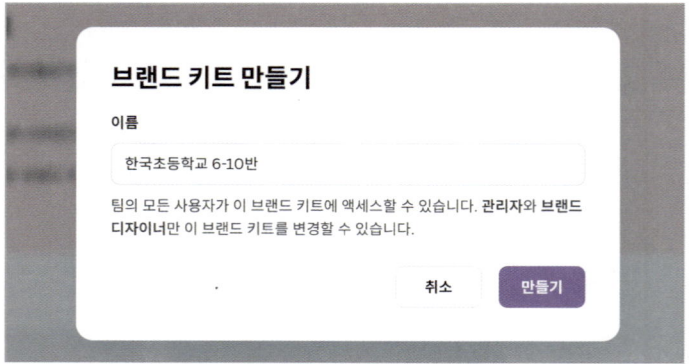

그림 3-1. 브랜드 키트 이름 설정 화면

학급명 또는 학교명으로 브랜드 키트의 이름을 입력해 주세요. 브랜드 키트는 최대 1,000개까지 생성할 수 있어, 다양한 프로젝트나 상황에 맞게 여러 키트를 설정할 수 있습니다. 교사만 키트를 생성할 수 있지만, 학생들도 교사가 생성한 키트를 활용할 수 있습니다.

2) 브랜드 키트에 로고 업로드하기

브랜드의 시각적 정체성을 강화하는 첫 번째 단계는 로고 등록입니다. 학교나 학급의 로고는 시각적 아이덴티티를 나타내는 중요한 요소로, 캔바의 브랜드 키트에 미리 등록해 두면 다양한 디자인에 깔끔하게 적용할 수 있습니다. 우측에 새 항목 추가 버튼을 누르거나 로고 파일을 드래그하여 로고를 등록할 수 있습니다.

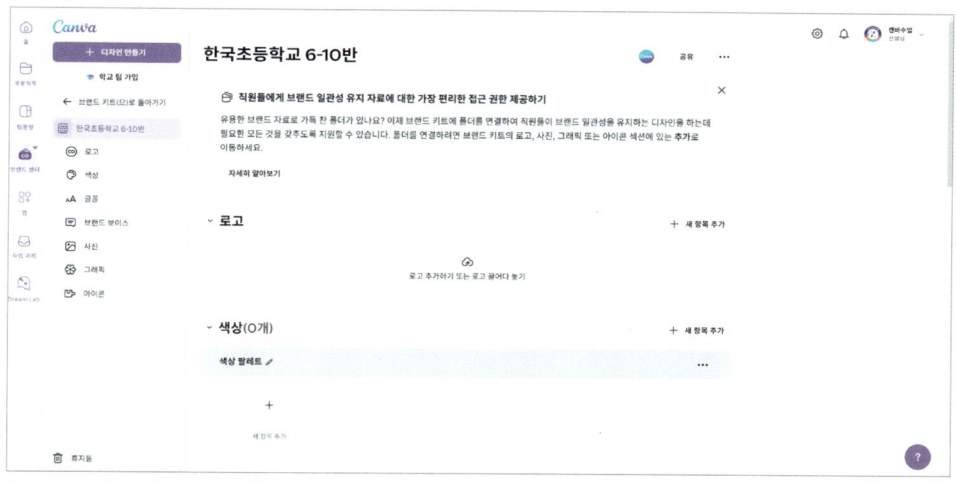

그림 3-2. 브랜드 키트 로고 업로드 화면

3) 로고 만들기

브랜드 키트에 로고 추가 시 팁을 드리자면 로고는 **배경이 제거된 PNG 파일**을 사용하는 것이 가장 좋습니다. 근데 학교나 학급의 로고 PNG 파일을 가지고 있는 경우도 있지만, 로고 파일이 없는 경우도 있으시죠? 그럼 잠깐 브랜드 키트를 나와서, 실제로 근무하시는 학교의 교표를 로고로 등록하는 실습을 해보겠습니다.

01   캔바 홈 화면에서 맞춤형 크기 선택

먼저 캔바 홈 화면으로 이동하여 **[맞춤형 크기]**를 선택합니다.

일반적으로 로고는 500×500px 크기가 적합합니다. 500이라고 적기만 해도 하단에 추천 템플릿에 '로고'가 뜹니다. 클릭하여 로고 편집 화면으로 들어가 보겠습니다.

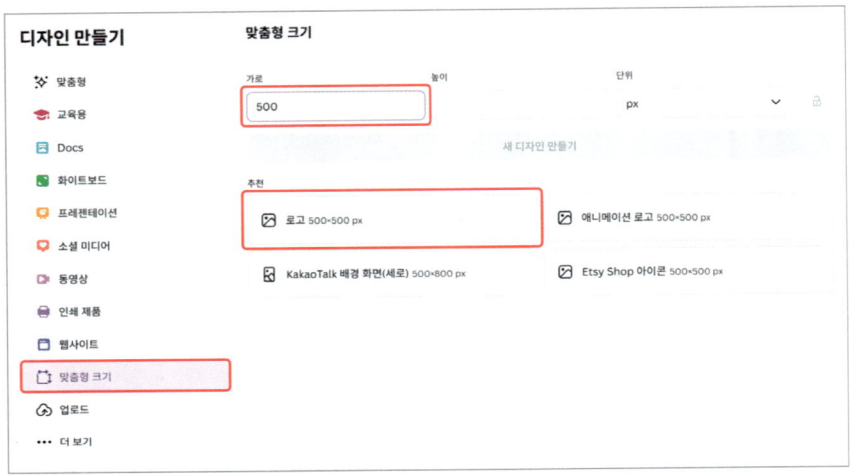

그림 3-3. 로고 규격 입력하기(500×500px)

02   학교 로고 파일 업로드

이제 학교 로고 파일을 준비해 주세요. 학교 로고는 보통 학교의 공식 홈페이지에서 이미지를 다운로드하거나 캡처할 수 있습니다. 저는 미리 로고 파일을 준비해 두었습니다. 작업 화면 사이드바의 [파일 업로드] 버튼을 클릭한 후, 파일 업로드를 선택하고 학교 로고 파일을 업로드합니다. 업로드된 로고 이미지를 클릭하면 에디터 화면에 사진이 들어옵니다.

그림 3-4. 에디터 화면에 로고가 업로드된 모습

03 배경 제거 및 로고 편집

로고 사진이 업로드되었다면 이제 사진의 배경 제거를 해보겠습니다. 배경 제거는 매우 중요한 단계입니다. 배경이 있는 로고는 일관된 디자인을 방해할 수 있으므로, 배경을 제거하는 것이 필수입니다. 상단 메뉴에서 **[배경 제거]** 버튼을 클릭해 배경을 없애보세요.

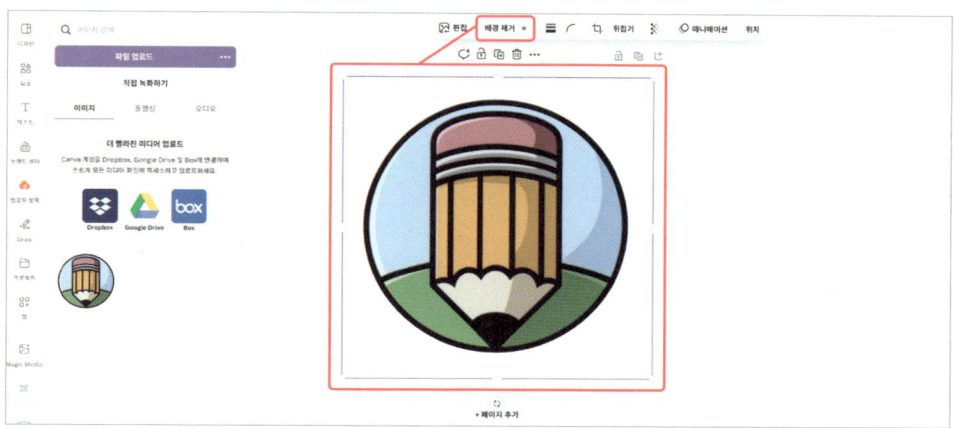

그림 3-5. 로고 배경 제거하기

배경이 사라지면, 로고는 템플릿에서 더 깔끔하게 적용됩니다. **배경이 잘 제거되었는지 확인하기 위해 배경색을 다른색으로 바꿔보겠습니다.** 캔바의 AI가 깔끔하게 배경을 지워줬네요. 이제 배경이 제거된 이미지가 템플릿에 꽉 차게 배경으로 설정해 보겠습니다. 사진이 선택된 상태에서 마우스 우클릭을 하시고 **[이미지를 배경으로 설정]**을 클릭하시면 됩니다.

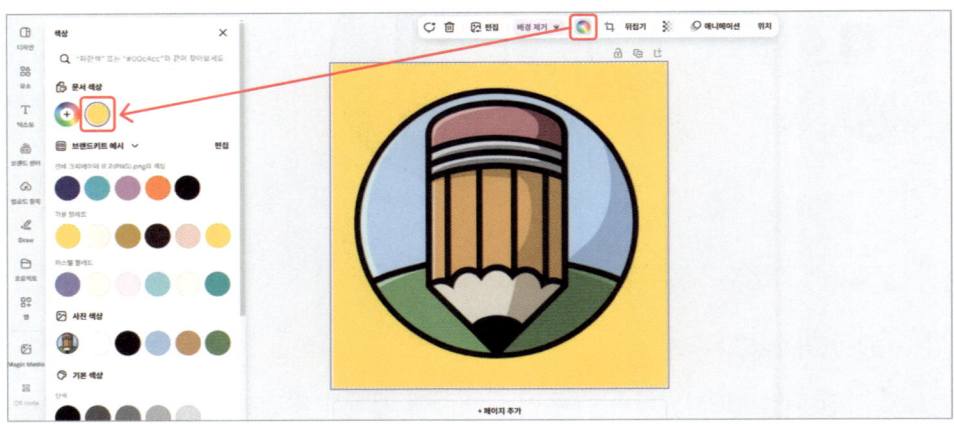

그림 3-6. 배경색을 바꿔 배경 제거 확인하기

04 로고 파일 다운로드

로고 편집이 완료되었다면, 이제 이를 다운로드해 보겠습니다. 상단 오른쪽 메뉴의 **[공유]** 버튼을 클릭한 후, '**다운로드**'를 선택합니다. 이때 파일 형식에서 **PNG를 선택**하고, '**투명 배경**' 옵션에 체크해 주세요. 이 옵션을 선택하면, 배경이 제거된 상태로 로고가 기기에 저장됩니다.

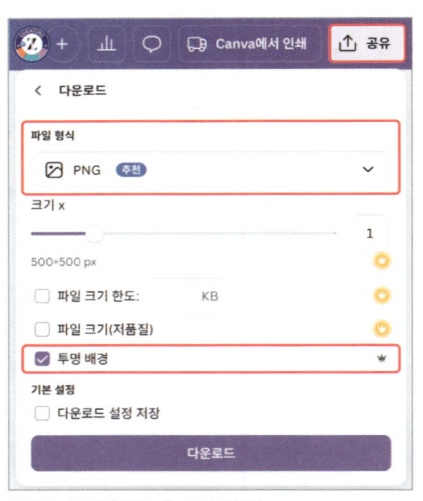

그림 3-7. 다운로드 옵션 설정하기

05 브랜드 키트로 돌아가기

이제 배경이 제거된 PNG 파일을 브랜드 키트에 등록해 보겠습니다. 좌측 상단의 캔바 로고를 누르면 언제든 캔바의 홈 화면으로 돌아갈 수 있습니다. 캔바의 홈 화면에서

[브랜드센터] – [브랜드 키트]로 돌아갑니다.

06   로고 등록하기

로고 옆 **[새 항목 추가]** 버튼을 클릭하여 배경이 제거된 PNG 파일을 선택해 업로드합니다. 로고를 등록하면, 캔바가 자동으로 로고에서 대표 테마 색상을 추출해 브랜드 키트의 색상 팔레트로 제안합니다. 이때, 추출된 색상을 유지할지 제거할지 선택할 수 있습니다.

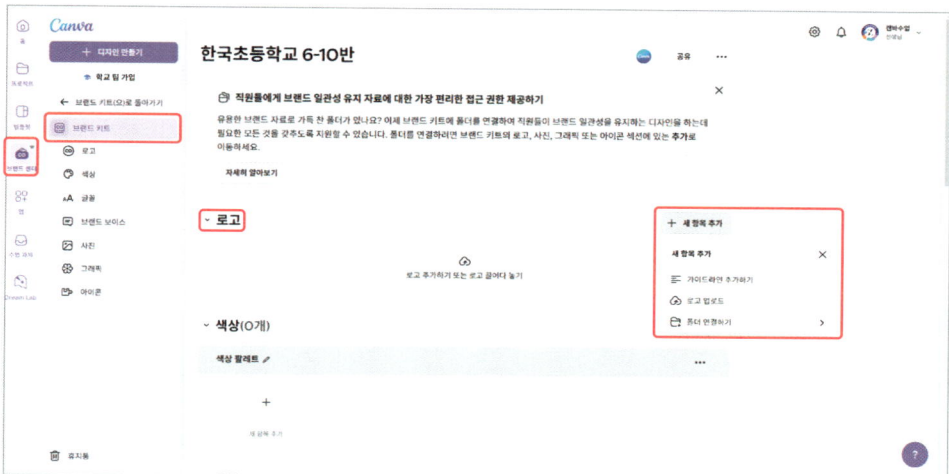

그림 3-8. 브랜드 키트에서 로고 등록하기

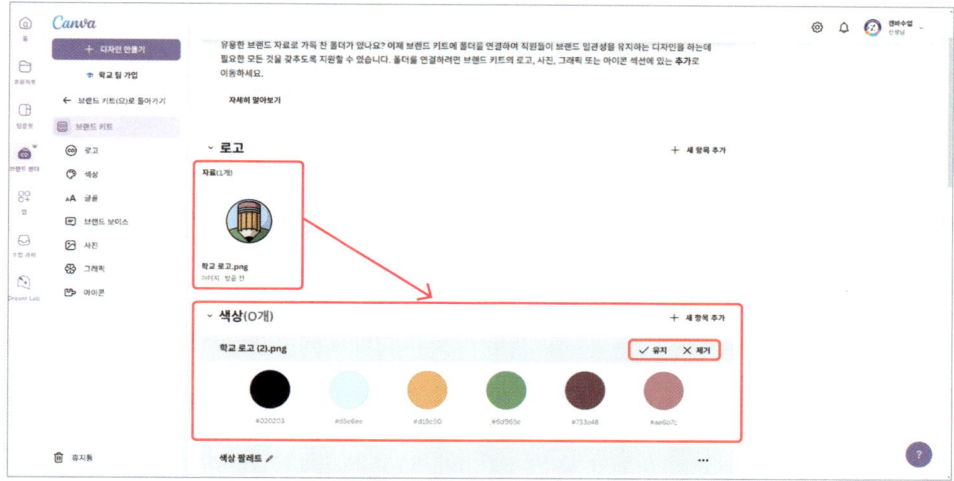

그림 3-9. 로고 등록 후 대표색상이 팔레트로 추출된 모습

07 등록된 로고 확인

등록한 로고는 브랜드 키트 내에 저장되며, 다양한 템플릿에서 자동으로 불러올 수 있습니다. 이렇게 로고를 등록하면 반복적인 디자인 작업에서도 일관된 시각적 아이덴티티를 유지할 수 있습니다.

4) 브랜드 키트에 색상 등록하기

01 브랜드 색상 팔레트 추가하기

이제 브랜드 키트에서 색상 팔레트를 설정해 보겠습니다. 팔레트는 디자인 작업에서 통일된 색상을 적용하는 데 매우 유용합니다. 색상을 추가하려면 플러스 아이콘 (+)을 클릭한 후, [팔레트 추가하기] – [맞춤 팔레트 추가]를 클릭하여 새로 생성된 팔레트에 원하는 색상을 하나하나 추가할 수 있습니다. 이때, 색상의 16진수 코드를 입력하면 정확한 색상을 추가할 수 있습니다.

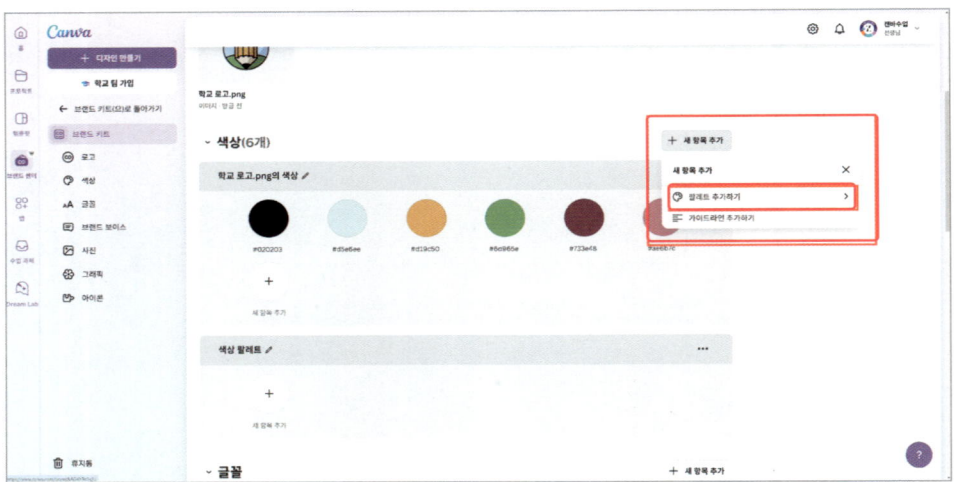

그림 3-10. 브랜드 키트 색상 팔레트 선택하기

Tip 1. 색상 코드란?

16진수 색상 코드는 각 색상이 고유한 코드를 가지고 있는 방식입니다. 예를 들어, #FF0000은 빨간색을 나타내며, 각 코드는 RGB(빨강, 초록, 파랑) 값에 의해 생성됩니다. 이를 통해 정확한 색상을 지정할 수 있지만, 모든 색상 코드를 기억하거나 활용하기는 어렵습니다.

그림 3-11. 빨간색의 16진수 색상 코드

Tip 2. 캔바의 색상 추천 기능

우리가 색 배합 전문가가 아니더라도, 캔바의 자동 색상 추천 기능을 활용하면 쉽게 색상 조합을 완성할 수 있습니다. 브랜드 팔레트를 설정할 때, 캔바는 자동으로 색상을 추천해 줍니다. 지금 그 과정을 함께 따라가 보겠습니다.

① 새 항목 추가 버튼 클릭

먼저, 화면의 **우측 상단**에 있는 **[새 항목 추가]**에서 **[팔레트 추가]**를 클릭합니다. 이 옵션을 클릭하면 색상 팔레트를 추가할 수 있는 메뉴가 나타납니다.

② 색상 검색 및 추천 팔레트 선택

이제 원하는 색을 직접 **검색**할 수 있습니다. 예를 들어, **'파란색'** 또는 **'파스텔'**과 같은 색상을 검색하면 그에 맞는 **다양한 색상 팔레트**가 추천됩니다. 이 팔레트들은 미리 조합된 색상들로, 디자인 작업 시 색 조합 선택 고민을 줄여줍니다.

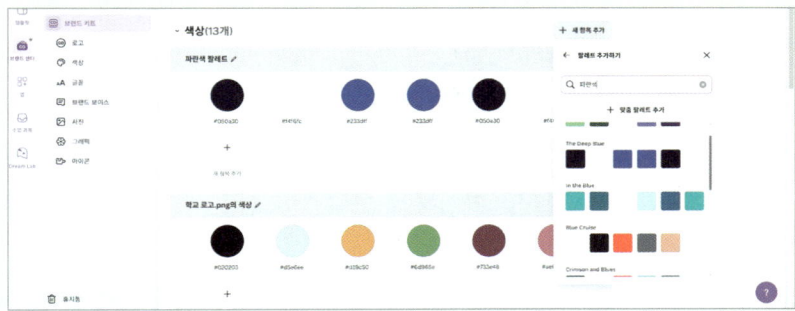

그림 3-12. 파란색 중심의 팔레트 검색하기

③ 팔레트 관리 및 수정

브랜드 키트에 추가한 팔레트는 **간편하게 관리**할 수 있습니다.

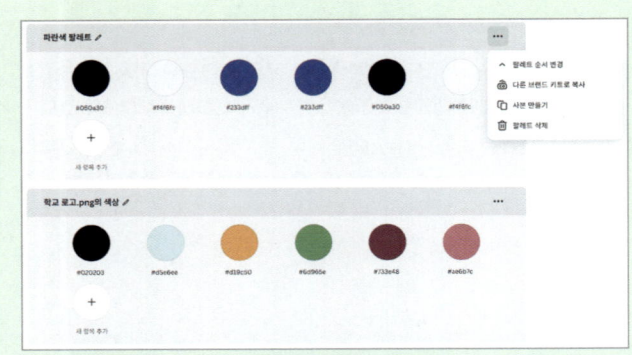

그림 3-13. 팔레트 관리하기(이름 변경, 복제 및 삭제)

④ 팔레트 제목 변경하기

팔레트 이름을 변경하려면, **연필 모양 아이콘**을 클릭합니다. 이 기능을 활용하면 여러 팔레트를 쉽게 구분할 수 있습니다.

⑤ 팔레트 복제 및 삭제

팔레트 오른쪽에 있는 [더 보기] 버튼을 클릭하면, **팔레트를 복제하거나 삭제**할 수 있는 옵션이 나타납니다. 이를 통해 이미 설정된 팔레트를 그대로 복제하여 다른 프로젝트에 활용하거나, 더 이상 필요 없는 팔레트를 삭제할 수 있습니다.

⑥ 팔레트 다른 브랜드 키트로 복사하기

또 [더 보기] 메뉴에서 **팔레트를 다른 브랜드 키트로 복사**할 수도 있습니다. 이를 통해 하나의 팔레트를 여러 브랜드 키트에서 쉽게 공유하고 사용할 수 있습니다. 여러 프로젝트에서 **일관된 색상**을 유지할 때 매우 유용한 기능입니다.

5) 브랜드 키트에 캔바의 글꼴 등록하기

이번엔 브랜드 키트에 캔바의 글꼴을 등록해볼까요? '제목', '부제목'과 같이 디자인 중에 자주 사용할 스타일 별 글꼴이나 크기 등을 미리 지정하여 등록할 수 있습니다. 스타일별로 오른쪽에 있는 연필 모양 아이콘을 클릭하면 편집이 가능합니다. 여기서 글꼴 선택을 누르면 드롭다운 메뉴가 열리며, 캔바에 있는 다양한 폰트를 대표 글꼴로 등록할 수 있습니다. 캔바의 폰트는 교육 계정 사용자라면, 비영리 목적으로 저작권 걱정 없이 자유롭게 사용할 수 있습니다. 이를 통해 일관된 디자인을 유지할 수 있습니다.

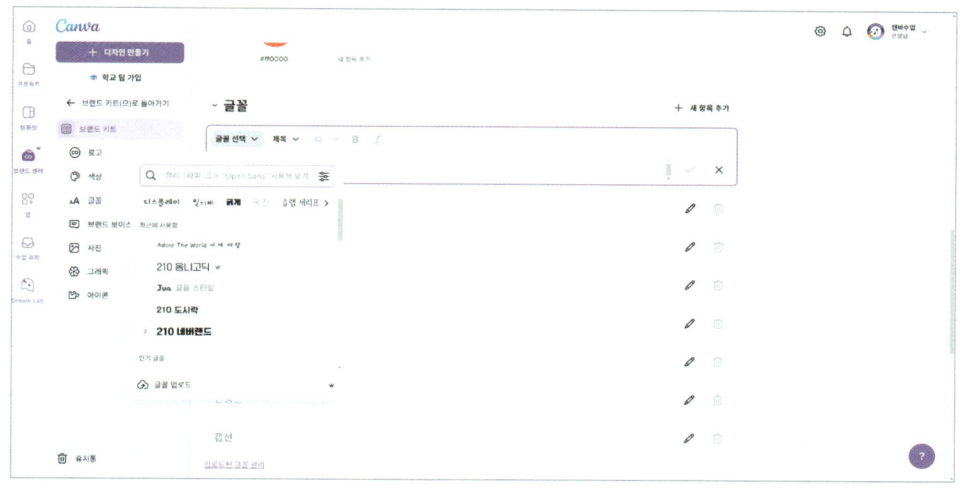

그림 3-14. 브랜드 키트에 캔바 글꼴 등록하기

6) 브랜드 키트에 직접 업로드한 글꼴 등록하기

또한, 캔바에서 제공되지 않는 외부 폰트도 사용 가능합니다. 하단의 업로드된 글꼴 관리에서 폰트 파일을 업로드할 수 있으며, 업로드한 글꼴도 드롭다운에 추가됩니다. **이때 저작권 문제가 없는 폰트만 사용해야 합니다.**

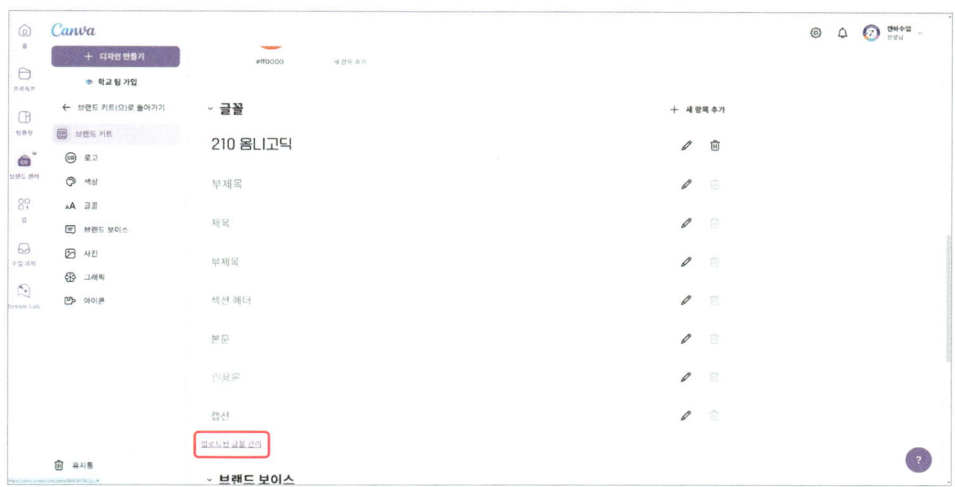

그림 3-15. 브랜드 키트 하단 업로드된 글꼴 관리 선택하기

7) 그 외 브랜드 키트에 등록할 수 있는 요소들

그 외 브랜드 키트에 등록할 수 있는 요소에는 브랜드 보이스가 있습니다.

01　브랜드 보이스에 학급 브랜드의 어조를 설정해 두면 이후 디자인에서 어조에 어울리는 문장을 캔바 내 Chat GPT인 매직라이트를 통해 생성할 수 있습니다. 학급의 브랜드 보이스에는 "우리 학급은 협력과 창의성을 바탕으로 성장하며, 도전과 배움을 통해 새로운 가능성을 열어갑니다."와 같은 예시가 있을 수 있습니다.

02　사진, 그래픽, 아이콘: 그 외 자주 사용하는 학급의 사진, 그래픽, 아이콘이 있다면 미리 등록해 둬도 됩니다.

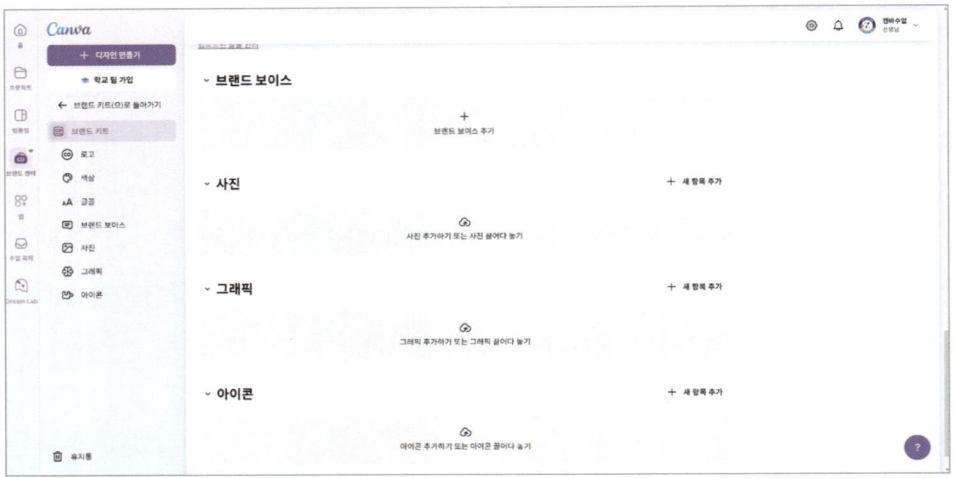

그림 3-16. 그 외 브랜드 키트에 등록할 수 있는 요소(브랜드 보이스, 사진, 그래픽, 아이콘)

8) 브랜드 템플릿 설정하기

마지막으로, 학급에서 자주 사용하는 디자인이 있다면 브랜드 템플릿으로 등록하여 필요할 때마다 빠르게 사용할 수 있습니다. 브랜드 템플릿으로 등록하는 방법을 실습해 보겠습니다.

01　브랜드 키트와 마찬가지로 홈 화면 사이드바에 [브랜드] 메뉴를 선택한 후 [브랜드 템플릿]을 선택합니다.

02 브랜드 템플릿 화면이 열리면 [브랜드 템플릿 만들기] 버튼 또는 [새 항목 추가] 버튼을 클릭합니다.

03 원하는 디자인 형식을 선택합니다. **매주 학생들에게 공지하는 시간표를 만들기 위해** '포스터' 게시물을 선택해 보겠습니다.

04 사이드바의 디자인 탭에서 '시간표'라고 검색합니다.

※ 동일한 템플릿으로 실습하실 수 있게 사용된 시간표 템플릿을 QR코드로 제공해드리겠습니다.
링크: https://www.canva.com/ko_kr/templates/EAGBLtoK8dY/

그림 3-19. 실습에 사용된 수업 시간표 템플릿

05 브랜드 템플릿으로 사용할 시간표 게시물을 자주 쓸 형태로 수정하고 제목도 변경합니다. '수업 시간표'라고 변경해 보겠습니다.

06 모든 수정을 마쳤으면 우측 상단의 공유버튼을 눌러 [브랜드 템플릿] 버튼을 클릭합니다.

07 작업 화면 우측에 패널이 열리면 [폴더에 추가하기] 옵션에서 저장할 폴더를 선택할 수 있습니다. 미리 생성해둔 '수업 자료' 폴더에 저장하겠습니다.

08 추가 버튼을 클릭하고 게시하기 버튼을 클릭합니다.

09 브랜드 템플릿 게시가 완료되었습니다. 공유할 수 있는 링크가 생성됩니다. 링크를 학생들에게 공유하면 학생들도 시간표 템플릿을 브랜드 템플릿으로 쉽게 사용할 수 있게 됩니다.

그림 3-17. 브랜드 템플릿 만들기 – '시간표' 검색 후 템플릿 선택

그림 3-18. 우측 상단 공유 – 브랜드 템플릿으로 게시 클릭

나. 캔바 브랜드 키트를 활용하여 수업 및 업무 자료 제작하기

1) 브랜드 템플릿을 이용해 빠르게 디자인 시작하기

이제 브랜드 템플릿을 게시했으니 방금 게시한 '수업 시간표' 브랜드 템플릿에 들어가서 브랜드 키트를 실제 템플릿에 어떻게 사용할 수 있는지 알아보겠습니다.

게시한 브랜드 템플릿은 캔바 홈 측면의 [브랜드센터] - [브랜드 템플릿]에 저장이 됩니다. 선택하여 빠르게 디자인을 시작해 보겠습니다. 자주 사용하는 시간표 틀을 미리 브랜드 템플릿으로 설정해 두어 일관성을 가진 수업 시간표 제작이 매주 가능하며 디자인을 많이 손볼 필요도 없어 편리합니다.

2) 브랜드 키트에 등록된 로고를 템플릿에 넣기

이제 등록된 학교 로고를 템플릿에 추가해 보겠습니다. 사이드바에서 [브랜드 센터]를 클릭합니다.

브랜드 키트가 여러 개일 수 있습니다. 한 교육계정 당 1,000개의 브랜드 키트까지 생성할 수 있기 때문입니다. 디자인 작업 중 간단히 드롭다운 메뉴를 사용하여 브랜드 키트 간 전환이 가능합니다. 원하는 키트를 선택하여 빠르게 전환하고, 각 키트에 맞는 색상, 글꼴, 로고 등을 적용할 수 있습니다.

그림 3-20. 브랜드 키트 선택하기

사용할 브랜드 키트가 선택이 되었다면 수업시간표 브랜드 템플릿에 로고를 삽입해 보겠습니다. 미리 등록했던 PNG파일 형태의 학교 로고가 표시됩니다. 원하는 로고를 클릭합니다. 로고의 위치나 크기를 자유롭게 설정할 수 있습니다.

그림 3-21. 에디터 화면에 브랜드 키트의 로고 추가하기

3) 브랜드 키트 색상 셔플로 템플릿 스타일 바꾸기

브랜드 키트에 미리 등록했던 색상을 이용하고 싶은 경우 작업 화면 상단 바에서 색상을 클릭하면 브랜드 키트에 있는 팔레트의 색으로 변경할 수 있습니다.

그림 3-22. 브랜드 키트 색상 팔레트 선택 후 셔플 사용

또 템플릿의 색상 조합을 한 번에 변경하고 싶을 때는 색상 셔플 기능을 활용할 수 있습니다. 브랜드 키트에 색상 카테고리에 등록했던 색상 팔레트를 선택하고 [색상

셔플] 버튼을 누르면, 등록된 브랜드 색상 팔레트가 자동으로 셔플되어 다양한 색상 조합이 표시됩니다. 디자인에 사용하기 위해 미리 등록해 둔 색상 팔레트이기 때문에 원하는 스타일을 빠르게 적용할 수 있습니다. 이를 통해 색상을 즉시 변경하고, 템플릿의 전체적인 분위기를 쉽게 바꿀 수 있습니다.

4) 브랜드 키트에 등록된 글꼴을 이용하여 디자인하기

마지막으로 브랜드 키트에 등록된 글꼴을 적용해 보겠습니다.

그림 3-23. 브랜드 키트에 등록된 글꼴로 일괄 변경하기

텍스트 상자를 클릭한 후, 작업 화면 상단에 있는 글꼴 드롭다운 메뉴를 엽니다. 브랜드 키트에 등록된 글꼴을 선택하면, 텍스트가 미리 브랜드 키트에 등록했던 글꼴로 변경됩니다. 동일한 글꼴이 여러 개라면 하단의 [모두 변경] 버튼을 클릭하여 일괄로 글꼴을 변경할 수도 있습니다. 이렇게 설정된 글꼴을 통해 프레젠테이션이나 보고서에서 일관된 스타일을 유지하고, 신뢰성을 높일 수 있습니다.

4 디자인 테크닉
다양한 편집 기능들

캔바는 누구나 손쉽게 창의적인 디자인을 완성할 수 있는 도구입니다. 캔바는 직관적이고 사용하기 쉬운 인터페이스를 갖추고 있을 뿐 아니라, 전문적인 디자인 프로그램에서나 가능했던 섬세한 편집 기능을 제공합니다. 이러한 강력한 도구를 활용하면 단순한 작업부터 창의적인 고급 디자인까지 손쉽게 구현할 수 있습니다.

이번 장에서는 캔바의 다양한 디자인 편집 기능을 상세히 살펴보고, 이를 활용한 간단한 예제를 소개합니다.

가. 요소 다루기: 위치 및 레이어 활용법

캔바의 위치 및 레이어 기능을 이해하고, 요소를 정렬하거나 레이어를 조정하여 디자인을 효율적으로 관리하는 방법을 익혀봅시다.

먼저 **위치 탭**을 살펴보기 위해 요소를 에디터 창에 삽입한 후 에디터 툴바의 **[위치]** 버튼을 클릭합니다. 위치 창에서는 **[정렬]**과 **[레이어]** 두 가지 탭이 활성화됩니다.

1) [정렬] 탭

01 **페이지에 맞춤**: 요소를 페이지의 특정 위치에 정렬할 수 있습니다.

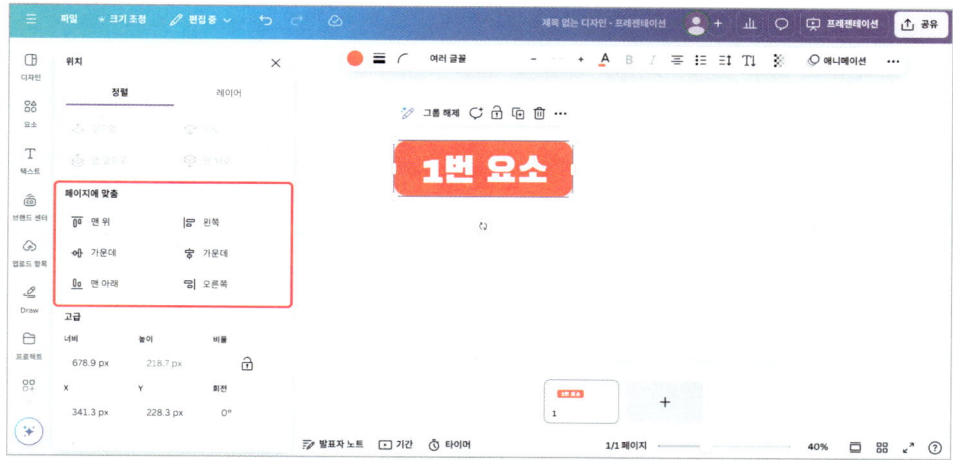

그림 4-1. 정렬 – 페이지에 맞춤

02 **고급 기능**: 고급 정렬에서는 요소의 세부적인 속성을 조정할 수 있습니다.

  – **너비와 높이**: 요소 크기 조정.

  – **비율 잠금**: 크기 조정 시 원본 비율 유지 여부 설정.

  – **X, Y 좌표**: 페이지에서 요소의 정확한 위치 설정(미세 조정 가능).

  – **회전**: 요소의 회전각도 확인 및 설정.

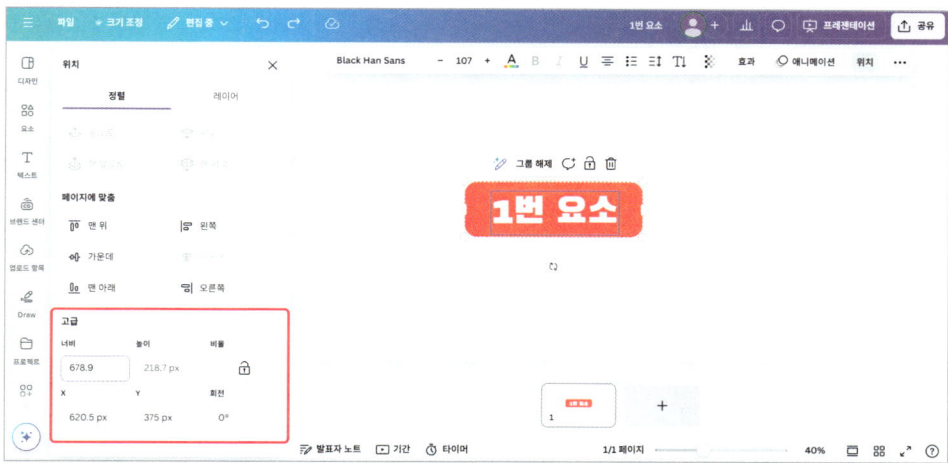

그림 4-2. 정렬 – 고급 기능

2) [레이어] 탭

요소가 여러 개일 경우, 레이어 탭을 통해 요소들의 쌓임 순서를 관리할 수 있습니다.

01 **전체 레이어 보기**: 현재 페이지의 모든 요소를 확인할 수 있습니다.

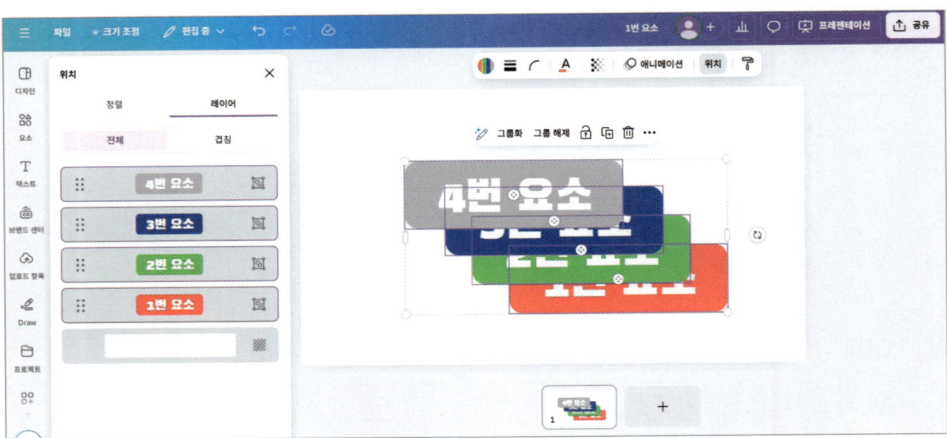

그림 4-3. 레이어 정렬 확인하기

특정 요소를 선택하면, 에디터 창에서 해당 요소만 작업할 수 있습니다.

02 **레이어 순서 조정**: [요소]를 선택하고 (왼쪽의 점 여섯 개) 드래그 앤드 드롭으로 순서를 변경합니다.

그림 4-4. 요소 순서 이동하기

2) 겹침 레이어 보기

선택한 요소와 다른 요소 간의 레이어 관계를 시각적으로 확인할 수 있습니다.

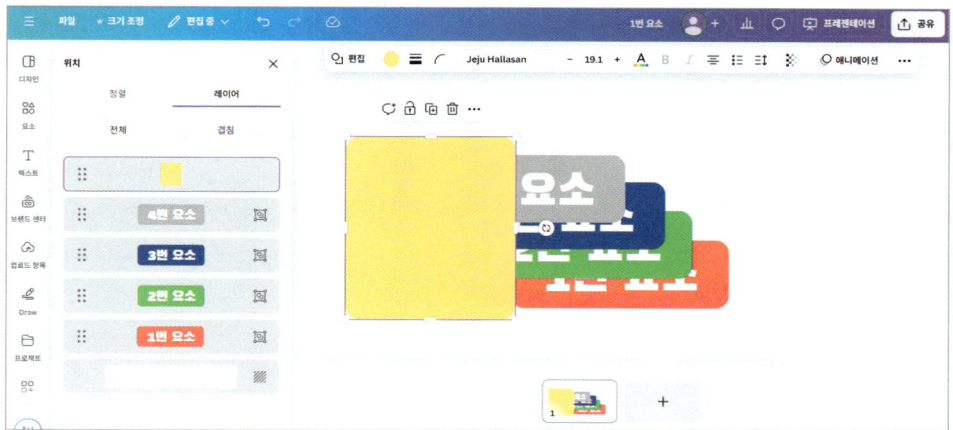

그림 4-5. 요소 겹침 확인하기

Tip.

- 위치와 레이어를 활용해 요소를 정렬하고 순서를 조정하면, 깔끔하고 직관적인 디자인을 완성할 수 있습니다.
- 레이어를 활용하면 많은 요소가 겹쳐 있는 디자인에서도 효율적으로 작업할 수 있습니다.

나. 사진 편집 기능 실습

이제 캔바의 사진 편집 도구를 활용하여 이미지 색 보정, 자르기, 효과 추가 등을 단계별로 익혀봅시다.

1) 1단계: 사진 삽입 및 기본 편집

01 **사진 삽입**: 캔바 작업 화면에서 사진 요소를 삽입합니다.

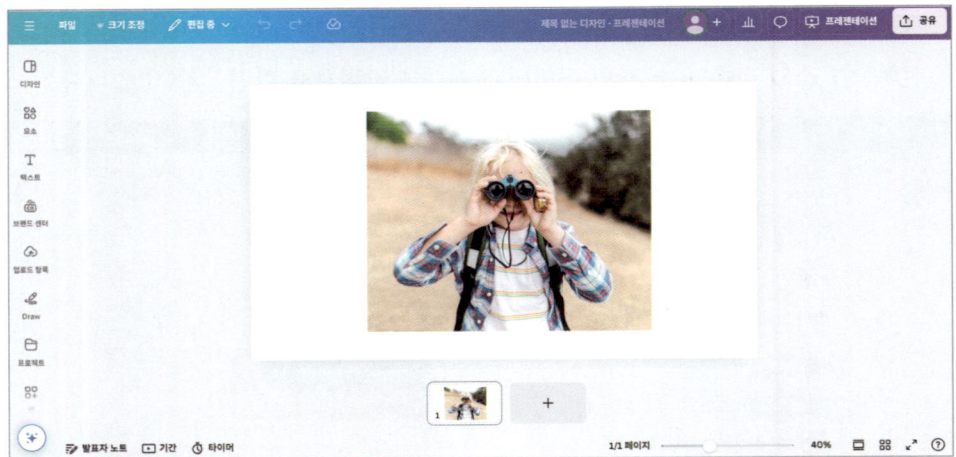
그림 4-6. 사진 요소 삽입하기

02 **사진 자르기**: 사진을 더블 클릭하면 자르기 기능이 활성화됩니다. 원하는 크기와 모양으로 사진을 자릅니다.

그림 4-7. 사진 자르기

03 **[편집] 탭 활성화**: 사진 요소를 선택하여 에디터 툴바에서 **[편집]** 버튼을 클릭합니다. 사이드 패널에서 **[조정] – [Magic Studio]**, **[필터]**, **[효과]**, **[앱]** 메뉴가 활성화됩니다.

그림 4-8. 편집 탭 활성화하기

2) 2단계: 이미지 조정

01 **자동 조정**: [자동 조정하기] 버튼을 클릭해 사진의 노출, 대비, 화이트 밸런스를 자동으로 보정합니다.

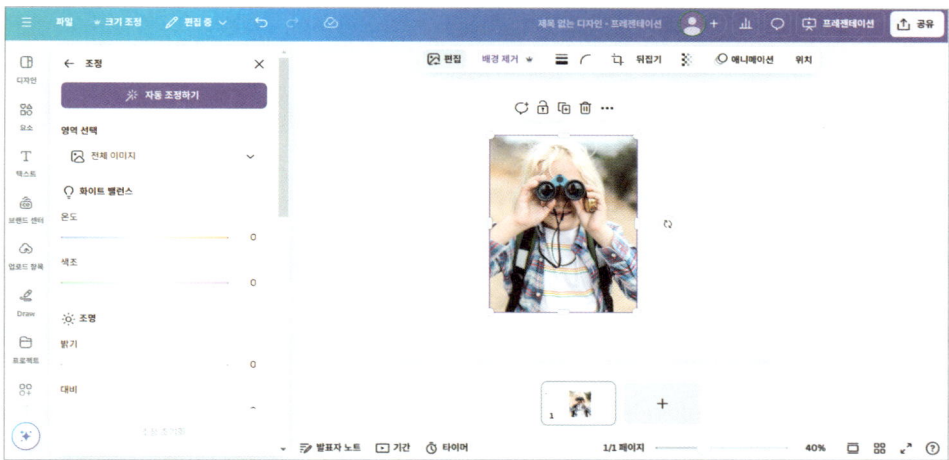

그림 4-9. 사진 자동 조정

02 **세부 조정**

- **화이트 밸런스/색조**: 색감을 따뜻하거나 차갑게 조정.

- **조명**: 밝기, 대비, 하이라이트 등 설정.

- **색상**: 채도, 활기를 조정해 생동감 추가.
- **텍스처**: 선예도(가장자리를 강조하여 또렷하게), 선명도(부드러운 이미지를 더 또렷하게), 비네팅(가장자리를 어둡게 혹은 밝게)으로 질감 조정.

그림 4-10. 화이트 밸런스 조절 예시

그림 4-11. 색상 – 생동감 조절 예시

03 **색상 편집**: 사진에서 추출된 주요 색상의 색조와 채도를 조정해 재미있는 사진 효과를 만듭니다.

- **초기화 기능**: 조정한 설정을 초기화하여 원래 상태로 복원합니다.

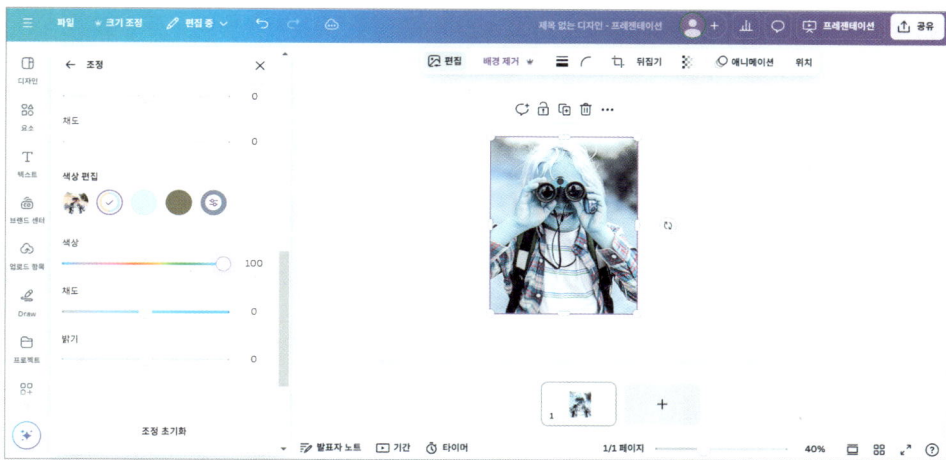

그림 4-12. 색상 편집 예시

3) 3단계: 필터 적용

01 **필터 선택**: [**필터**] 메뉴에서 다양한 색감의 필터 중 하나를 선택합니다.

그림 4-13. 필터 선택하여 적용하기

02 **강도 조정**: 필터 강도를 조정하여 사진의 색감을 세부적으로 설정합니다.

그림 4-14. 필터 강도 조정 예시

4) 4단계: 효과 추가

01 **배경 제거**: 사진 요소를 선택 후 **[배경 제거]** 버튼을 클릭해 배경을 삭제합니다.

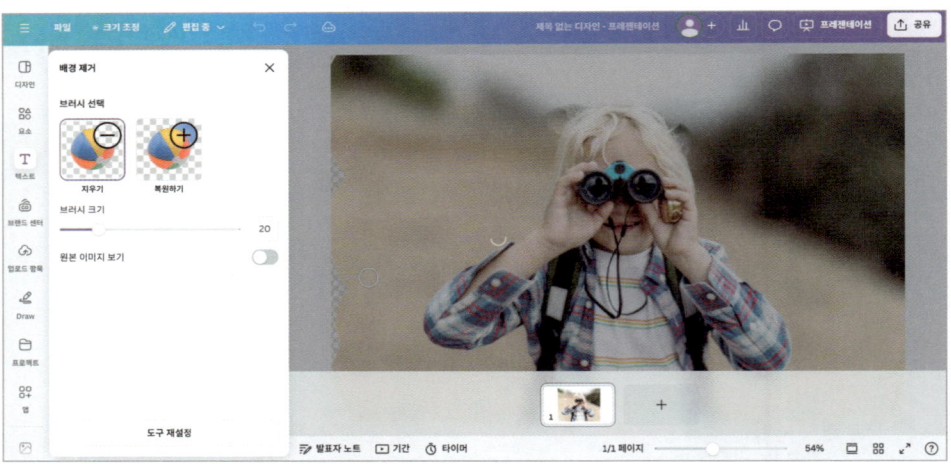

그림 4-15. 배경 제거하기

02 **그림자 추가**: **[효과]** 메뉴에서 다양한 그림자 효과를 추가합니다.

- 글로우, 드롭, 개요(테두리), 곡선, 들어올리기 등 각 버튼을 클릭한 후 상세 효과를 조정할
  수 있습니다.

그림 4-16. 드롭 그림자 예시

03 **이중톤 적용**: 사진을 두 가지 색상 톤으로 변환. 하이라이트와 그림자 색상을 조정하여 독특한 분위기 연출.

그림 4-17. 효과 – 이중톤 선택하기

04 **흐리기 및 초점 조정**

- **흐리기**: 사진의 특정 영역을 부드럽게 만듭니다.
- **자동 초점**: 사진의 초점을 강조하거나 배경을 흐릿하게 조정합니다.

그림 4-18. 흐리기 설정 확인하기

그림 4-19. 자동 초점 설정 확인하기

05 추가 기능

– **페이스 보정**: 얼굴 이미지를 자연스럽게 수정합니다.

그림 4-20. 페이스보정 예시 확인하기

다. 실습 예제: 팝아트 작품 만들기

캔바의 사진 편집 및 정렬 기능을 활용해 독창적인 팝아트 스타일 디자인을 제작해 봅시다.

1) 1단계: 사진 선택 및 기본 편집

01　**사진 불러오기**: 캔바 [요소] 탭에서 적합한 사진을 삽입합니다.

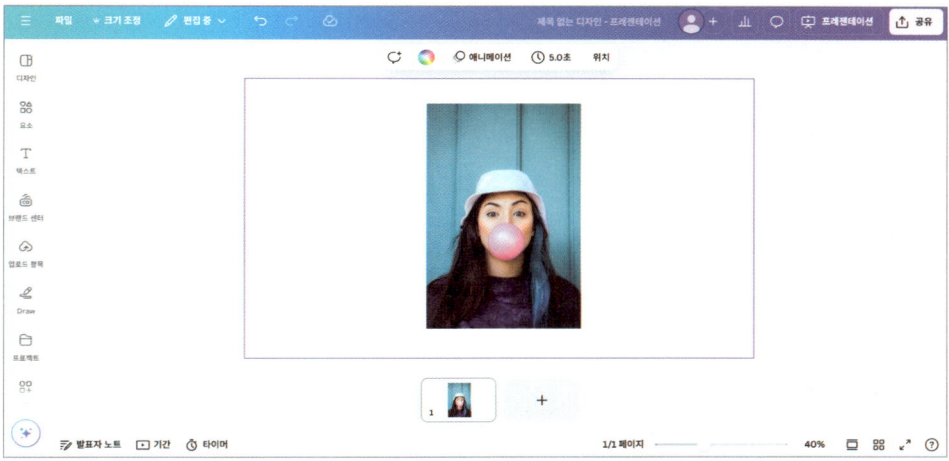

그림 4-21. 사진 불러오기

　※**참고**: 인물이나 물건 등 한 가지 주제 사물이 강조된 사진이 좋습니다.

02　**사진 자르기**: 사진을 더블 클릭하여 1:1 비율로 자릅니다.

그림 4-22. 사진 자르기

03 배경 제거: 자른 사진을 선택한 후 [배경 편집] 버튼을 클릭하여 배경을 삭제합니다.

2) 2단계: 색상 조정

01 **이중톤 효과 적용**: 사진을 선택한 후 **[편집] - [효과] - [이중톤]**을 클릭합니다.

02 원하는 색상을 선택해 사진의 색상을 변경합니다.

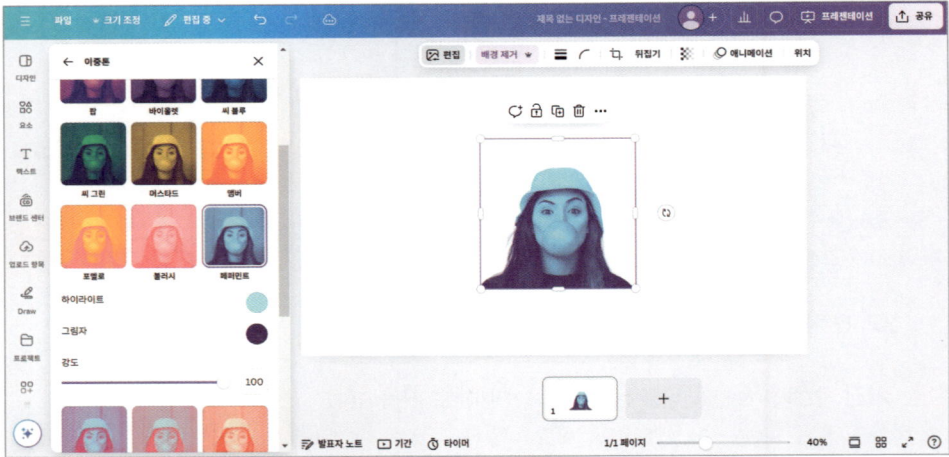

그림 4-23. 이중톤 적용하기

03 **세부 조정**: 선택한 이중톤 효과를 다시 클릭하여 하이라이트 색상과 그림자 색상을 수정합니다.

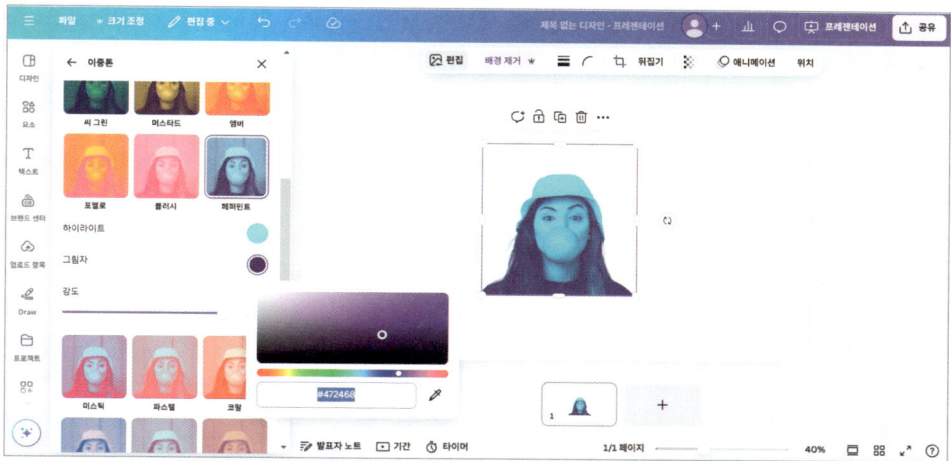

그림 4-24. 이중톤 수정하기

원하는 색상 강도를 조정하여 개성 있는 이미지를 완성합니다.

3) 3단계: 배경지 추가

01 **사각형 배경 생성**: [요소] 탭에서 사각형을 추가한 후 **Shift 키를 누르며 드래그**해 정사각형으로 만듭니다.

02 **크기 조정**: 필요 시 [위치] 탭에서 배경의 너비와 높이를 정확히 설정합니다.

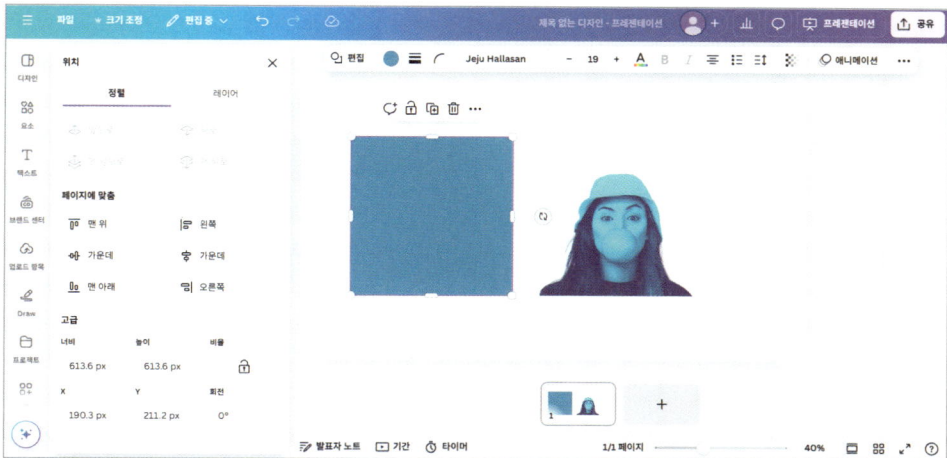

그림 4-25. 정사각형 만들기

03 **배경 색상 변경**: 사각형의 색상을 원하는 색상으로 변경하여 사진과 대비되도록 설정합니다.

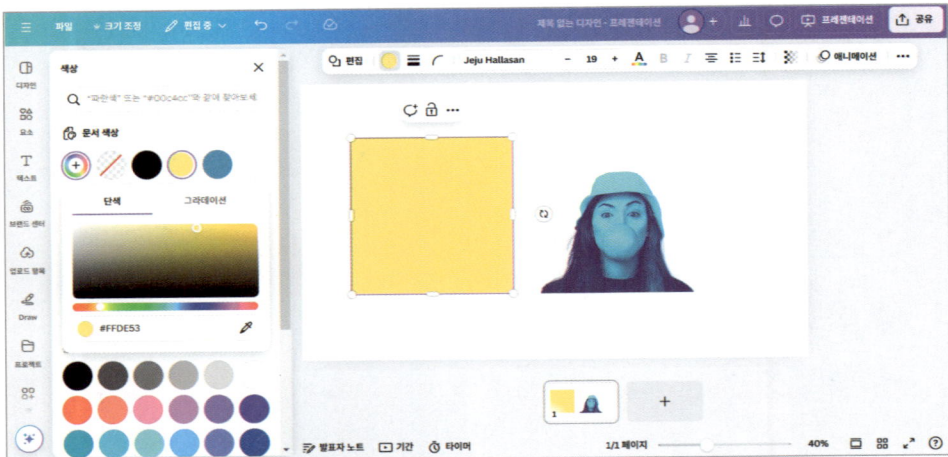

그림 4-26. 정사각형 수정하기

4) 4단계: 정렬 및 그룹화

01 **사진과 배경 정렬**: 배경 위에 사진을 배치하여 두 요소를 적절히 정렬하고, [위치] 탭을 활용해 정확한 위치를 맞춥니다.

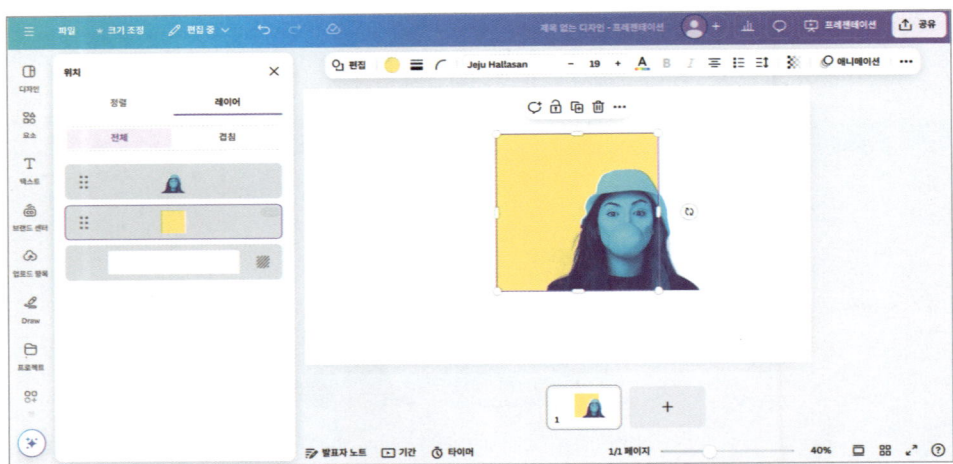

그림 4-27. 위치 정렬하기

02 요소 그룹화: 사진과 배경을 함께 선택한 후 Ctrl+G를 눌러 그룹화합니다.

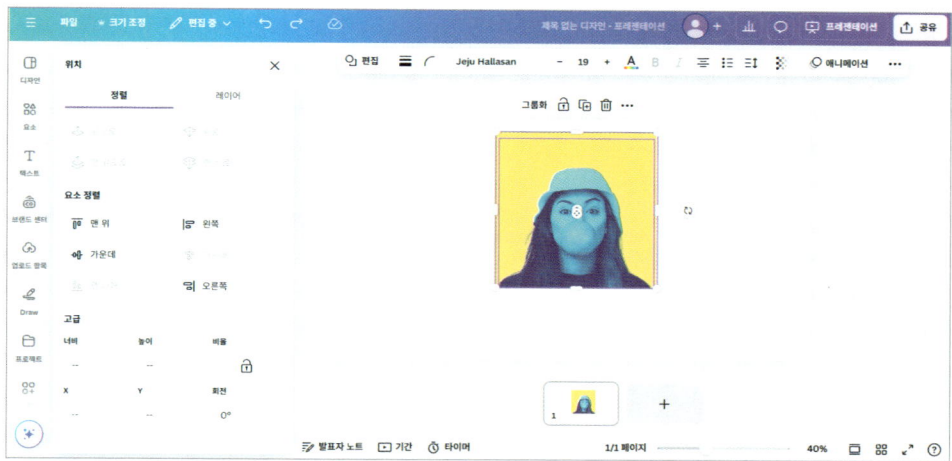

그림 4-28. 요소 그룹화하기

5) 5단계: 팝아트 스타일 완성

01 그룹화된 요소 복사: 그룹화된 사진과 배경을 복사하여 여러 개의 요소를 생성합니다.

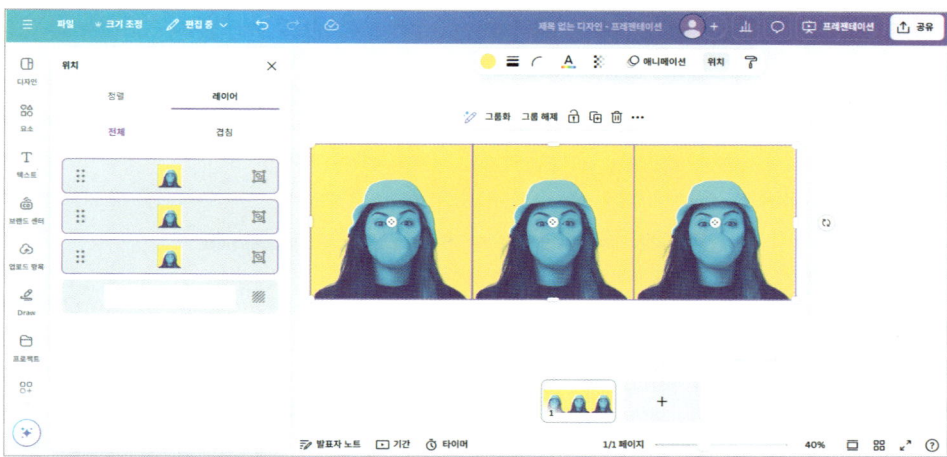

그림 4-29. 요소 복사하기

02 색상 편집: 복사된 각 요소의 배경색과 사진 색상을 개별적으로 변경하여 다양한 색상 조합을 만듭니다.

그림 4-30. 여러 색상 만들기

03 **정렬 및 배치**: 완성된 요소들을 캔바 작업창에 정렬하여 팝아트 스타일의 작품을 완성합니다.

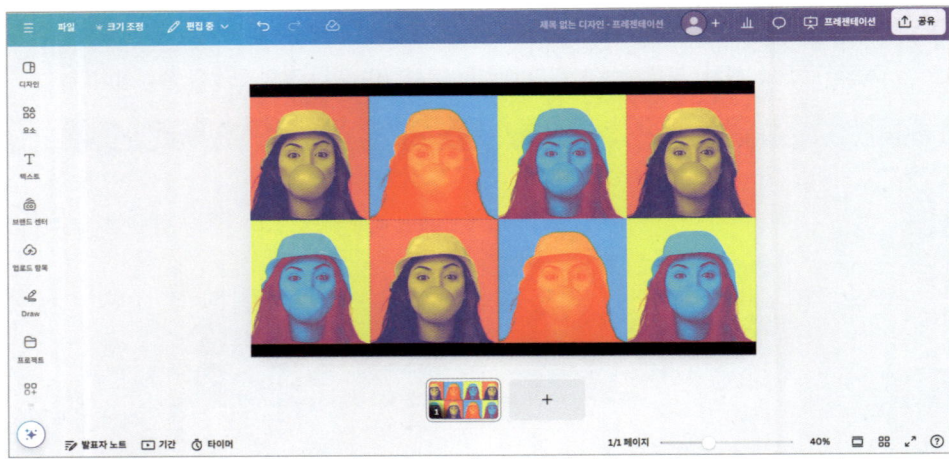

그림 4-31. 작품 배치하기

Tip.

– 강렬한 색상 대비를 활용해 팝아트의 특징을 살립니다.

– 요소를 일정한 간격으로 정렬하여 깔끔한 구성을 유지합니다.

– 다양한 색조와 조합을 시도해 보세요.

AI + 캔바
이미지 생성하고 편집하기

최근 AI 기술의 비약적인 발전은 미디어 창작과 디자인 분야에 새로운 가능성을 열어주고 있습니다. 복잡했던 작업들도 이제는 AI 기술을 활용해 누구나 손쉽게 만들 수 있게 되었으며, 이를 통해 더 많은 사람들이 창의적인 콘텐츠 제작에 도전할 수 있는 시대가 열렸습니다.

특히, 캔바는 AI 기술을 적용한 다양한 도구를 제공하여 디자이너와 창작자들이 복잡한 작업을 간단하게 처리할 수 있도록 돕고 있습니다. 이러한 도구들은 시간과 노력을 절약할 뿐만 아니라, 사용자들에게 보다 효율적이고 새로운 방법으로 창작의 즐거움을 선사합니다. AI의 강력한 기능이 결합된 캔바를 살펴보고 수업 시간에 자유롭게 활용해 봅시다.

이 장에서는 캔바의 AI 기반 도구를 활용해 이미지 생성, 텍스트 변환 등 창의적인 작업을 간편하게 수행하는 방법을 알아봅니다. 특히 매직 미디어와 편집 기능을 활용해 입체적인 디자인 요소가 돋보이는 쉐도우 박스를 제작합니다.

가. 매직 미디어와 매직 스튜디오 기능 살펴보기

캔바의 AI 기반 도구인 매직 미디어와 매직 스튜디오를 활용하여 이미지 생성과 편집 기술을 익히고, 이를 통해 창의적인 디자인을 제작해 봅시다.

1) 매직 미디어로 이미지 생성하기

매직 미디어는, AI를 활용해 간단한 프롬프트로 이미지, 그래픽, 동영상을 생성할 수 있는 기능입니다. 사진 같은 이미지와 일러스트 느낌의 그래픽을 생성할 수 있습니다.

01　1단계: 빈 화면 준비

- 캔바 작업창에서 새 디자인을 시작하고, **[매직 미디어]**를 활성화합니다.
- [매직 미디어]는 좌측 사이드 패널에서 확인할 수 있습니다.

02　2단계: 프롬프트 작성

- 생성하고자 하는 이미지를 간단하고 명확하게 설명합니다.

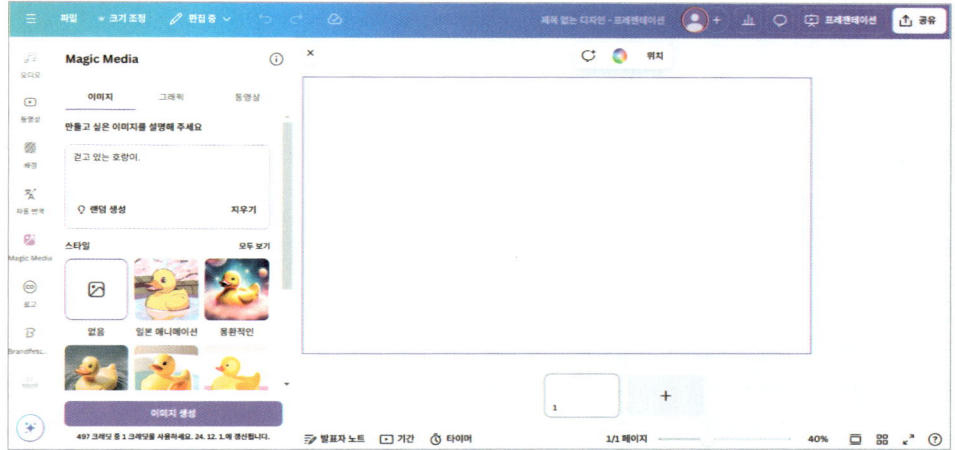

그림 5-1. 매직 미디어 프롬프트 입력하기(예: 걷고 있는 호랑이)

　구체적이고 명확한 설명일수록 AI가 의도에 맞는 이미지를 생성할 가능성이 높아집니다.

03　3단계: 스타일 및 비율 설정

- 이미지의 스타일(사진, 수채화, 만화 등)과 가로세로 비율을 선택합니다.
- 다양한 스타일을 시도해 여러 느낌의 이미지를 비교해 보는 것도 좋습니다.

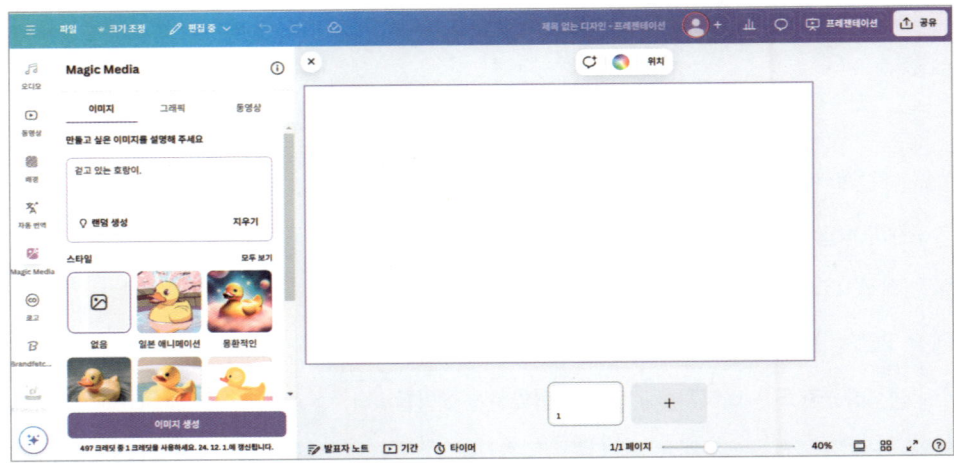

그림 5-2. 스타일 선택하기

04 4단계: 이미지 생성 및 검토

– 생성된 네 가지 이미지 중 원하는 이미지를 선택합니다.

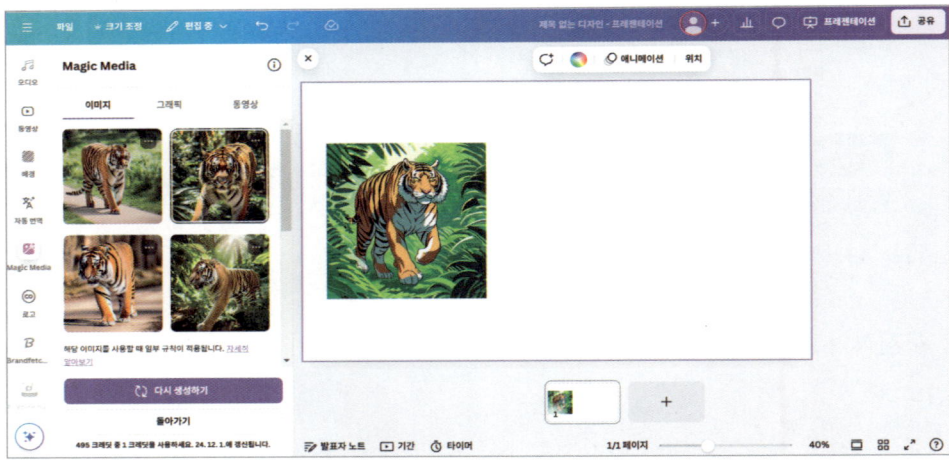

그림 5-3. 이미지 확인 후 선택하기

생성된 이미지에서 디테일(손가락, 팔 등)을 확인하고, 필요하면 프롬프트를 수정해 다시 생성합니다. AI 이미지 생성은 디테일 표현이 부족할 수 있으므로 결과물을 꼼꼼히 검토하세요.

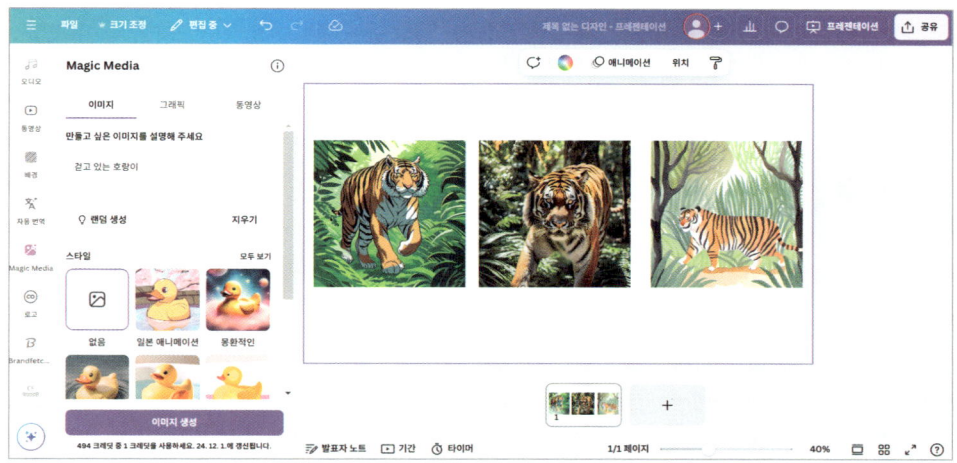

그림 5-4. 이미지 생성 예시

※**참고**: AI 이미지 생성 시 크레딧이 소모됩니다. 캔바 제공 크레딧을 확인하며 효율적으로 활용하세요.

나. 매직 스튜디오로 이미지 편집하기

매직 스튜디오는, 캔바의 AI 편집 도구로, 사진 편집과 이미지 조작을 간편하게 할 수 있는 강력한 기능을 제공합니다. 매직 스튜디오를 활용하면 이미지 수정 작업을 단 몇 번의 클릭만으로 간단히 완료할 수 있습니다. 다음의 주요 기능들을 살펴봅시다.

1) 배경 제거

클릭 한 번으로 사진의 배경을 제거합니다. [편집] – [매직 스튜디오] – [배경 제거]에서 작업할 수 있으며, [지우기/복원] 도구를 사용해 배경 제거를 세부적으로 조정할 수 있습니다. 복원 기능은 실수로 삭제된 부분을 손쉽게 복구할 수 있습니다.

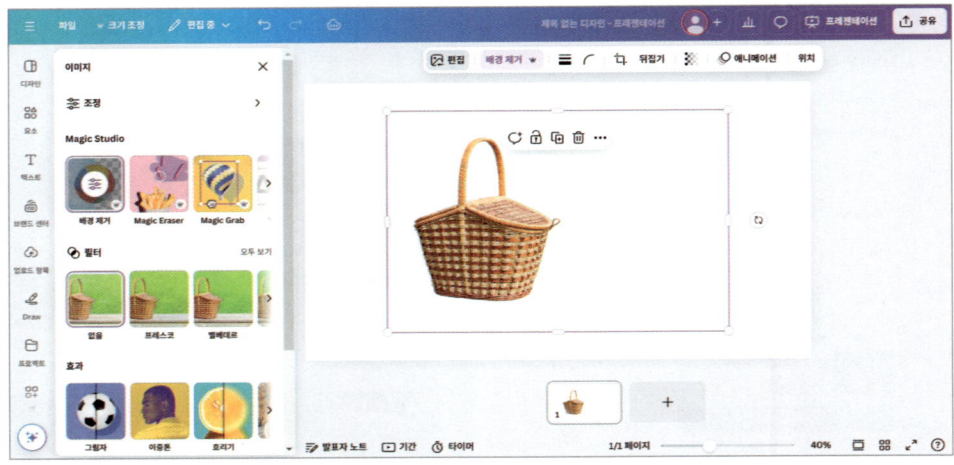

그림 5-5. 배경 제거

2) 매직 이레이저

사진 속 원치 않는 요소를 제거할 수 있습니다. [편집] – [매직 스튜디오] – [매직 이레이저(Magic Eraser)]에서 작업할 수 있으며, 브러시나 클릭으로 제거할 영역을 선택한 후 지우기 버튼을 클릭합니다.

그림 5-6. 매직 이레이저 해보기(예: 사진 속 바구니를 제거해 배경만 남기기)

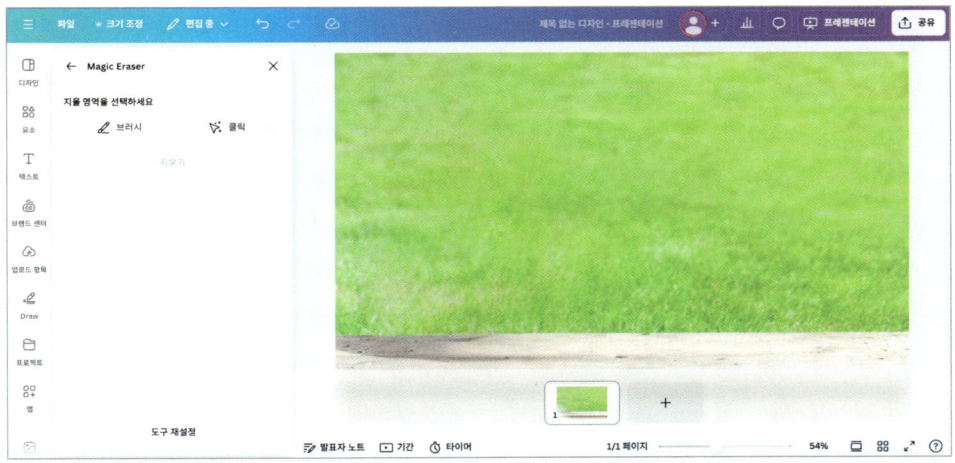

그림 5-7. 매직 이레이저 결과 확인하기

3) 매직 그랩

배경에서 특정 요소를 분리해 독립된 오브젝트로 생성합니다. 배경 제거와 매직 이레이저 기능의 결합으로, 물체를 자연스럽게 떼어낼 수 있습니다.

그림 5-8. 매직 그랩 해보기(예: 사진 속 장바구니의 위치를 바꾸기)

그림 5-9. 매직 그랩 결과 확인하기

4) 매직 에디트

사진 속 요소를 추가하거나 변경할 수 있습니다. 프롬프트를 사용해 바꿀 항목을 지정하고 AI가 새로운 이미지를 생성합니다. [편집] → [매직 스튜디오] → [매직 에디트 (Magic Edit)] → [프롬프트 입력] → [생성] → 선택 후 삽입 과정을 통해 진행해 봅시다.

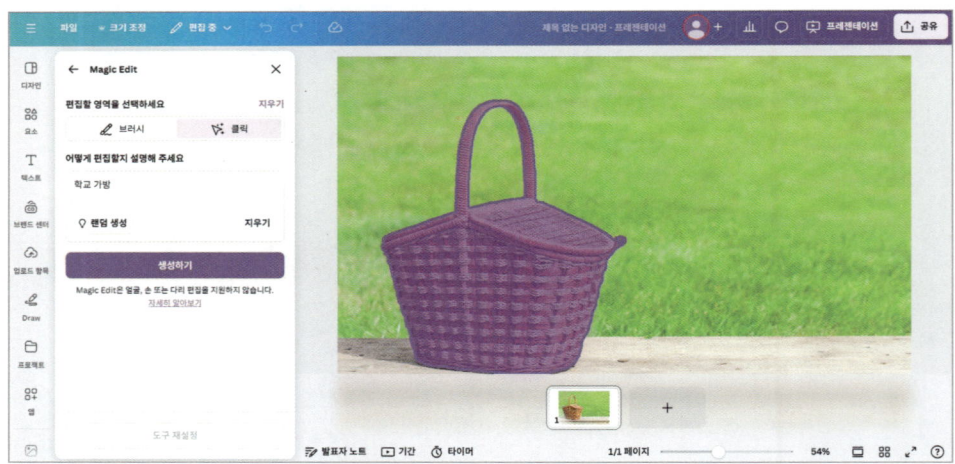

그림 5-10. 매직 에디트 프롬프트 작성하기(예: AI를 통해 바구니를 학교 가방으로 변경)

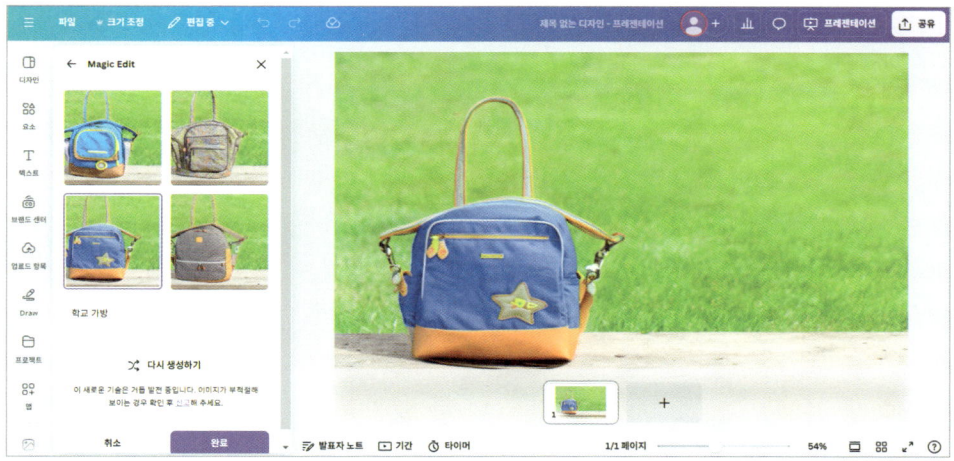

그림 5-11. 매직 에디트 생성하기

5) 매직 익스팬드

잘린 이미지를 자연스럽게 확장하여 새로운 배경을 생성합니다. 이 기능은 빈 공간을 채우거나 비율 조정을 위해 활용할 수 있습니다. [편집] → [매직 익스팬드 (Magic Expand)] → [확장하기] → [전체 페이지] → [확장]을 통해 작업해 봅시다.

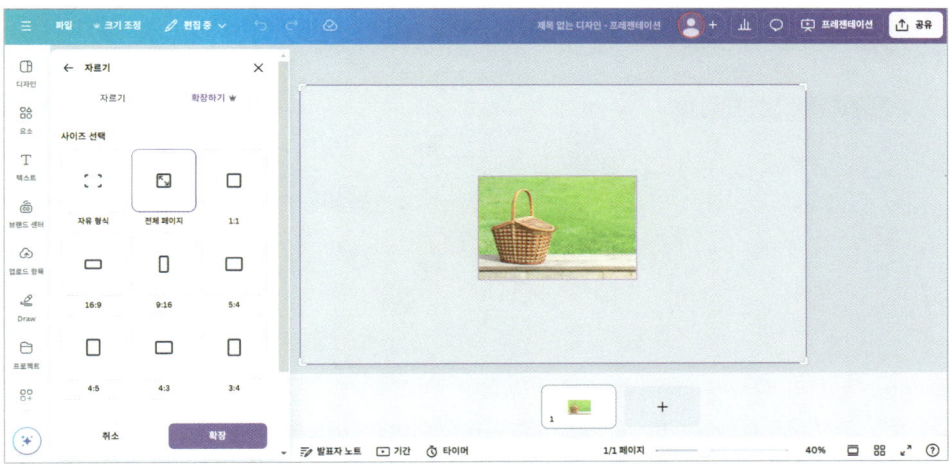

그림 5-12. 매직 익스팬드 사이즈 선택하기(예: 초원의 끝 부분을 확장해 넓은 풍경을 연출.)

그림 5-13. 매직 익스팬드 생성 후 선택하기

6) 텍스트 추출

이미지 속 텍스트를 선택하여 텍스트 박스 요소로 변환합니다. 그림 속 글씨를 디지털 텍스트로 전환하여 편집이 가능하도록 만듭니다.

그림 5-14. 텍스트 추출하기(예: 사진 속 'SCRIPT'를 텍스트로 추출하여 추가 편집)

그림 5-15. 텍스트 추출 결과 확인하고 글꼴 수정하기

다. 실습 예제: AI 기능 활용해 쉐도우 박스 만들기

이번 실습에서는 캔바의 매직 미디어와 매직 스튜디오 기능을 활용해 재미있는 쉐도우 박스 작품을 제작합니다. 매직 미디어로 생성한 이미지를 매직 스튜디오를 이용해 편집하며 창의적인 콜라주를 완성해 봅시다.

1) 배경 이미지 생성

01 **매직 미디어 활성화**: 캔바 작업창에서 [매직 스튜디오]를 활성화하고 [매직 미디어] 기능을 선택합니다.

02   배경 이미지 프롬프트 작성

– 프롬프트: 정글 풀숲

– 스타일: 페이퍼컷

– 비율: 가로

※**참고**: 다양한 주제의 프롬프트로 제작해 보세요.

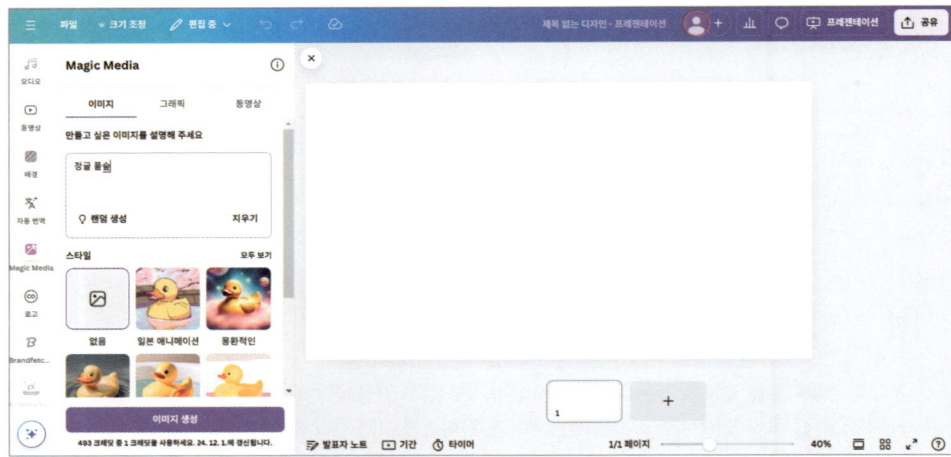

그림 5-16. 이미지 스타일 입력하기

03   **이미지 생성 및 적용**: 생성된 이미지 중 적합한 이미지를 선택하여 배경으로 사용합니다.

그림 5-17. 생성 이미지 선택하여 적용하기

2) 동물 이미지 생성

01 **동물 요소 생성**: 매직 미디어를 활용해 쉐도우 박스에 사용할 동물 이미지를 생성합니다.

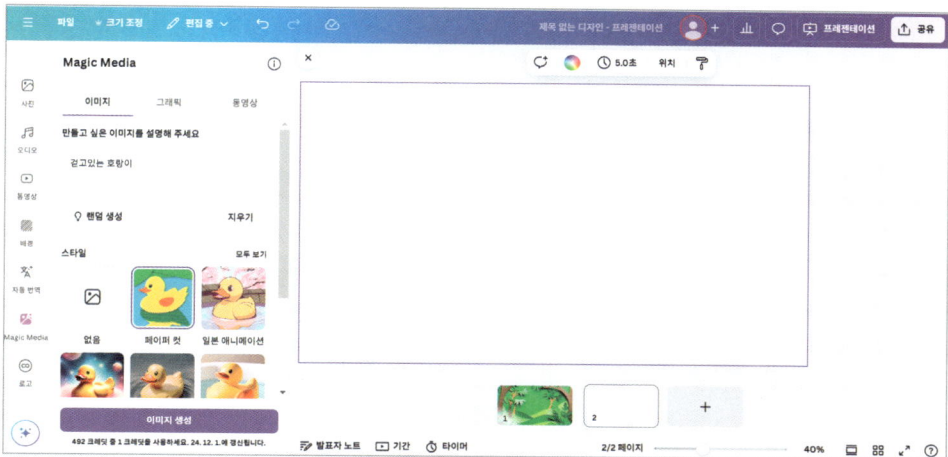

그림 5-18. 동물 요소 프롬프트 입력하기

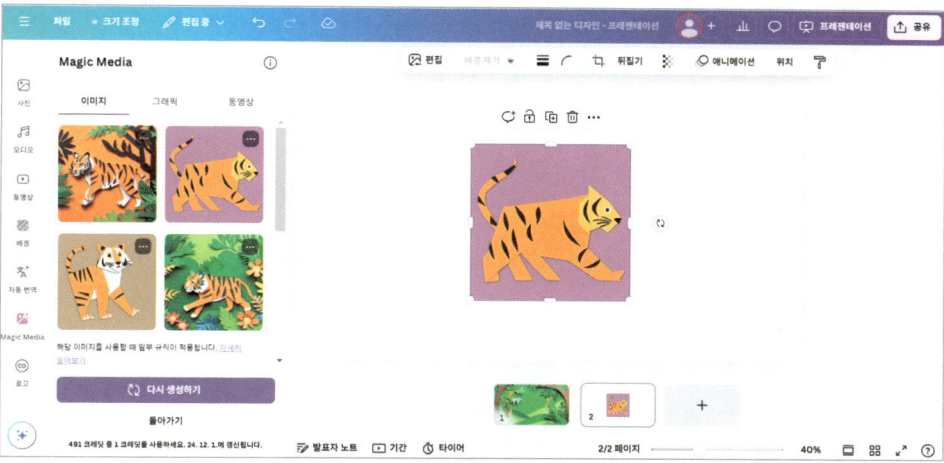

그림 5-19. 생성 이미지 선택하기

02 **배경 제거 및 요소 분리**: 매직 스튜디오의 [배경 제거] 기능을 사용하여 동물 이미지에서 불필요한 배경을 제거합니다. 배경 제거 후, 각 동물 이미지를 독립된 페이퍼컷 스타일 요소로 저장합니다. 분리된 요소는 이동과 배치가 용이하며, 다양한 콜라주 구성에 활용할 수 있습니다.

03 명부 그림자 효과 적용

[편집] – [효과] – [그림자]에서 쉐도우 박스와 어울리는 그림자 효과를 선택합니다. 그림자의 각도와 투명도를 조정하여 자연스럽고 입체감 있는 쉐도우 박스를 완성합니다.

※**참고**: 그림자 효과는 작품에 자연스러운 깊이감을 넣어줍니다.

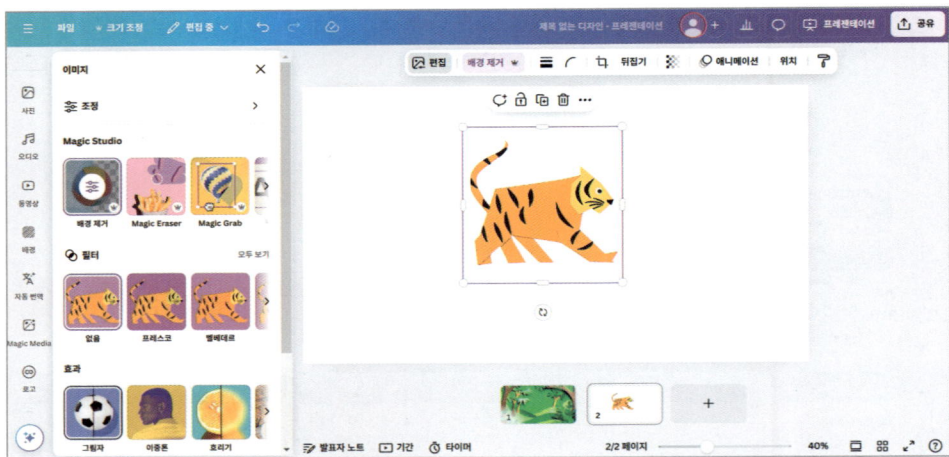

그림 5-20. 요소 효과(그림자) 넣기

04 **다양한 요소 생성하기**: 정글 숲속에 들어갈 다양한 동물과 요소를 **매직 미디어 기능**으로 만들어 봅시다.

그림 5-21. 여러 동물 예제 확인하기

※**예제 프롬프트**: 걷고 있는 호랑이, 나무 위에 앉아 있는 앵무새, 풀숲 사이에서 보이는 원숭이.

※ **이미지 스타일**: '**페이퍼컷**'으로 통일하여 입체적인 느낌을 강조합니다.
※ 스타일을 통일하면 쉐도우 박스 작품 전체에 **일관된 분위기**를 만들 수 있습니다.
※ 학생들과 함께 정글에 사는 다양한 동물들을 이야기해보며 수업을 진행할 수 있습니다.

3) 콜라주 구성하기

01 배치하기

생성된 동물 요소와 풀숲 이미지를 **[위치] 탭**을 활용해 적절히 배치합니다. 동물과 식물 요소를 **겹치거나 정렬**하여 입체적인 구성을 만듭니다. 배치는 요소 간의 **간격과 레이어 순서를 고려**해 시각적 균형을 유지하도록 합니다.

그림 5-22. 동물 예제 선택하여 배치하기

02 **최종 조정**: 모든 요소를 확인하며 **위치 탭**에서 **크기와 위치**를 미세하게 **조정**합니다. 필요 시 새로운 요소를 추가하거나 효과를 변경하여 작품의 완성도를 높입니다.

그림 5-23. 작품 크기와 위치 조정하기

03 **완성된 작품 확인**: 쉐도우 박스의 입체감과 조화를 확인하며 최종 작품을 저장합니다. 완성된 디자인은 저장 후 프린트하거나 디지털 아트로 활용할 수 있습니다.

그림 5-24. 완성 작품 확인하기

그림 5-25. 작품 이미지로 저장하기

Tip.

- 페이퍼컷뿐만 아니라 수채화, 만화, 사진 스타일 등 다양한 이미지 스타일을 적용해 쉐도우 박스의 분위기를 바꿀 수 있습니다.
- 동화 속 장면을 표현하거나, 특정 이벤트(예: 생일, 기념일) 테마로 만드는 등 학생이 직접 주제를 선정하여 창의력을 발휘할 수 있게 수업을 구성할 수 있습니다.
- 그룹 프로젝트로 진행하여 학생 간 작품 협업 과정을 경험하게 할 수 있습니다.

6 텍스트 생성하고 각종 양식으로 자동 변환하기

캔바 AI 기능 중 매직 라이트, 매직 스위치, 매직 애니메이트 기능에 대해 알아봅시다. 캔바에서 제공하는 AI를 사용하면 아주 쉽게 나의 아이디어를 텍스트로 구현하고 다양한 형태로 변환할 수 있습니다. 최종 제작한 자료를 효과적으로 발표하는 데에도 도움을 받을 수 있습니다. 캔바 AI 기능은 무료 버전의 경우 사용 기한 및 횟수 제한이 있으므로 교육용 계정 인증을 받아 실습에 참여하시기를 추천합니다.

가. 매직 라이트 활용 글쓰기

1) 매직 라이트 활용 글쓰기

매직 라이트(Magic Write)란 챗GPT와 같이 오픈 AI로 구동하는 텍스트 생성 도구입니다. 명령어를 입력하면 AI가 간단한 문구부터, SNS 게시글, 블로그 글 등의 초안을 자동으로 생성하고 변형, 고쳐 쓰기 등의 일을 수행해 줍니다.

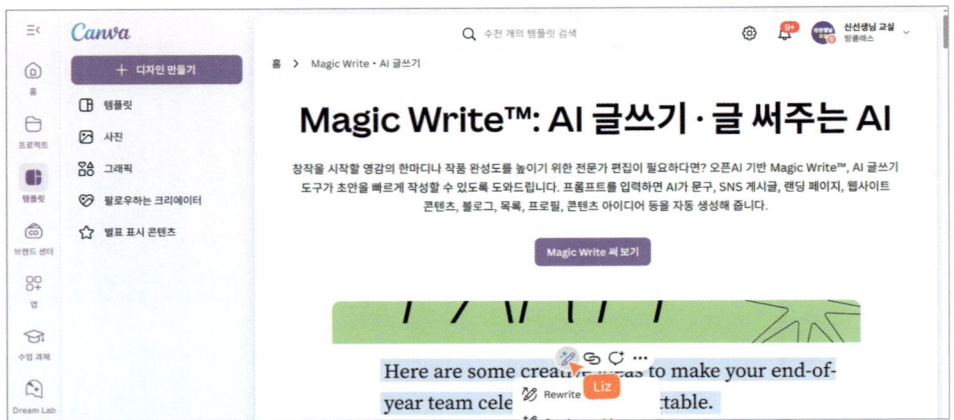

그림 6-1. 매직라이트 소개 페이지

01 매직 라이트 실행하기

캔바 홈 화면의 상단 템플릿 디자인들 중 **[Docs]**를 클릭합니다. 문서작업을 할 때 사용하는 템플릿입니다. 한글이나 워드와 비슷한 편집 화면을 볼 수 있습니다. 화면 상단에 떠 있는 텍스트 편집 툴바 중에 왼쪽 끝 **파란 연필 아이콘**이 있는 **[Magic Write]** 버튼을 클릭합니다.

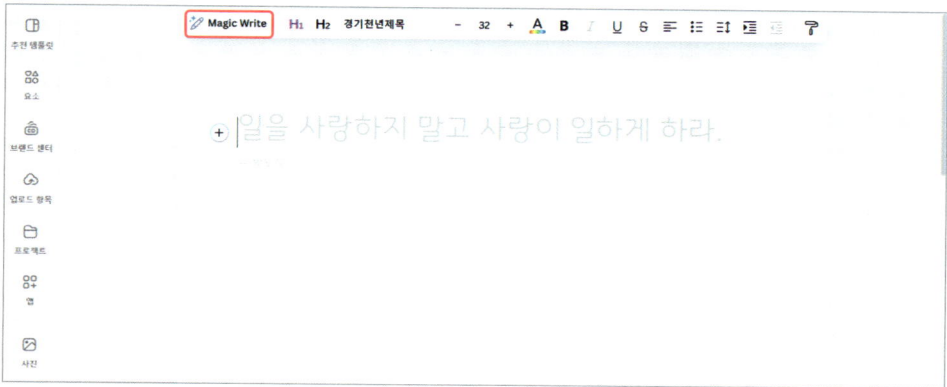

그림 6-2. 매직라이트 실행하기

02 프롬프트 입력하기

아래와 같이 프롬프트, 즉 명령어를 입력할 수 있는 창이 열립니다. 다섯 개 이상의 단어를 사용하여 생성하려는 내용을 입력하라는 안내를 확인할 수 있습니다. 아래의 '아이디어 브레인스토밍', '단락 생성기' 등의 옵션을 눌러 예시 명령어를 살펴볼 수 있습니다.

그림 6-3. 매직라이트 프롬프트 창

'아이디어 브레인스토밍'을 선택하였을 때의 예시입니다. 이와 같이 쓰고자 하는 내용에 대하여 명령어를 입력합니다. 다양한 옵션 버튼을 클릭하여 예시를 직접 확인해 보세요.

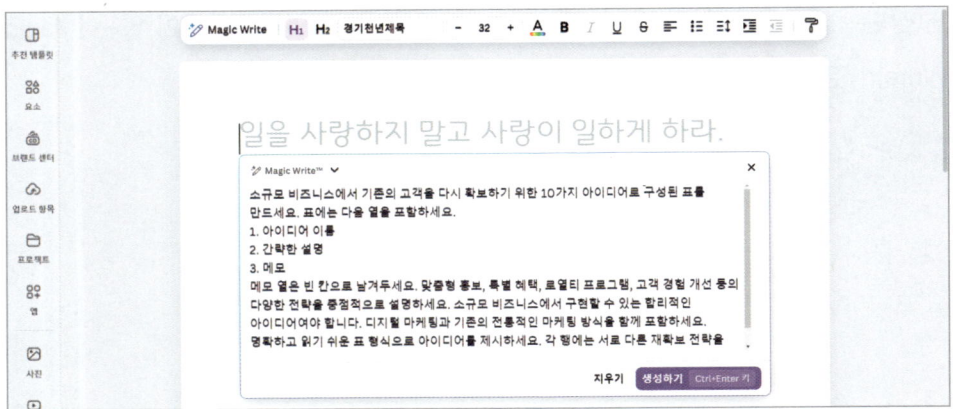

그림 6-4. 아이디어 브레인스토밍 매직라이트 생성 예시

03 AI 매직라이트 실습 작품 만들기

학부모를 대상으로 한 안내장을 작성하며 매직 라이트 기능을 익혀봅시다. 명령어 창에 '학부모님께 보내는 신학기 첫인사 편지'라고 입력하고 [생성하기] 버튼을 클릭합니다. 다음과 같이 예시 글이 작성된 것을 확인할 수 있습니다.

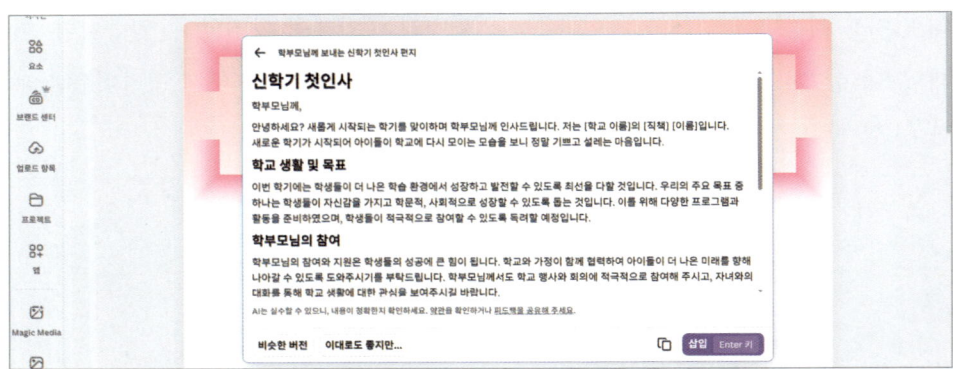

그림 6-5. 매직 라이트 신학기 첫인사 편지 예시

만약, 같은 명령어로 다른 글을 생성하고 싶을 때에는 아래쪽의 [비슷한 버전] 버튼을 클릭해서 다시 생성할 수 있습니다. 명령어 조건을 추가하고 싶을 때에는 [이대로도 좋지만…] 버튼을 클릭하고 원하는 조건을 입력합니다. 보라색 [삽입] 버튼을 클릭

하면 문서에 매직 라이트로 생성되었던 글이 제목, 문단에 맞게 입력됩니다.

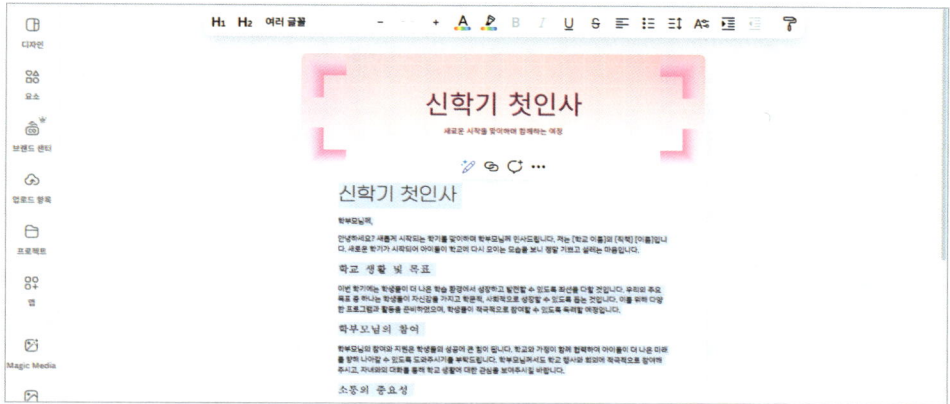

그림 6-6. 삽입된 매직 라이트 글 예시

04 어조 설정하기

방금 함께 실습한 매직 라이트는 캔바에서 기본으로 제공하는 어조로 작성된 글입니다. 이번에는 나의 평소 글을 쓰는 어조, 또는 특정 문서를 작성할 때 사용하는 어조 등 **'내가 설정한 어조'**로 글을 생성하는 방법을 알아보겠습니다.

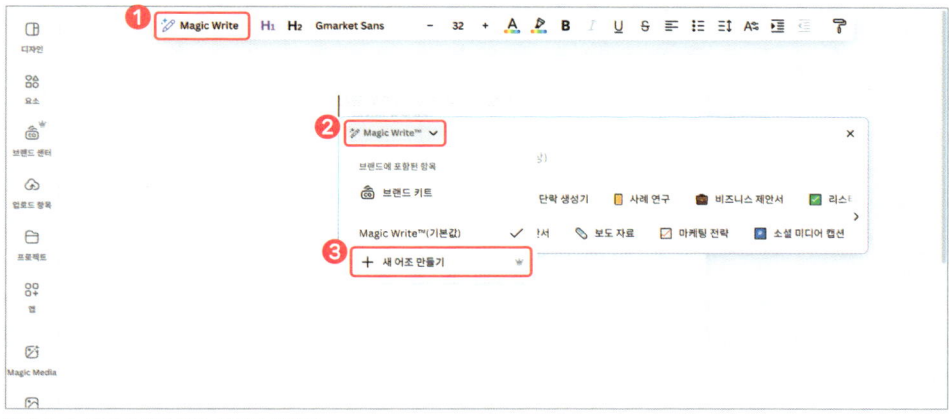

그림 6-7. 매직 스위치 어조 설정창 첫화면

먼저 상단 편집 툴바의 **[매직 라이트]**를 클릭하여 실행합니다. 매직라이트 입력창을 위와 같이 볼 수 있습니다. 입력창 상단의 **[Magic Write]** 글자 오른쪽 **화살표(⌄)**를 클릭하여 **[+새 어조 만들기]**를 실행합니다.

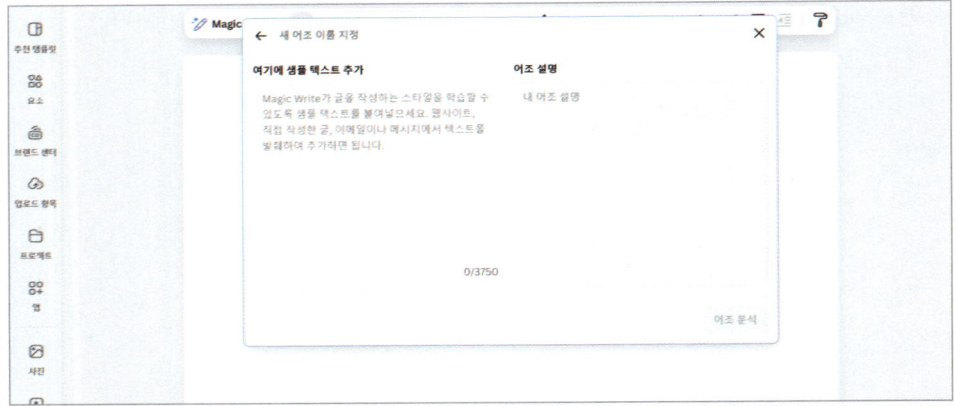

그림 6-8. 새 어조 이름 지정

새 어조 편집 창이 위와 같이 나타납니다. 창 상단에 **[새 어조 이름]**을 입력합니다.

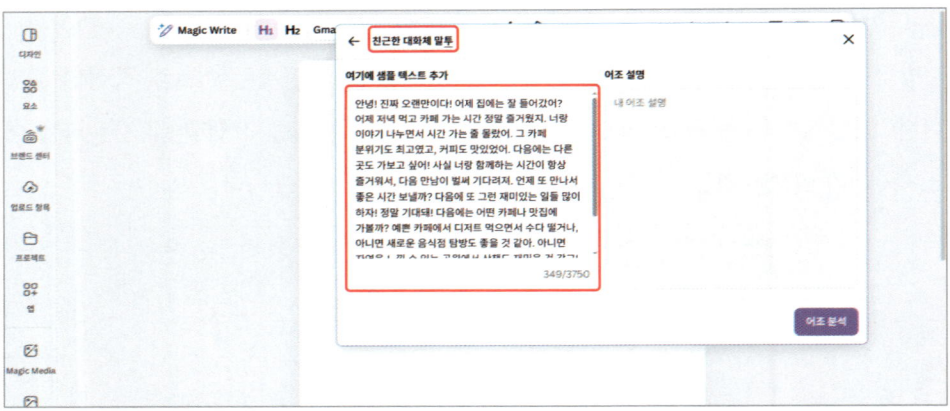

그림 6-9. 친근한 대화체 말투 설정

새 어조 이름을 **'친근한 대화체 말투'**라고 설정해 봅시다. 이곳에 선생님께서 생성하시고 싶은 어조의 샘플이 되는 글을 250자 이상 입력합니다. 입력 후 보라색 **[어조 분석]** 버튼을 클릭합니다.

어조 설명을 확인한 뒤 **[저장]** 버튼을 클릭합니다.

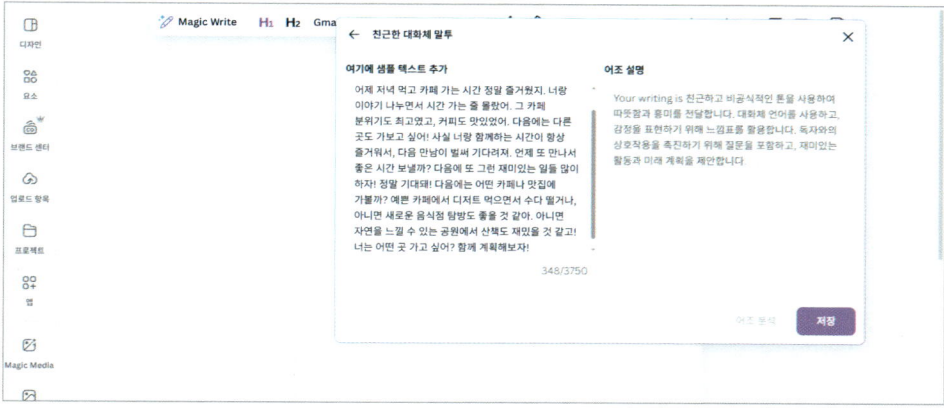

그림 6-10. 어조 설명 확인 및 저장

그럼 아래와 같이 매직라이트 명령어 입력창에 기존에는 'Magic Write'라고 뜨던 것이 '친근한 대화체 말투'라고 변경된 것을 확인할 수 있습니다. 동일하게 명령어에 '학부모님께 보내는 신학기 첫인사 편지'라고 입력하여 생성해 봅시다.

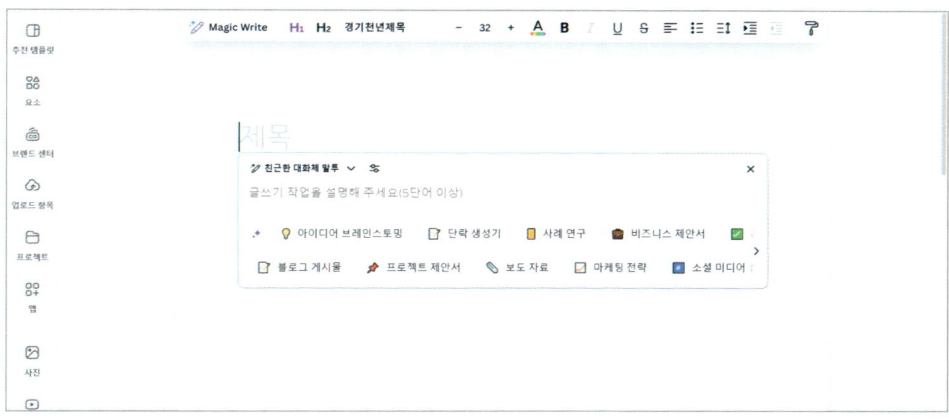

그림 6-11. 어조 설정 완료 창

생성된 글을 확인해 보세요. 기존의 글보다 훨씬 친근한 말투로 수정된 것을 확인할 수 있습니다. 이렇게 캔바 인공지능을 사용하여 나만의 어조로 글을 생성하면 더 빠르게 문서를 작업할 수 있습니다.

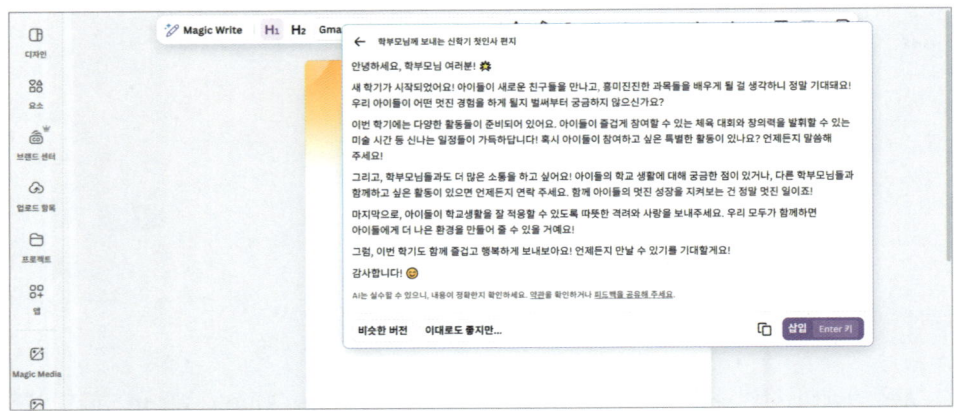

그림 6-12. 친근한 대화체 말투 학부모 편지 예시

2) 매직라이트 수정하기

위의 실습처럼 나의 샘플 글을 활용하여 글의 어조를 설정할 수도 있지만, 캔바의 매직라이트 **'기본 수정 기능'**을 사용하면 더 간단하고 빠르게 글을 수정할 수 있습니다.

작성하신 글 중에서 다듬고 싶은 문단을 **블록 지정**합니다.

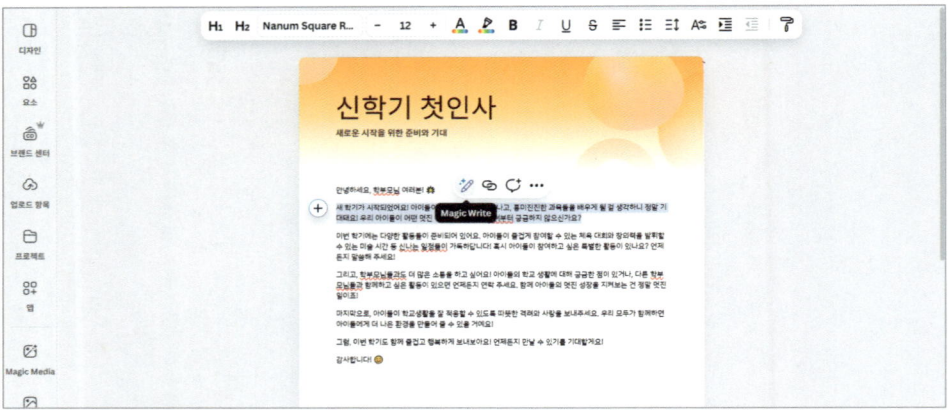

그림 6-13. 매직 라이트 수정 블록 지정

그다음, 블록 상단의 파란색 연필 모양의 **[매직 라이트]** 버튼을 클릭합니다.

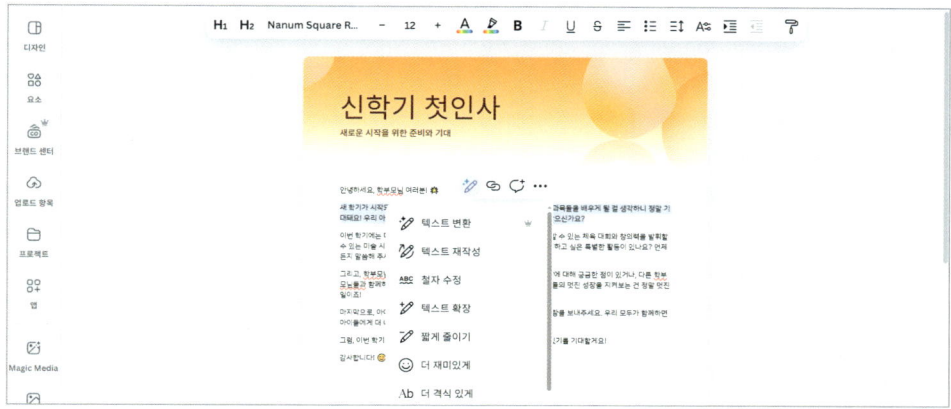

그림 6-14. 매직 라이트 블록 실행 시 드롭박스 창

글을 생성할 때와는 다르게, 다양한 수정 옵션이 뜨는 것을 확인할 수 있습니다. 여기서 **[텍스트 확장]**을 사용하여 글을 더 이어지게 확장하여 쓰거나, **[더 격식 있게]**를 사용하여 글을 더 공식적인 문서에 어울리는 어조로 변경할 수 있습니다.

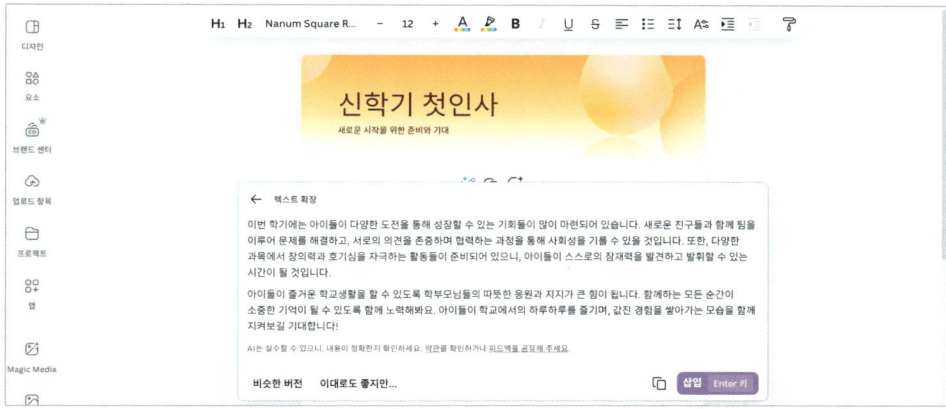

그림 6-15. 텍스트 확장 옵션 실행 시 예시

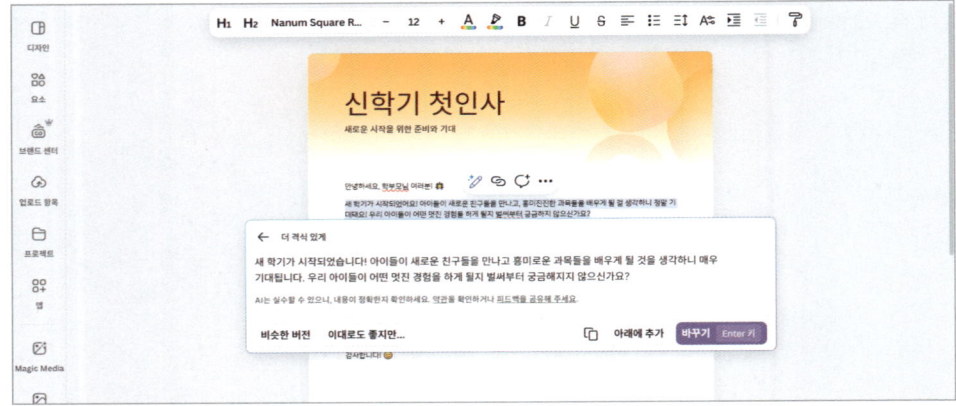

그림 6-16. 더 격식 있게 옵션 실행 시 예시

　이렇게 캔바에서 제공하는 AI기능인 매직 라이트를 활용하면 문서의 초안을 쉽게 작성하고, 다양한 어조로 손쉽게 바꿀 수 있습니다. 캔바 매직 라이트를 활용하여 다양한 상황에 어울리는 어조로 나의 아이디어를 마법처럼 완성해보기 바랍니다.

나. 매직 스위치 활용해 문서 형식 변환하기

1) 매직 스위치란 무엇인가?

그림 6-17. 매직 스위치 설명 창

매직 스위치(Magic Switch)란, 기존의 디자인을 AI가 분석하여, 내가 원하는 다른 형태의 여러 가지 디자인으로 변환해주는 기능입니다. 기존에 작성한 텍스트 문서를 개요서, 블로그 게시물, 이메일 등으로 변환할 수 있습니다. 같은 내용의 자료를 문서, PPT, SNS 카드뉴스 등으로 여러 번 제작하던 것을, 매직 스위치 클릭 한 번으로 간편하게 완성할 수 있습니다. 또 매직 스위치를 사용하면, 디자인 전체의 언어를 다른 언어로 번역할 수 있습니다. 실습을 통해 차근차근 배워봅시다.

2) PPT를 Doc 문서로 변환하기

매직 스위치를 사용하여 다른 양식으로 변환하고 싶은 문서를 실행합니다.

그림 6-18. 매직 스위치 실습 자료 열기

예시로 가져온 문서는 캔바 AI 기능을 소개하는 프레젠테이션입니다. PPT 구성은 수업 타이틀을 소개하고, 목차를 소개한 뒤, 오늘의 학습 목표를 제시하는 순서입니다. 이후에 각 주제에 대한 내용을 소개합니다. 제목과 목차, 그리고 본문 슬라이드에서 같은 단어와 내용이 여러 번 반복되어 나타납니다.

만약 위의 프레젠테이션의 모든 텍스트를 단순히 옮겨 적기만 한다면 같은 내용이 반복되어 수정이 필요할 것입니다. 하지만 매직 스위치를 사용하면 **중복되는 단어와 문장을 AI가 인식하고 정리하여 하나의 정리된 글로 완성합니다.**

프레젠테이션 편집 화면에서 왼쪽 상단의 **[크기 조정]**을 클릭합니다. 다양한 사이즈로 변환하는 옵션의 창이 실행되는데, 스크롤을 내려 보면 **[자동 번역]**과 **[Doc으로 변환]**이라는 버튼을 확인할 수 있습니다. 이 두 가지 기능이 매직 스위치 기능입니다. 먼저 [Doc으로 변환]을 살펴보겠습니다.

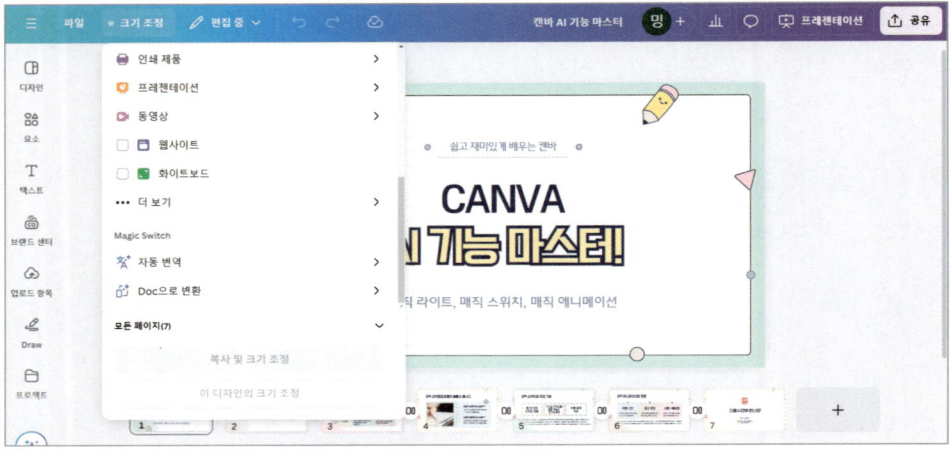

그림 6-19. 매직 스위치 PPT에서 크기 조정 버튼 눌러 실행하기

3) 매직 스위치 실행하기

그림 6-20. Doc으로 변환하는 매직스위치 창

[Doc으로 변환]을 클릭하시면, 어떤 형식의 문서로 변환할 것인지를 묻는 창이 나

타납니다. 입력 창에 변환하고 싶은 문서 스타일을 직접 입력하거나 제시된 예시 중 하나를 선택할 수 있습니다. [더 보기]를 누르면 다음과 같이 더 많은 추천 옵션을 확인할 수 있습니다.

그림 6-21. Doc으로 변환 추천 드롭박스

이 중 [개요서]를 클릭하여 강의 요약본을 제작해 봅시다. [Doc으로 변환] 버튼을 클릭하면 새 창으로 Doc 문서가 생성된 것을 확인하실 수 있습니다.

그림 6-22. 매직 스위치 Doc 변환 완성본

프레젠테이션에서 같은 단어가 여러 번 반복해서 등장하고, 기능이 중복되어 소개

되어 있었지만, AI가 이를 분석하여, 중복되는 단어와 내용을 하나의 글로 완성도 있게 정리해 준 것을 확인할 수 있습니다.

선생님들께서 수업용으로 제작한 프레젠테이션 자료를 학생들에게 요약된 학습지로 제공할 때, 또는 강의하신 내용을 블로그에 소개할 때 매직 스위치를 사용하시면 선생님의 소중한 시간을 아끼실 수 있습니다.

4) 번역 매직 스위치 사용해보기

매직스위치에는 문서 형식 간 변환 기능뿐만 아니라, **다른 언어로의 번역 기능도 제공**하고 있습니다. 번역기를 사용하여 페이지 속 단어와 문장을 하나하나 번역했던 것을 이제 매직스위치를 사용하여 간편하게 클릭 한 번 만에 번역할 수 있습니다.

기존에 제작하셨던 캔바 디자인을 하나 실행하여 편집 화면을 실행합니다. 매직스위치 번역 후, 사본으로 문서를 생성하여 기존의 자료는 그대로 보존할 수 있으므로 기존 제작했던 문서를 활용하여 실습해도 됩니다.

좌측 상단 **[크기 조정]** 버튼을 클릭하시고, 아래로 스크롤을 내려 **[자동 번역]** 버튼을 클릭합니다.

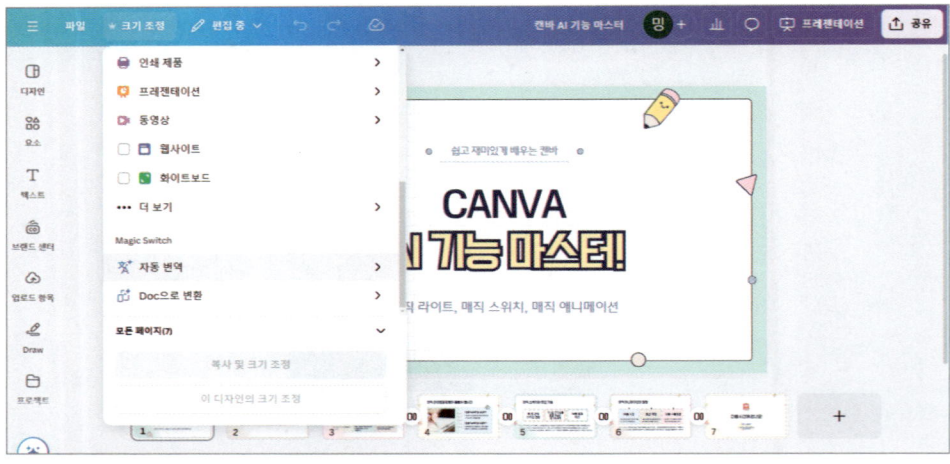

그림 6-25. 매직 스위치 번역 기능 실행 창

[도착어], [적용할 페이지] 등을 선택하는 창이 나타납니다.

그림 6-26. 도착 언어 설정 창

먼저 첫 번째 옵션인 **[도착어]**를 선택하면 **[어조]** 또한 선택할 수 있습니다. 모든 옵션을 선택하였으면 **[자동 번역]**을 클릭하여 번역 문서를 생성합니다. 생성이 완료되면 프레젠테이션 열기를 클릭합니다.

그림 6-27. 어조 설정 창

번역 후 언어에 따라 텍스트의 위치가 위와 같이 다소 변형되어 나타날 수 있습니다. 텍스트의 크기, 위치를 조절하여 자료를 더 완성도 있게 변형합니다. 학교에서는 선생님들께서 외국인, 다문화 학생들을 대상으로 한 가정통신문, 수업자료, 학교 홍보 카드 뉴스 등을 제작하실 때 유용하게 사용하실 수 있습니다.

그림 6-28. 번역 완료 화면

다. 매직 애니메이트 활용해 눈길을 끄는 프레젠테이션 만들기

1) 매직 애니메이트란?

매직 애니메이트(Magic Animate)란 프로젝트에 가장 적합한 애니메이션 및 전환 효과를 추천해 주는 서비스입니다. AI를 사용하여 디자인을 분석하고 콘텐츠, 글꼴, 이미지, 색상과 일치하는 모션을 선택해 줍니다. 긴 프레젠테이션의 애니메이션을 설정하거나 동영상을 제작할 때 유용하게 사용하실 수 있습니다.

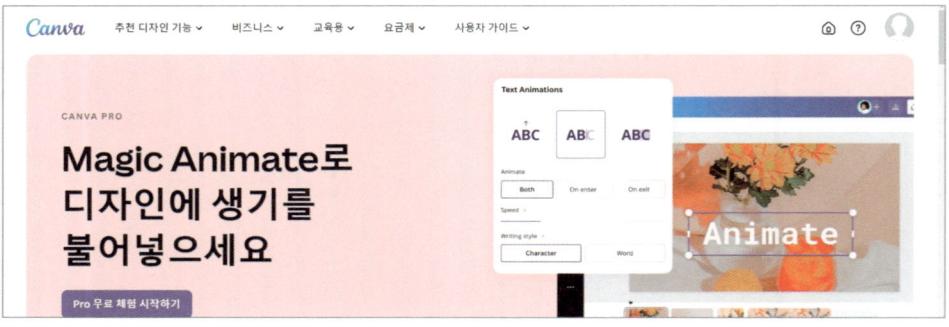

그림 6-29. 매직 애니메이트 작업 창 설명

2) 매직 애니메이트 실습하기

제작하셨던 프레젠테이션 형식의 디자인을 실행합니다. 기존의 애니메이션을 유지하시고 싶으신 경우 사본을 생성하여 실습에 참여하는 것을 추천합니다. 매직 애니메이션과 기존 애니메이션의 차이를 이해하기 위해 페이지 애니메이션에 대해 알아봅시다.

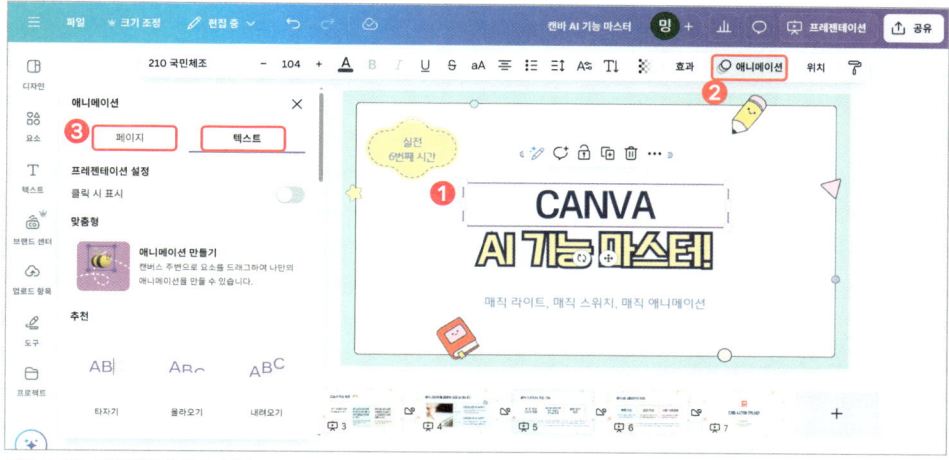

그림 6-30. 애니메이션 종류 설명

❶ 페이지 내 요소를 한 가지 클릭하여 선택합니다.

❷ 상단의 [애니메이션]을 클릭합니다.

❸ 애니메이션 설정이 [텍스트] 탭과 [페이지] 탭으로 나누어져 있습니다. 텍스트 탭은 각각의 요소에 개별 애니메이션을 설정하는 창이고, 페이지 탭은 선택한 하나의 페이지 내에 있는 모든 요소에 한 번에 동일한 분위기 또는 동일한 효과의 애니메이션을 설정하실 수 있는 창입니다.

그림 6-31. 페이지 탭 애니메이션 설명

　페이지 탭을 선택하시면 이렇게 여러 가지 분위기와 기본 효과를 살펴보실 수 있습니다. 기능 카테고리의 '심플함', '세련됨'과 같은 버튼에 마우스 커서를 올리면 효과를 미리 볼 수 있습니다.

　심플함을 선택하면 해당 페이지 내의 전체 텍스트와 요소가 심플한 분위기의 애니메이션으로 전체 설정됩니다. 하지만 다음 페이지에는 설정이 되어 있지 않으므로, 각 페이지마다 페이지 애니메이션 설정을 해야 합니다.

　이런 번거로움을 AI가 도와준다면 어떨까요? AI가 프레젠테이션 전체를 분석하여 어울리는 애니메이션을 모든 페이지에 한 번에 적용해 주는 기능이 바로 '매직 애니메이트'입니다.

　페이지 애니메이션 설정 창 상단에 있는 매직 애니메이트를 실행하면 AI가 전체 페이지를 분석해 적절한 애니메이션을 추천합니다. 원하는 스타일을 선택하면 "디자인에 애니메이션이 적용되었습니다"라는 안내 박스가 뜨며, 전체 페이지 각 요소에 애니메이션이 적용됩니다.

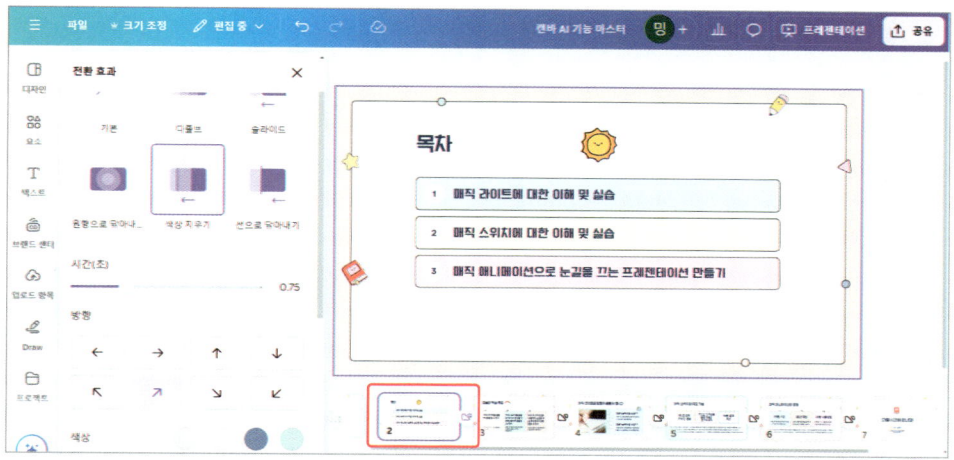

그림 6-32. 페이지 간 전환 효과 설정 완료

페이지 간 페이지 전환 효과도 어울리는 효과로 일괄 적용됩니다. 모든 애니메이션 편집이 완료되었다면, 화면 우측 상단의 [프레젠테이션] 버튼을 클릭하여 애니메이션이 전체에 잘 적용되었는지 확인합니다. 만약 개별 요소마다, 페이지마다 애니메이션 효과를 설정한다면 발표 자료의 양이 많아질수록 애니메이션 편집 시간이 오래 걸리겠지만 매직 애니메이트로는 간단합니다.

더 놀라운 점은, 제작하신 피피티를 매직 애니메이트 설정 그대로 동영상으로 제작할 수 있다는 점입니다. 우측 상단의 [공유] 버튼을 클릭해서 [다운로드] - MP4를 설정하시고 다운로드합니다. 매직 애니메이트를 사용하여 특별한 동영상 편집 기술 없이도 프레젠테이션에 아름다운 모션을 적용하여 하나의 완성도 높은 영상으로 제작할 수 있습니다.

7 학급 자료 만들기

가. 상장 대량 제작하기

1) 캔바를 활용한 효율적인 자료 제작

이 장에서는 캔바의 대량 제작을 활용하여 교사가 보다 효율적으로 수업 자료를 제작하는 방법을 살펴봅니다. 캔바는 단순한 디자인 도구를 넘어, 교사가 기존 자료를 창의적이고 맞춤형으로 변환할 수 있도록 도와줍니다. 이는 교사의 반복적인 작업에 소요되는 시간을 줄이고 학생과의 상호작용을 강화할 수 있는 도구가 됩니다.

캔바의 대량 제작 기능을 활용하면 여러 개의 맞춤형 디자인을 손쉽게 생성할 수 있습니다. 특히 엑셀 시트 또는 CSV 파일 데이터를 캔바의 템플릿과 결합하여 개별적인 디자인을 자동으로 제작할 수 있어, 반복적인 수작업을 최소화할 수 있습니다. 이를 통해 교사는 학생 개개인의 특성에 맞춘 자료를 빠르고 효율적으로 준비할 수 있습니다.

대량 제작 기능의 장점
① **시간 절약**: 데이터를 기반으로 템플릿을 자동화하여 반복적인 작업을 줄일 수 있습니다.
② **맞춤형 자료 제작**: 학생 개별 맞춤형 학습 자료(예: 상장, 이름표, 플래시 카드 등)를 간편하게 제작할 수 있습니다.
③ **다양한 교육 자료 활용**: 한 번의 작업으로 다양한 형태의 자료를 생성하여 수업 준비 시간을 단축할 수 있습니다.

2) 학생 맞춤형 상장 만들기

홈 화면에서 '상장' 템플릿을 검색합니다.

01   상장 템플릿

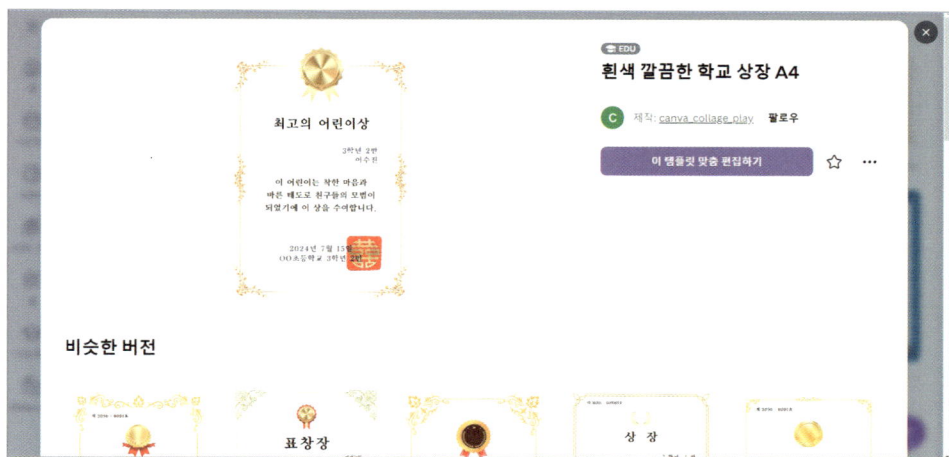

그림 7-1. 원하는 템플릿 맞춤 편집하기

02   공통 항목 수정하기

이후, 상장 내에서 모든 문서에 동일하게 적용될 항목을 우선 수정해야 합니다. 예를 들어, 다음과 같은 요소를 미리 입력해 둡니다.

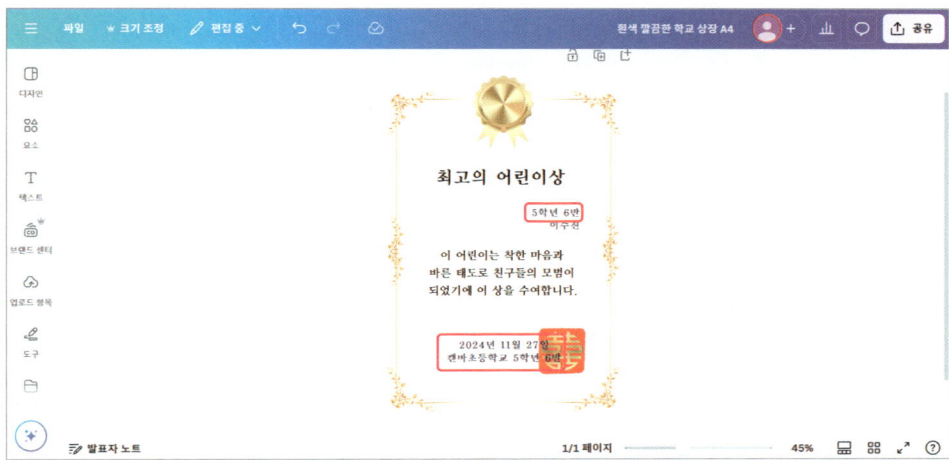

그림 7-2. 공통 항목 수정하기

- 학교명
- 날짜
- 학년 및 반
- 서명(교사명 또는 교장명)

이 과정을 먼저 완료하면 이후의 맞춤형 데이터 적용 과정이 원활해집니다.

03 맞춤형 데이터 항목 확인

상장마다 개별적으로 변경될 내용을 확인합니다. 주로 다음과 같은 항목이 해당됩니다.

- **학생 이름**: 수상자별로 변경됨.
- **상장 내용**: 수상 부문, 수상 이유 등이 다를 수 있음.

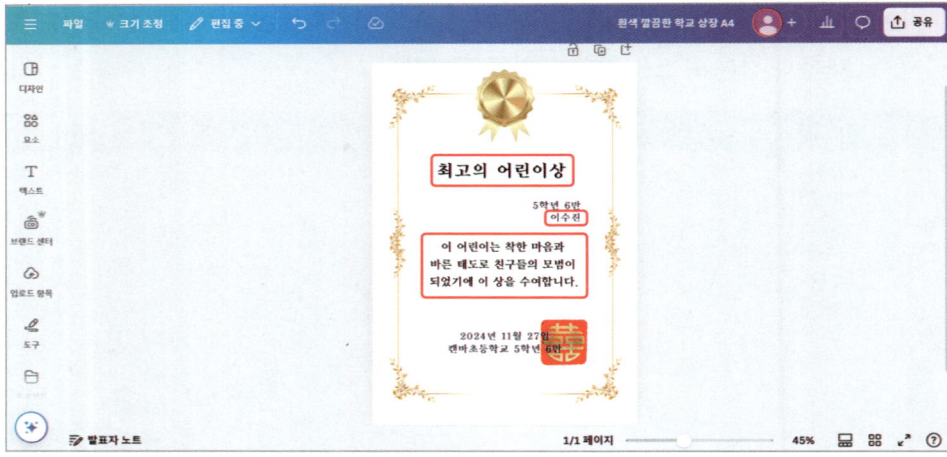

그림 7-3. 맞춤형 데이터 항목 확인

이제 개별 데이터를 대량 제작 기능을 통해 입력하는 방법을 살펴보겠습니다.

04 맞춤형 데이터 입력하기

대량 제작 기능을 활용해 데이터를 입력하는 방법은 ① 수동 입력과 ② CSV 파일 업로드 두 가지 방식이 있습니다.

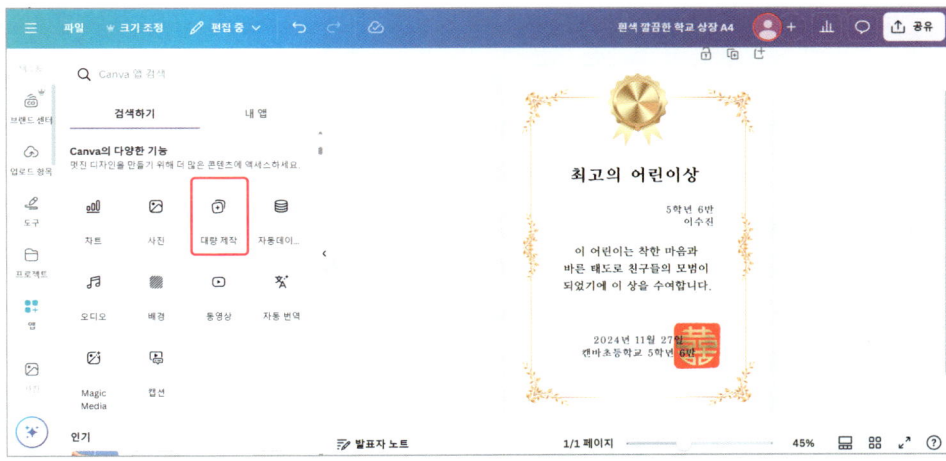

그림 7-4. 대량 제작 앱 들어가기

05 수동 입력을 통한 데이터 추가

캔바에서 [앱] – [대량 제작]을 선택합니다.

그림 7-5. 데이터 수동 입력하기

'데이터 수동 입력'을 클릭하여 나타나는 창에 데이터를 복사해 붙여 넣습니다.

미리 준비한 데이터를 드래그하여 복사합니다.

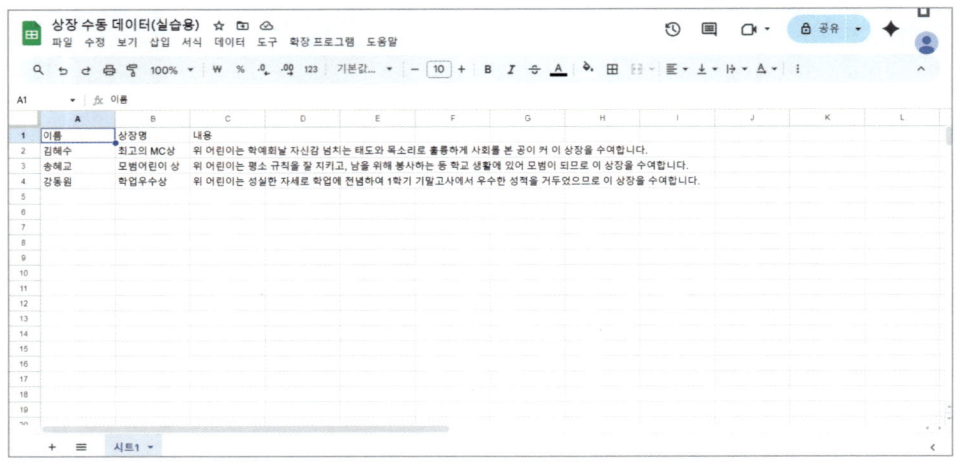

그림 7-6. 미리 준비한 데이터

Tip.

여러 개의 데이터를 한 번에 입력해야 할 경우, 엑셀에서 미리 정리한 후 한꺼번에 복사하여 붙여 넣으면 더욱 편리합니다.

각 행(로우)에 데이터를 직접 입력하거나 복사하여 붙여 넣습니다. 예를 들어 첫 번째 행에는 '김혜수 | 최고의 MC상 | 위 어린이는 학예회 날 자신감 넘치는 태도와 목소리로 훌륭하게 사회를 본 공이 커 이 상장을 수여합니다.' 등의 정보를 입력합니다. 이후 완료 버튼을 누릅니다.

그림 7-7. 데이터 추가하기

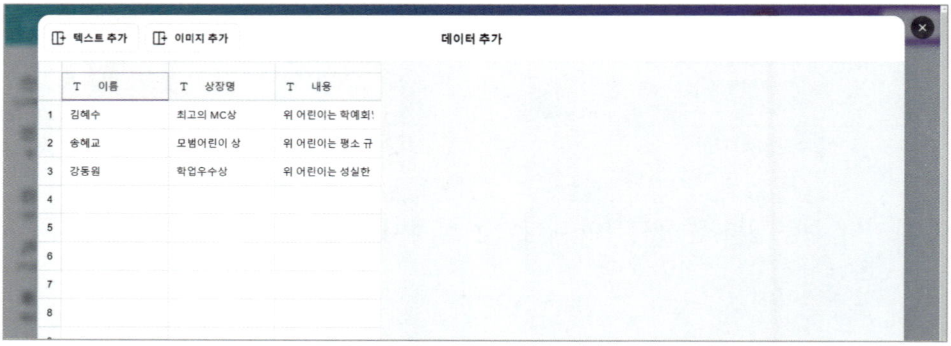

대량 제작 기능을 활용하려면 입력한 데이터가 디자인의 특정 요소(텍스트 박스 등)와 연결되어야 합니다.

그림 7-8. 데이터와 요소 연결

템플릿 내에서 수정해야 할 텍스트 요소를 클릭합니다. (예: '학생 이름'이 들어갈 위치) 화면 위쪽의 '데이터 연결'을 눌러 데이터 목록에서 연결할 데이터 필드를 선택합니다. 예를 들어, '이름' 데이터를 '이수진' 텍스트 요소와 연결하면 디자인 내 해당 위치에 자동으로 각 학생의 이름이 들어갑니다. 같은 방식으로 '수상 부문', '상장 내용' 등 다른 필드도 각각의 텍스트 요소와 연결합니다.

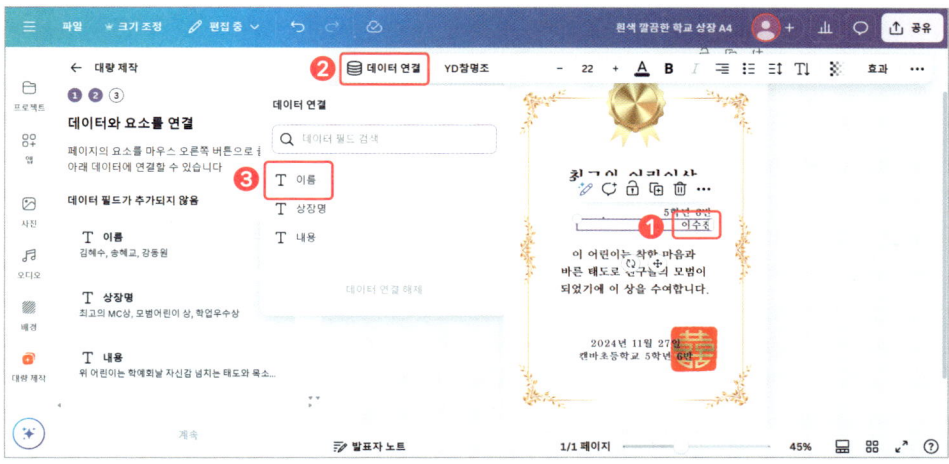

그림 7-9. 데이터와 요소 연결(이름)

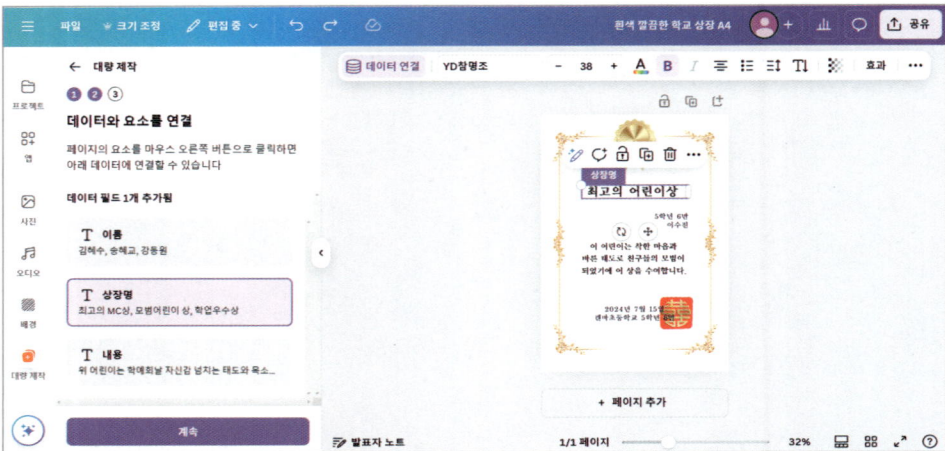

그림 7-10. 데이터와 요소 연결(상장명)

마지막으로 [디자인 3개 생성]을 클릭하면 여러 개의 상장이 자동으로 생성됩니다.

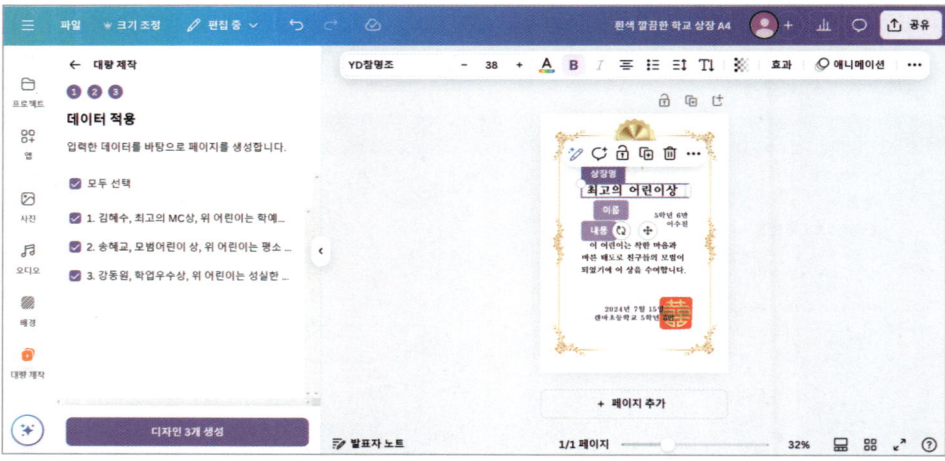

그림 7-11. 디자인 생성하기

그림 7-12. 수동으로 데이터 입력하여 대량 생산된 상장

수동 데이터 입력 방식의 장점
- 빠르게 소량의 데이터를 입력할 때 유용.
- 별도의 파일 준비 없이 간편하게 사용 가능.

06 CSV 파일 업로드를 통한 데이터 추가

캔바의 대량 제작 기능을 활용하면 CSV 파일을 사용하여 다수의 상장을 한 번에 제작할 수 있습니다. 이 방법은 학생별 맞춤 데이터를 체계적으로 관리할 수 있어, 반복적인 수작업 없이 효율적으로 작업할 수 있다는 장점이 있습니다. 아래의 단계를 따라 차근차근 진행해 보세요.

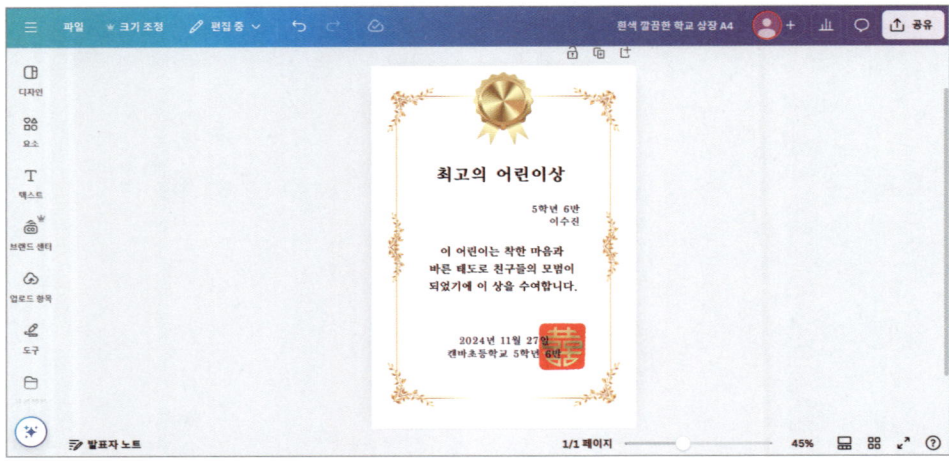

그림 7-13. 공통 항목 수정된 템플릿 화면

데이터를 수동 입력할 때와 마찬가지로, 상장 내에서 모든 문서에 동일하게 적용될 항목을 우선 수정해야 합니다. 예를 들어, 다음과 같은 요소를 미리 입력해 둡니다.

- 학교명
- 날짜
- 학년 및 반
- 서명(교사명 또는 교장명)

이 과정을 먼저 완료하면 이후의 맞춤형 데이터 적용 과정이 원활해집니다.

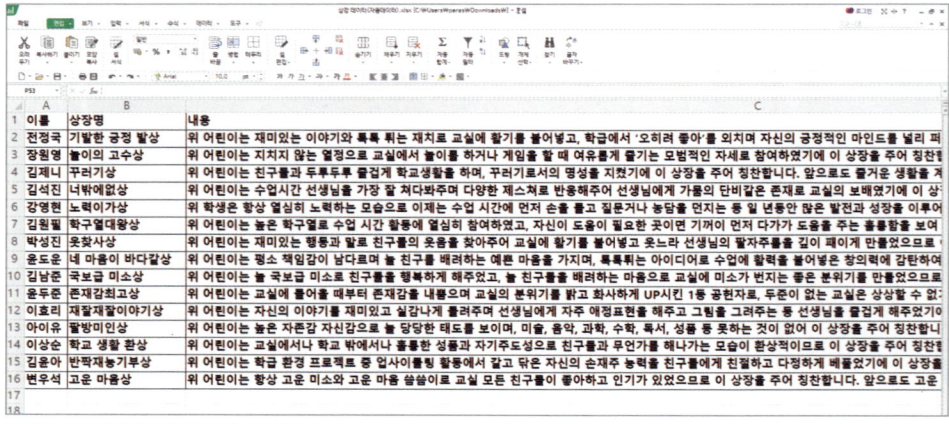

그림 7-14. 캔바에 입력할 데이터 파일

캔바에서 CSV 파일을 활용하려면, 학생별 정보를 엑셀에서 정리한 후 CSV 형식으로 저장해야 합니다.

상단 메뉴에서 **[파일] – [다른 이름으로 저장]**을 선택합니다. 파일 형식을 'csv'로 지정한 후 저장 버튼을 클릭합니다. 파일명을 쉽게 알아볼 수 있도록 '5학년_상장명단.csv'처럼 설정하면 이후 파일을 찾기 편리합니다.

> **Tip.**
> 업로드에 지원되는 파일 형식은 XLSX, CSV, TSV입니다.

CSV 파일이 업로드되면, 템플릿 내에서 수정할 항목을 연결해야 합니다. [데이터 업로드]를 선택하고 데이터 파일을 업로드합니다.

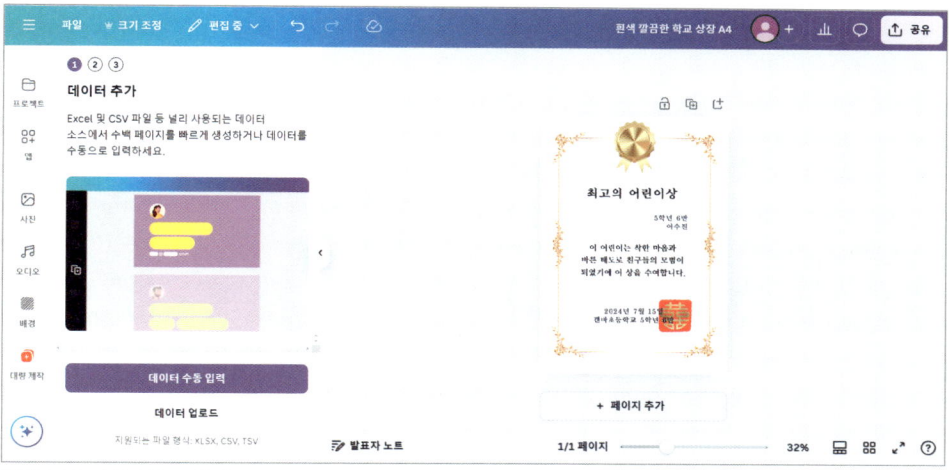

그림 7-15. 데이터 업로드하기

이제 템플릿의 특정 요소와 CSV 데이터의 해당 열을 연결해야 합니다. 템플릿 내에서 수정해야 할 텍스트 요소를 클릭합니다. (예: '학생 이름'이 들어갈 위치) 화면 위쪽의 '데이터 연결'을 눌러 데이터 목록에서 연결할 데이터 필드를 선택합니다. 예를 들어 '이름' 데이터를 '이수진' 텍스트 요소와 연결하면 디자인 내 해당 위치에 자동으로 각 학생의 이름이 들어갑니다. 같은 방식으로 '수상 부문', '상장 내용' 등 다른 필드도 각각의 텍스트 요소와 연결합니다.

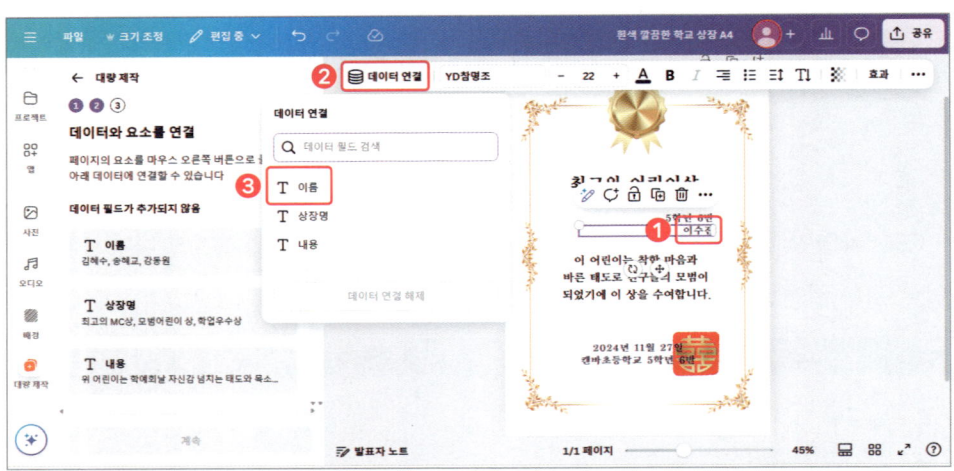

그림 7-16. 데이터와 요소를 연결하기

데이터 적용을 위해 [디자인 생성] 버튼을 클릭합니다.

07 결과물 확인 및 수정

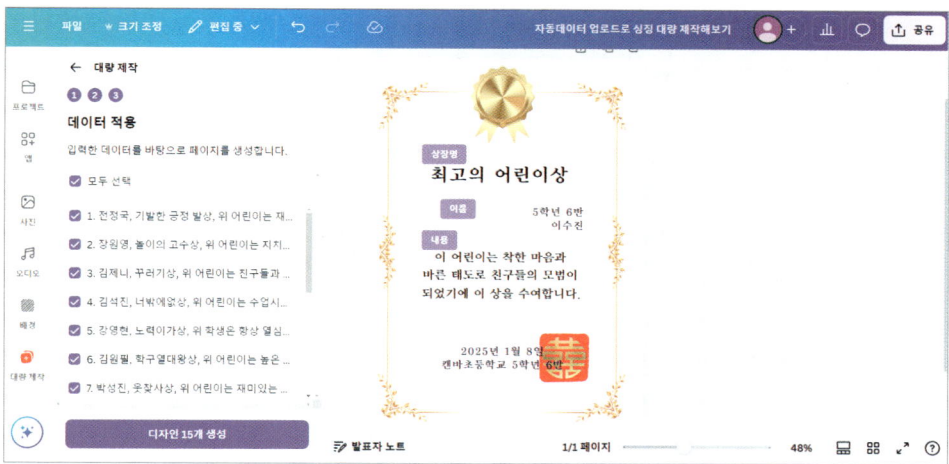

그림 7-17. 데이터 적용하기

모든 데이터가 올바르게 연결되었는지 확인하기 위해 샘플을 확인하는 과정이 필요합니다. 데이터 연결이 끝나면 캔바 화면에서 개별 상장이 어떻게 만들어졌는지 확인합니다. 학생들의 이름, 학년, 반, 수여 이유 등이 올바르게 적용되었는지 살펴봅니다. 만약 연결이 잘못되었거나 텍스트가 너무 길어 보기에 좋지 않다면 템플릿에서 글꼴 크기를 조정하거나 레이아웃을 수정합니다.

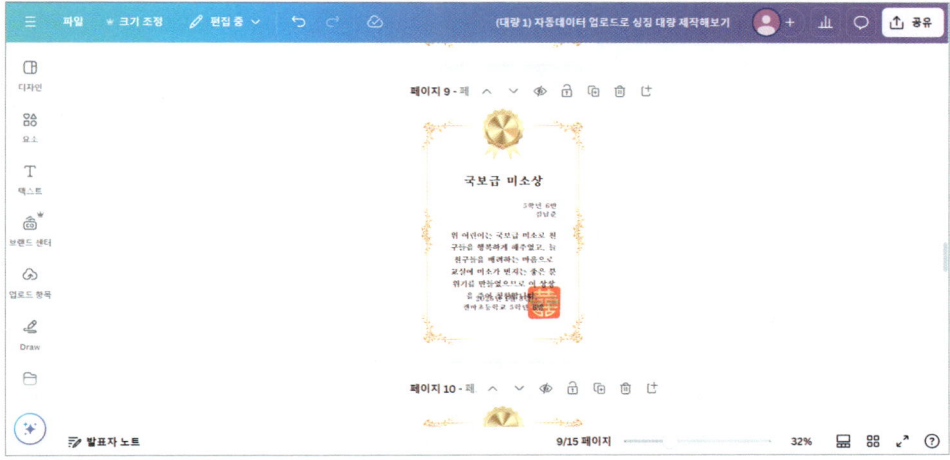

그림 7-18. 데이터 적용 결과 확인하기

생성된 상장은 개별적으로 확인하며 필요시 텍스트 위치 조정, 사진 추가 등의 세부적인 수정을 진행할 수 있습니다. 모든 작업이 완료되면 PDF 또는 이미지 파일로 저장하여 인쇄하거나 학생들과 공유할 수 있습니다.

대량 제작 기능의 교육적 활용 사례
- **학생 이름표 제작**
  - 이름표 템플릿에 학생 이름 데이터를 입력하여 **30명 이상의 이름표를 빠르게 제작**합니다.
  - 제작된 이름표는 PDF로 저장 후, 모아찍기 기능을 이용해 한 장에 인쇄 가능합니다.
- **플래시 카드 제작**
  - 영어 단어 암기용 플래시 카드를 제작할 때, 영어 단어와 뜻 데이터를 캔바에 입력하여 연결합니다.
  - 데이터만 준비하면 **빠르고 간편하게 다수의 학습 자료**를 만들 수 있습니다

대량 제작 기능의 효과
- 반복 작업에 드는 시간을 절약
- 학생별로 맞춤화된 자료를 제공해 학습 몰입도를 높임
- 다양한 형태의 수업 자료를 제작하여 교실 내 창의적 활동을 촉진

나. PDF 파일 업로드

디지털 문서 활용이 점점 더 중요해지는 교육 환경에서, 교사들은 기존의 PDF 자료를 효율적으로 수정하고 재구성할 수 있는 도구를 필요로 합니다. 보통 PDF 문서를 편집하려면 별도의 전문 소프트웨어가 필요하지만, 캔바의 PDF 파일 업로드 기능을 활용하면 누구나 쉽게 기존 문서를 가져와 디자인을 수정하고, 새로운 요소를 추가할 수 있습니다.

이 기능을 사용하면 수업 자료, 과제, 안내문, 평가 자료 등 다양한 문서를 보다 직관적이고 신속하게 편집할 수 있습니다. 단순한 텍스트 수정은 물론, 이미지 삽입, 색상 변경, 아이콘 추가, 글꼴 변경 등의 작업도 가능하므로 학습 자료를 더욱 효과적이고 시각적으로 매력적이게 만들 수 있습니다.

1) PDF 파일 준비하기

PDF 파일 업로드를 시작하기 전에 사용할 문서를 미리 준비합니다. 예를 들어, 학부모에게 보내는 공지문 PDF 파일이나 학생 학습 활동지를 사용할 수 있습니다.

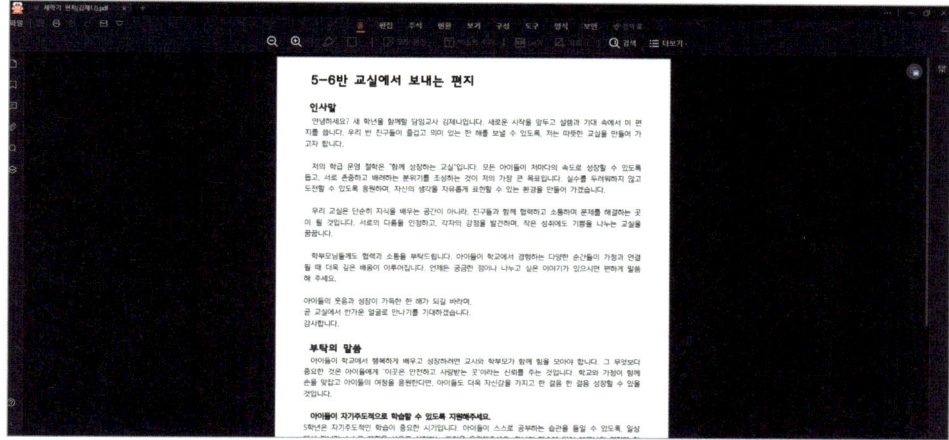

그림 7-19. PDF 파일 준비하기

PDF 파일이 준비되었으면, 캔바에서 업로드할 준비를 합니다.

2) PDF 파일 업로드

캔바에서 PDF를 업로드하려면 다음 단계를 따릅니다. 캔바 홈 화면의 상단 메뉴에서 [업로드]를 클릭합니다.

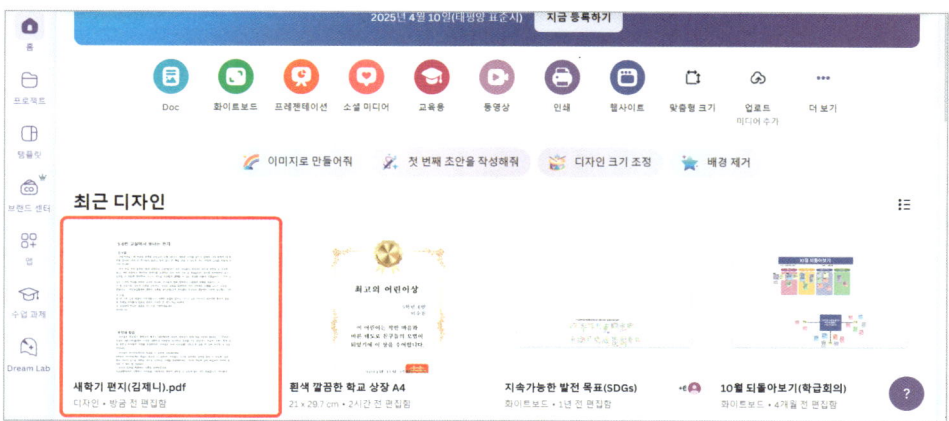

그림 7-20. PDF 파일 업로드하기

컴퓨터에서 업로드할 PDF 파일을 찾아 선택합니다. 업로드가 완료되면 캔바의 **[최근 디자인]** 탭에서 확인할 수 있습니다. 이제 해당 PDF 파일을 캔바에서 자유롭게 수정하고 편집할 수 있습니다.

3) PDF 파일 편집하기

캔바에 업로드된 PDF 파일은 자동으로 변환되어 각 요소(텍스트, 이미지 등)를 개별적으로 편집할 수 있습니다. 이를 활용하여 다양한 작업을 수행할 수 있습니다. PDF 파일을 캔바에 업로드하면 기존 PDF 문서의 구성 요소(텍스트, 이미지 등)가 각각 개별적인 편집 가능한 요소로 변환됩니다. 이를 활용해 다음과 같은 작업을 수행할 수 있습니다.

01 텍스트 수정 및 추가

- **기존 텍스트 수정**: 예를 들어, 학부모 공지문에 날짜나 특정 문구를 수정할 수 있습니다.
- **새로운 텍스트 추가**: 강조할 문구를 삽입하거나, 부족한 설명을 보충할 수 있습니다.
- **폰트 스타일 변경**: 글씨 크기, 폰트 종류, 색상 등을 조정해 가독성을 높일 수 있습니다.

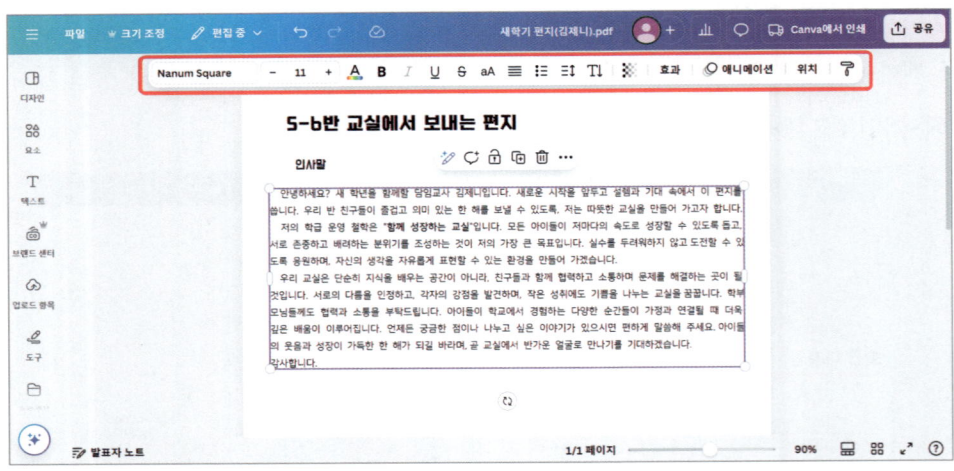

그림 7-21. 텍스트 수정 및 추가하기

수정할 텍스트를 클릭하면 편집 가능한 상태가 됩니다. 원하는 내용을 직접 입력하여 변경할 수 있습니다. 상단 도구 모음에서 **폰트 변경, 글씨 크기 조절, 색상 변경** 등을 할 수 있습니다. 강조하고 싶은 텍스트를 **굵게(B), 기울임(I), 밑줄(U)**처리하여 시각적인 강조 효과를 줄 수 있습니다. 필요하다면 텍스트 상자를 추가하여 설명을 보충할 수 있습니다.

02 배경 추가

PDF 문서에 배경을 추가하면 문서의 가독성과 시각적 효과를 높일 수 있습니다. **[요소]** 메뉴에서 '배경'을 검색합니다. 원하는 배경을 선택한 후, 오른쪽 마우스(혹은 더 보기)로 **[배경 교체]** 옵션을 클릭합니다. 배경 색상을 변경하여 문서의 분위기를 조정할 수 있습니다. 이 기능을 활용하면 단조로운 문서를 생동감 있는 디자인으로 바꿀 수 있습니다.

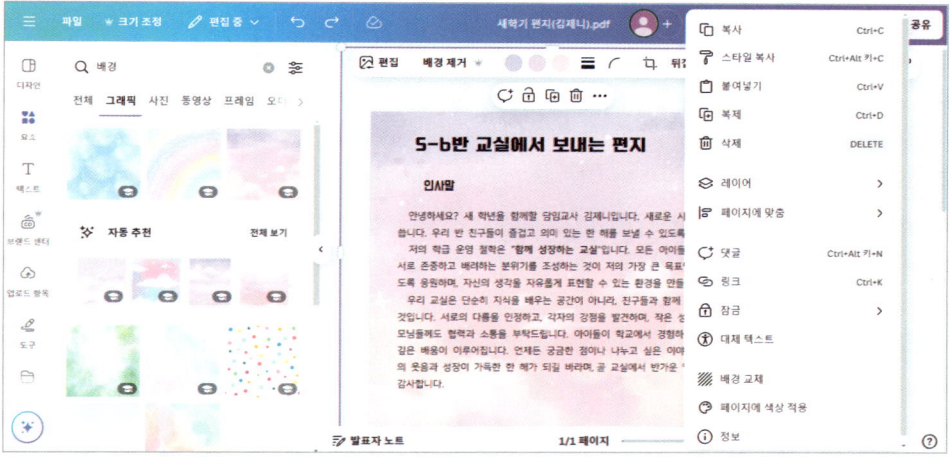

그림 7-22. 배경 추가

03 이미지 및 그래픽 추가

문서에 시각적 요소를 추가하면 정보 전달력이 향상됩니다. 기존 PDF 파일에서 불필요한 이미지가 있다면 제거합니다. **[요소]** 메뉴에서 원하는 이미지나 아이콘을 검색합니다. 캔바에서 제공하는 무료 또는 유료 그래픽을 활용하여 문서를 꾸밀 수 있습니다. 예를 들어, 학부모 공지문에 귀여운 그림을 삽입하면 보다 친근한 분위기를 연출할 수 있습니다.

그림 7-23. 이미지 및 그래픽 추가

04 파일 저장 형식 선택

수정이 끝난 PDF 파일은 다양한 형식으로 저장 가능합니다. PDF뿐만 아니라, PNG, JPG와 같은 형식으로 다운로드하여 활용 범위를 넓힐 수 있습니다.

4) PDF 업로드 기능의 실전 활용 사례

01 개인 학습지 제작

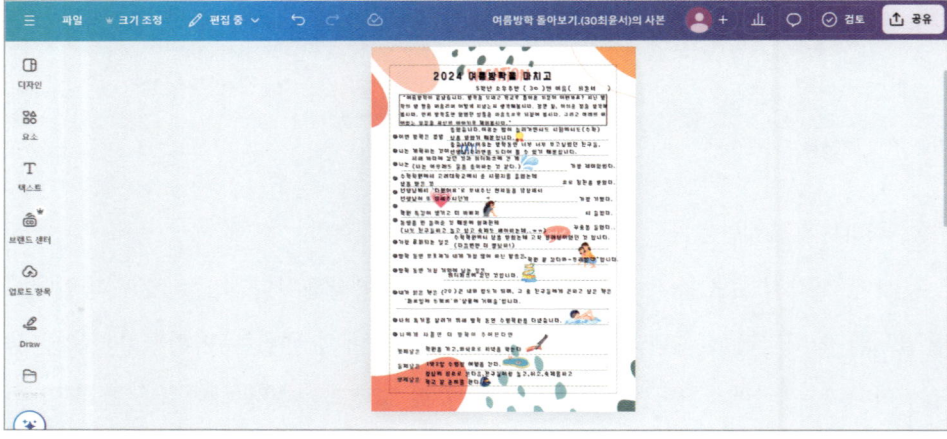

그림 7-24. 학습지 제작

여름방학 동안 학생들에게 제공할 학습지를 기존 PDF 자료로 업로드한 후 캔바의 템플릿을 활용해 재구성한 사례입니다. 기존 학습지의 내용에 추가적으로 여백을 만들어 질문을 삽입할 수 있습니다. 이외에도 수학 학습지를 업로드하면 문제 풀이 공간을 확대하여 사용성을 개선했습니다.

완성된 학습지는 PDF 형식으로 다운로드해 학생들에게 배포했습니다. 학생들은 이를 바탕으로 과제를 수행하고, 교사는 LMS를 통해 쉽게 과제를 수합하고 피드백을 제공할 수 있었습니다.

02 모둠 활동 학습지 활용

역사 수업 중 모둠 활동을 위해 활용된 사례입니다. 기존에 사용하던 모둠 학습지를 캔바에 업로드한 후, 캔바에서 제공하는 마인드맵 템플릿을 삽입해 새롭게 디자인했습니다.

학생들은 배포된 학습지를 실시간 협업 기능을 활용해 동시에 작업했습니다. 각 모둠원은 자신이 맡은 부분에 의견을 추가하고, 교사는 이를 실시간으로 모니터링하며 즉각적인 피드백을 제공했습니다.

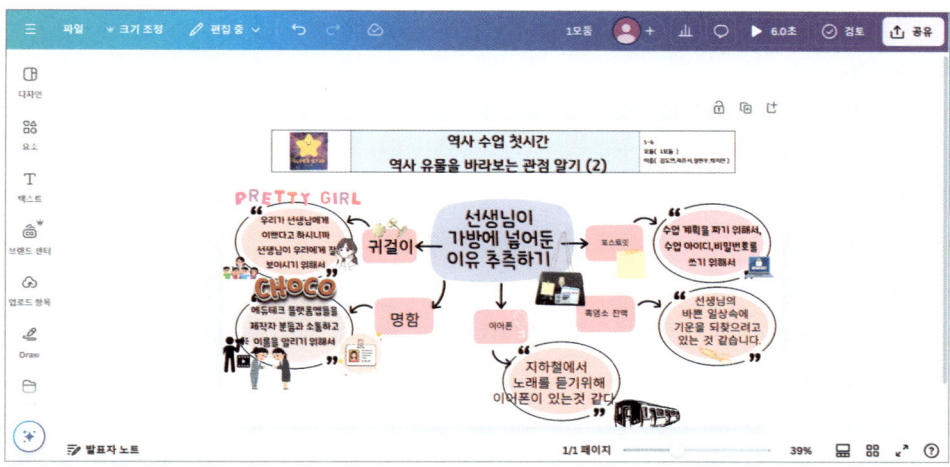

그림 7-25. 모둠 학습지로 활용

PDF 업로드 활용의 효과와 장점

- 종이 없는 교실 구현

디지털 자료를 통해 수업을 진행하면 종이 낭비를 줄이고, 환경 보호에도 기여할 수 있습니다. 특히 캔바의 실시간 협업 기능을 활용하면 자료의 출력 없이도 수업과 활동을 원활히 진행할 수 있습니다.

- 효율적인 자료 준비

기존의 PDF 자료를 캔바에서 재활용하면 새로 문서를 만들 필요가 없어 시간과 노력을 절약할 수 있습니다. 또한 수정과 편집이 용이해 학습자료를 신속하게 업데이트할 수 있습니다.

- 디자인 퀄리티 개선

캔바의 다양한 디자인 요소를 활용하면 단순한 텍스트 위주의 자료를 시각적으로 풍부하게 만들 수 있습니다. 학생들의 관심을 끌고, 학습 효율을 높이는 데 큰 도움이 됩니다.

다. 학급 행사 및 홍보용 포스터 제작의 모든 것

1) 디자인 경험이 없어도 가능한 전문적인 포스터 제작

학급 행사나 학교 내 다양한 활동을 홍보할 때, 멋진 포스터 하나만 있어도 사람들의 관심을 끌 수 있습니다. 하지만 디자인 경험이 없으면 막막하게 느껴질 수도 있습니다. 전문 디자이너가 아니어도 쉽고 빠르게 완성도 높은 포스터를 만들 수 있는 방법이 있을까요?

캔바를 활용하면 누구나 직관적인 도구를 통해 전문가급 포스터를 제작할 수 있습니다. 학급 행사 홍보부터 공지사항 전달, 특별 활동 안내까지 직접 만든 포스터로 효과적이면서도 창의적인 홍보를 시작해 보세요.

캔바를 활용해 포스터를 제작하는 과정을 하나씩 살펴보겠습니다.

01   포스터 템플릿 선택하기

포스터를 만들기 위해 가장 먼저 해야 할 일은 적절한 템플릿을 선택하는 것입니다. 포스터의 크기와 디자인이 효과적인 홍보의 핵심 요소가 되므로 목적에 맞게 신중하게 선택해야 합니다. 포스터를 만들기 위해 가장 먼저 해야 할 일은 적절한 템플릿을 선택하는 것입니다.

캔바의 메인 화면에서 [더 보기] 버튼에서 '포스터'를 검색하면 다양한 포스터 크기를 확인할 수 있습니다. 행사 목적과 활용 장소에 맞춰 포스터를 선택하세요.

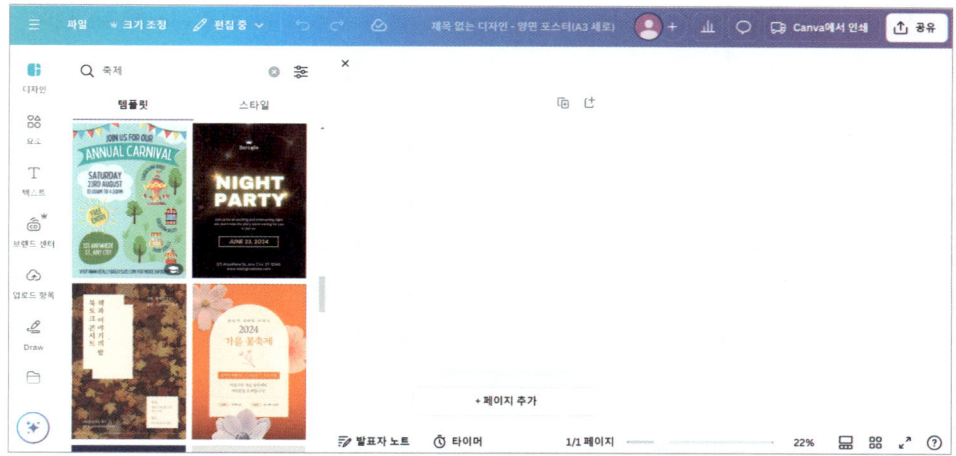

그림 7-26. 템플릿 선택하기

캔바에는 축제, 졸업식, 발표회, 운동회, 환영회, 판매 행사 등 특정 주제에 맞는 다양한 디자인 템플릿이 제공됩니다. 템플릿 검색창에 '졸업식'과 같은 키워드를 입력하면 관련된 디자인을 쉽게 찾을 수 있습니다. 자신이 제작하고자 하는 포스터의 목적과 분위기에 어울리는 디자인을 선택한 후 디자인 편집을 시작해보세요.

02 포스터 디자인 수정 및 편집

선택한 템플릿을 바탕으로 자신만의 독창적인 포스터를 제작해 봅시다.

캔바 포스터 제작의 장점
- 쉽고 직관적인 사용법
디자인 경험이 없어도 캔바의 간단한 조작만으로 멋진 포스터를 제작 가능.
- 다양한 템플릿과 편집 도구 제공
목적에 맞는 템플릿을 선택하고, 강력한 편집 기능을 활용해 원하는 스타일로 쉽게 디자인.
- 교육 현장에서의 높은 활용도
학급 규칙, 학습 내용 정리, 행사 홍보 등 다양한 교육 활동에 효과적으로 활용.

① **텍스트 수정 및 추가**: 기존 텍스트를 수정하여 행사명, 날짜, 시간, 장소 등의 정보를 입력합니다. 폰트, 크기, 색상을 조정해 핵심 정보를 강조하고 가독성을 높입니다.

② **이미지 및 그래픽 추가**: 행사와 관련된 이미지를 업로드하거나, 캔바의 이미지 라이브러리에서 무료 이미지를 활용합니다. 아이콘과 그래픽 요소를 추가해 시각적인 완성도를 높입니다.

그림 7-27. 포스터 디자인 수정 및 편집

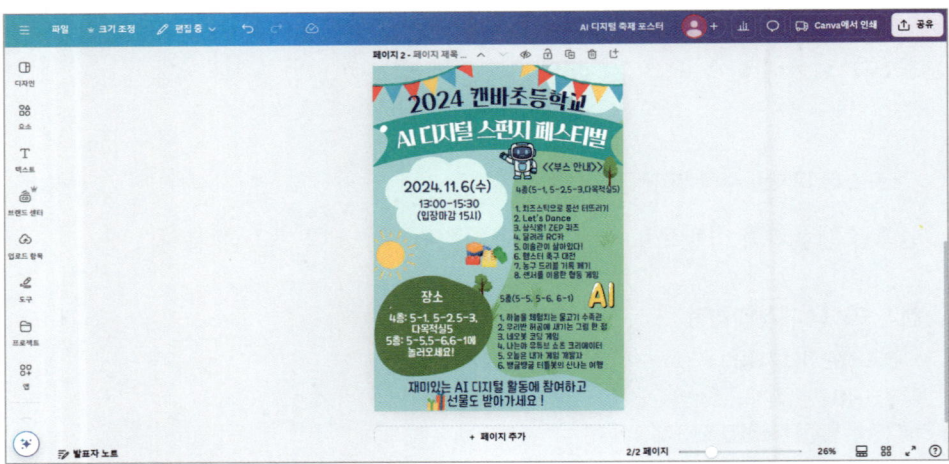
그림 7-28. 포스터 디자인 수정 및 편집한 결과

03 배경 및 색상 변경

포스터의 분위기를 결정하는 중요한 요소 중 하나가 바로 배경과 색상입니다. 캔바에서는 손쉽게 배경 색상을 변경하거나, 원하는 이미지를 배경으로 삽입할 수 있습니다.

- **배경 색상 변경하기**: 편집 화면에서 [배경]을 클릭합니다. 상단의 **색상 팔레트**에서 원하는 색상을 선택합니다. 포스터의 전체적인 느낌과 잘 어울리는 색상을 선택하여 가독성을 높이세요. 예를 들어 어두운 배경에는 밝은 텍스트를, 밝은 배경에는 어두운 텍스트를 사용하면 정보가 더 선명하게 전달됩니다.
- **배경 이미지 추가하기**: 왼쪽 메뉴에서 **[요소]** 또는 **[사진]**을 선택합니다. 원하는 이미지를 검색하여 추가하거나 직접 업로드할 수 있습니다. 이미지를 배경으로 사용하려면 추가한 이미지를 **크기 조정**하여 포스터 전체를 덮도록 배치하세요. 배경과 텍스트가 겹쳐 가독성이 떨어진다면, 배경의 **투명도 조절** 기능을 활용하여 흐리게 만들 수 있습니다.

또한 편집 화면에서 [크기 조정] 버튼을 눌러 다양한 템플릿 크기를 확인할 수 있습니다. A3, A4, 혹은 사용자 지정 크기 등 목적에 맞는 크기를 선택합니다. 예를 들어 교실에 게시한다면 A3 사이즈가 적당하며, 시각적으로도 잘 어필할 수 있습니다. 학교 전체 게시판에 홍보하기 위해서는 A2 사이즈가 적당합니다.

2) Easy Reflection 기능으로 포스터 디자인 퀄리티 높이기

캔바의 'Easy Reflection' 기능은 포스터 디자인에 독특한 반사 효과를 추가하여 시각적 효과를 극대화하는 데 유용한 도구입니다. 특히 행사나 판매 포스터에 이 효과를 활용하면 디자인의 품질을 한층 높일 수 있습니다. 이 기능을 사용하여 더욱 멋진 포스터를 만들어 보겠습니다.

01 Easy Reflection 사용 방법

– 디자인 선택

먼저 캔바에서 적절한 템플릿을 선택한 후 사진이나 텍스트를 캔버스에 추가합니다. 필요에 따라 텍스트를 수정하고 기존의 템플릿의 요소를 삭제 및 편집합니다.

그림 7-29. 템플릿 디자인 선택하기

왼쪽 메뉴에서 **[업로드 항목]**을 선택하여 원하는 이미지를 불러와 업로드합니다.

그림 7-30. 딸기 이미지 업로드하기

– 배경 제거

 사진의 배경을 투명하게 만들고 싶다면 사진을 클릭한 뒤 상단 메뉴에서 [배경 제거] 버튼을 눌러 배경을 삭제합니다. 이 과정은 이미지에 반사 효과를 자연스럽게 추가하는 데 도움을 줍니다.

그림 7-31. 이미지 배경 제거하기

– Easy Reflection 활성화

 왼쪽 메뉴에서 [앱]을 선택하고 'Easy Reflections'를 검색해 활성화합니다.

그림 7-32. Easy reflection 활성화

- 반사 효과 추가

이제 **[Create Reflection]** 버튼을 눌러 반사 효과를 추가합니다. 이때 반사 효과가 적용된 이미지를 원하는 위치로 조정할 수 있습니다.

그림 7-33. 반사 효과 추가

- 반사 효과 세부 설정

위치(Position), 간격(Offset), 투명도(Opacity)를 조정하여 반사 효과의 강도와 방향을 세밀하게 조정합니다. 이를 통해 디자인의 분위기나 효과를 섬세하게 맞출 수 있습니다.

그림 7-34. 반사 효과 세부 설정

- **위치(Position)**: 반사된 이미지가 원본 이미지에 너무 가까운지, 혹은 너무 멀리 떨어져 있는지를 조정하는 기능입니다. 슬라이더를 조절하여 적절한 위치를 설정합니다.
- **간격(Offset)**: 원본 이미지와 반사 이미지 사이의 간격을 조정할 수 있습니다. 간격을 조정하면 반사된 이미지가 원본과 자연스럽게 이어지거나, 살짝 떨어져 있는 효과를 줄 수 있습니다.
- **투명도(Opacity)**: 반사 이미지의 투명도를 설정할 수 있습니다. 완전히 불투명하게 하면 원본과 같은 선명한 반사가 되고 투명도를 높이면 은은한 반사 효과를 줄 수 있습니다. 일반적으로 반사는 원본보다 흐릿해야 자연스러워지므로 투명도를 50~70% 정도로 조정하면 부드러운 느낌을 연출할 수 있습니다.

– 반사 효과 디자인에 반영하기

모든 조정이 완료되면 **[Add to Design]** 버튼을 클릭하여 반사 효과가 적용된 이미지를 디자인에 추가합니다. 이 과정에서 반사 이미지가 원본과 겹쳐질 수 있으므로 위치를 세밀하게 조정하여 원하는 레이아웃을 완성하세요.

그림 7-35 반사 효과 디자인에 반영하기

– 레이어를 조정하여 자연스럽게 배치하기

반사 이미지와 원본 이미지가 제대로 정렬되지 않거나 겹쳐질 경우 **[레이어 조정]**을 통해 적절한 순서로 배치할 수 있습니다. 레이어 조정은 다음과 같은 방법으로 이루어집니다. 반사 효과가 적용된 이미지를 클릭합니다. 상단 메뉴에서 **[더 보기]** 아이콘을 클릭합니다. [레이어(Layer)] 옵션을 선택하여 **[앞으로 가져오기**(Bring Forward)**]** 또는 **[뒤로 보내기**(Send Backward)**]**를 눌러 위치를 조정합니다. 이렇게 하면 원본과 반사 이미지가 어색하게 겹치는 것을 방지하고, 더욱 자연스러운 반사 효과를 연출할 수 있습니다.

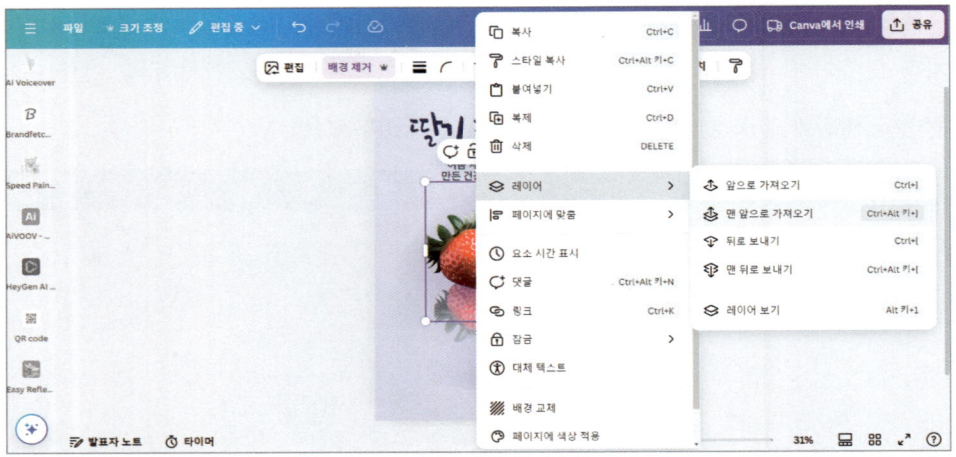
그림 7-36. 레이어 조정하기

3) 포스터의 실전 활용 사례

포스터는 학교 내 다양한 용도로 활용할 수 있는 매우 유용한 도구입니다. 단순한 장식이 아니라, 정보를 효과적으로 전달하고 학습을 돕는 중요한 역할을 합니다. 실제로 교실과 학교 현장에서 활용된 사례를 살펴보겠습니다.

그림 7-37. 포스터 활용 예시

① 학급 규칙 포스터

교실 규칙을 보다 명확하게 전달하기 위해 눈에 띄는 디자인의 규칙 포스터를 제작하여 교실에 게시할 수 있습니다. 학생들은 포스터를 보며 학급의 규칙을 쉽게 이해하고 자연스럽게 익힐 수 있습니다.

② 프로젝트 발표 포스터

모둠 활동이나 프로젝트 수업의 결과물을 시각적으로 정리한 포스터를 제작하면 학생들이 자신의 아이디어를 더욱 효과적으로 표현할 수 있습니다. 발표 시에도 시각 자료를 활용하면 내용을 보다 명확하게 전달할 수 있어 듣는 이들의 이해도를 높이는 데 도움이 됩니다.

③ 학습 내용 정리 포스터

학생들이 배운 내용을 요약하거나 조사한 결과를 포스터로 정리하면 학습 내용을 체계적으로 정리하는 데 유용합니다. 특히 전문가 집단 활동에서 조사를 바탕으로 발표할 때 포스터를 활용하면 친구들에게 내용을 보다 쉽게 설명할 수 있습니다.

가. 캔바와 북크리에이터를 연계하기

이번 장에서는 캔바를 활용하여 온·오프라인으로 쉽게 출판하는 방법에 대해 알아보겠습니다. 과거에는 책을 판매하거나 구매하는 방법이 서점이나 출판사를 거치는 방식이 일반적이였다면, 인터넷의 보급과 디지털 기술이 발전하며, 다양한 출판 채널이 등장했습니다. 학생 또는 교사가 출판을 하는 방법에는 크게 두 가지가 있습니다. 첫 번째는 온라인 출판이고 두 번째는 오프라인 출판입니다. **온라인 출판은 북크리에이터**(Book Creator), **오프라인 출판은 부크크**(BOOKK) 사이트를 활용해 보겠습니다.

우선 캔바와 북크리에이터를 연계하여 온라인 출판물 만들기에 대해 알아보겠습니다. 북크리에이터는 2011년 영국에서 출시되었으며, 초급부터 모든 주제 영역에서 멀티미디어 디지털 책을 만들기 위해 사용하기 쉬운 도구입니다. 책을 온라인으로 공유하거나, 다운로드하거나, PDF로 인쇄 가능하며 텍스트, 오디오, 비디오, 그림, 사진 및 기타 콘텐츠를 입력 가능합니다.

캔바와 북크리에이터를 연동하는 방법은 두가지가 있습니다. 첫 번째는 **캔바의 작업물을 다운로드하여 북크리에이터에 업로드**하는 방법, 두 번째는 **북크리에이터에서 캔바 앱으로 접속**하는 방법이 있습니다.

1) 캔바에서 작업물 만들기

책의 모양은 중간에 바꿀 수 없기 때문에 내가 원하는 책의 모양을 미리 생각하여 캔바에서 선택합니다. 세로로 긴 모양은 시집이나 일기에 적합하고 정사각형이나 가로로 긴 모양은 동화책, 만화책, 소설책에 적합합니다. 내가 만들고 싶은 책의 모양을 선택하고 해당 모양에 글자를 쓰거나 그림으로 채울 수 있습니다. 이번 시간에는 외국 친구들에게 한글 우리말을 소개하는 자료를 만들어 보겠습니다.

01　캔바의 홈 화면에서 '북크리에이터'를 검색합니다. 총 세 가지 모양의 책 종류가 있습니다. 원하는 모양의 책을 선택합니다.

그림 8-1. 북크리에이터 책의 종류

02　원하는 디자인을 선택하고 [이 템플릿 맞춤 편집하기]를 클릭합니다. 원하는 디자인을 고르면, 비슷한 이미지를 추천해 줍니다.

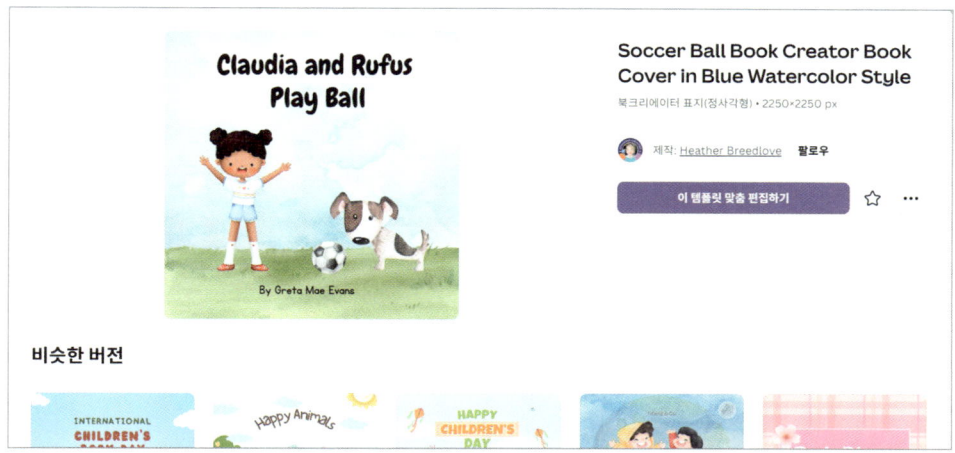

그림 8-2. 원하는 템플릿을 선택하고 이 템플릿 맞춤 편집하기

03 가장 먼저 표지를 디자인해 보겠습니다.

표지는 왼쪽 메뉴바 **[디자인]**에서 검색하거나, **[요소]**에서 검색합니다. 요소에서 사진을 가지고 왔다면 **오른쪽 마우스 – [배경 교체]**를 클릭하여 사진을 책의 배경으로 만들 수 있습니다.

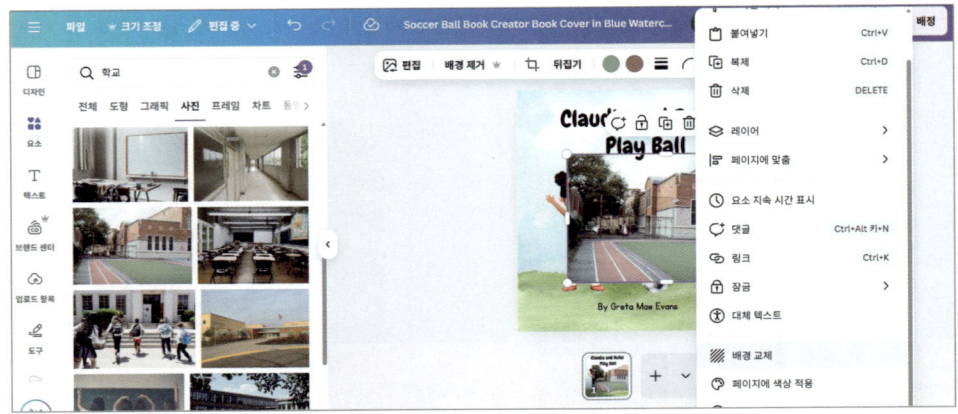

그림 8-3. 책 표지 꾸미기 – 사진을 배경으로 넣기

배경을 클릭하고 배경색을 바꿀 수 있습니다. '투명도'를 조절하여 배경의 진하기를 조절할 수 있습니다. 텍스트를 기존을 것을 사용해도 되고, **[텍스트] – [텍스트 상자 추가]**를 눌러 텍스트를 추가할 수 있습니다. **[업로드 항목] – [파일 업로드]**에서 나의 사진을 업로드하여, 배경으로 교체를 눌러주면 나의 사진으로 배경으로 사용할 수 있습니다.

04 책 속에 텍스트 및 그래픽을 추가합니다.

텍스트를 기존을 것을 사용해도 되고, **[텍스트] – [텍스트 상자 추가]**를 눌러 텍스트를 추가할 수 있습니다. **[요소]**의 검색창에 검색하여 원하는 그림을 가지고 올 수 있습니다.

그림 8-4. 텍스트 입력하기, 요소에서 그림 가지고 오기

05 [프레임] 또는 [그리드]를 사용하여 사진 꾸미기

다음 페이지로 넘어갈 때는 [+] 버튼을 눌러 페이지를 추가할 수 있습니다. 사진을 추가할 때 액자 틀을 활용하거나 콜라주로 여러 장을 넣기도 하는데, 이때는 왼쪽 메뉴 [요소]에서 [프레임] 또는 [그리드]를 검색하여 틀 속에 사진을 드래그하여 추가할 수 있습니다.

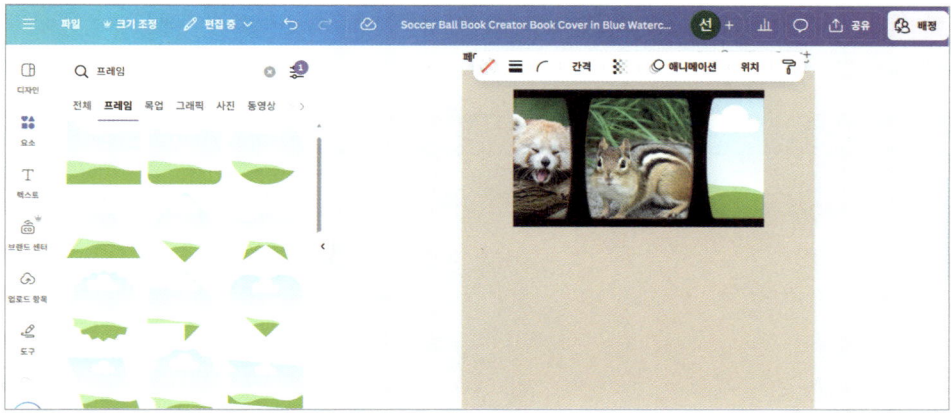

그림 8-5. 프레임 속에 사진 넣어 꾸미기

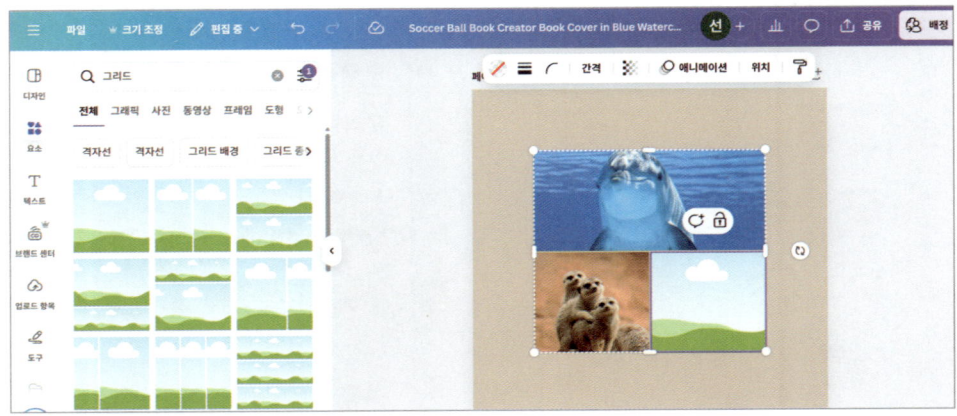

그림 8-6. 그리드 속에 사진 넣어 꾸미기

3) 캔바의 작업물을 북크리에이터에 업로드하기

01 **[공유] – [다운로드] – [PDF 표준]**으로 다운로드하기

캔바의 작업물을 완성하였다면 다운로드해 보겠습니다. **[공유] – [다운로드] –**
[PDF 표준] 버튼을 눌러 PDF로 다운을 받습니다. 이때, **[페이지 선택]**에서 원하는 페
이지를 선택하여 다운로드가 가능합니다. GIF, 동영상은 PDF 다운로드 시 움직임
이 적용되지 않고 정지 화면으로 다운로드가 됩니다. 다운로드 받은 파일은 컴퓨터
에 저장 후 북크리에이터에 업로드할 수 있습니다.

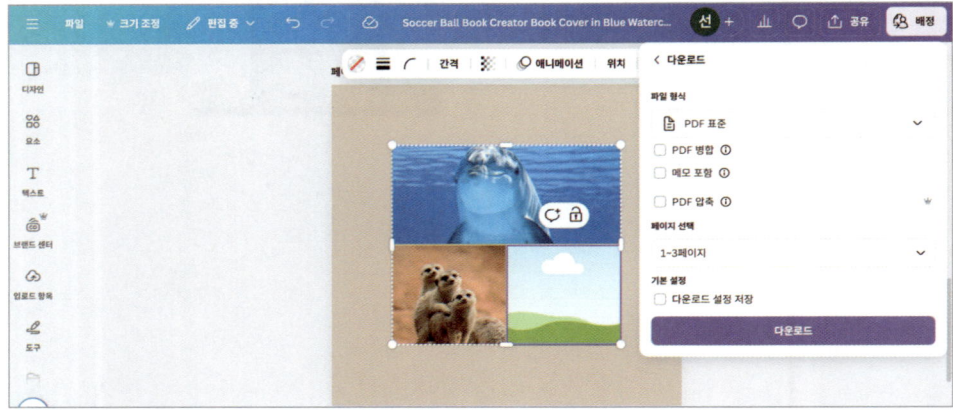

그림 8-7. PDF로 다운로드하기

02 북크리에이터(https://bookcreator.com/)에 접속하여 [교사 로그인] 합니다.

 교사는 위와 같은 화면에서 로그인합니다. 학생은 **[학생으로 전환]**을 눌러 로그인 합니다. **캔바와 연동하기 위해서는 같은 구글 아이디로 로그인**하는 것이 좋습니다. 캔바 교육용 계정이 있어야 수업시간에 학생들과 캔바의 모든 기능을 무료로 사용할 수 있습니다.

그림 8-8. 북크리에이터에서 로그인하기

03 책장의 중간 메시지에서 **[학생들을 이 라이브러리에 추가하세요]**를 눌러 학생들에게 코드 를 안내합니다.

그림 8-9. 북크리에이터 교사 책장화면에서 초대 코드 보여주기

04 학생은 북크리에이터에 접속하여 [학생 로그인]에서 로그인합니다.

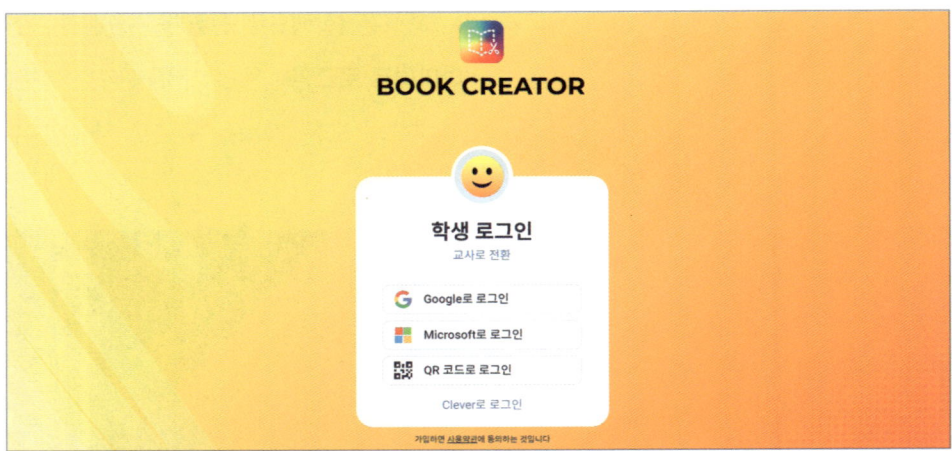

그림 8-10. 북크리에이터 학생 로그인 화면

05 학생은 교사가 제공한 코드를 입력하여 접속합니다.

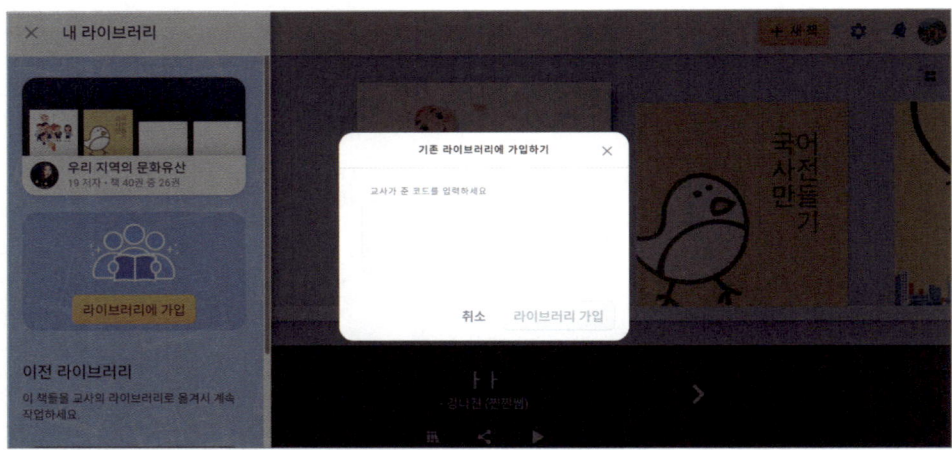

그림 8-11. 학생 화면에서 교사의 초대 코드를 입력하여 라이브러리에 가입하기

06 로그인했다면 책장에서 **[+새 책]**을 클릭하여 빈 책을 만들어 봅니다.

[새 책] 만들기를 통해 책을 선택합니다. 이때, 세 가지의 책 사이즈 중 **캔바에서 작업한 책의 사이즈와 동일한 것**으로 선택합니다. 세로(2:3), 스퀘어(1:1), 가로(4:3) 중 빈 화면 또는 만화 중 선택합니다. 만화는 좀 더 만화 관련 템플릿, 말풍선이 추가되

니 무엇을 고를지 모를 땐, 아래의 만화가 적힌 빈 책을 고르면 됩니다.

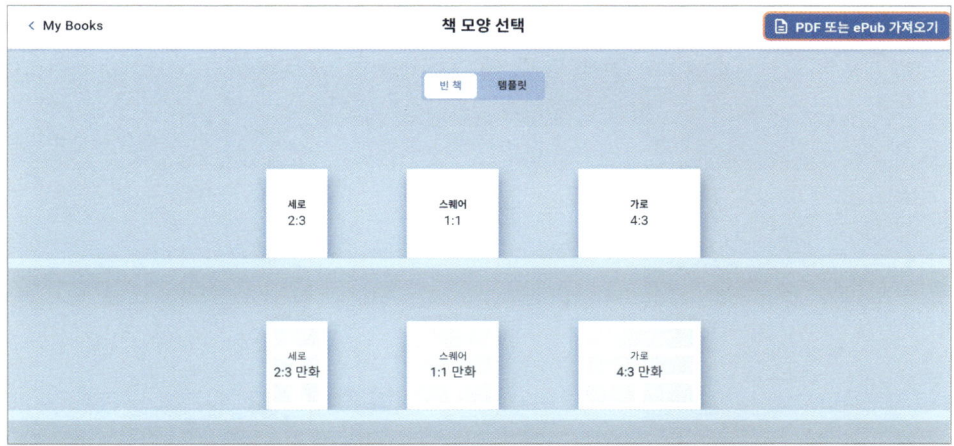

그림 8-12. 책장에서 + 새 책을 클릭하여 책 만들기

07 우측 상단의 **[+] – [미디어] – [파일]**을 선택해서 캔바에서 다운로드한 작업물을 업로드합니다.

그림 8-13. 캔바에서 작업한 내용 업로드하기

이때, PDF 가져오기를 통해 페이지를 추가하거나 PDF 링크로 임베드할 수 있습니다. **PDF 가져오기는 책 속 이미지를 북크리에이터 각각의 페이지로 추가**하는 것이고, PDF를 링크를 클릭하면 해당 PDF가 열리도록 링크가 임베드(클릭하면 PDF가 뜨도록)됩니다. 여러 개의 작업물이 있다면 원하는 작업물만 선택하여 업로드가 가능

합니다. 업로드한 이미지를 추가로 북크리에이터 내에서도 편집이 가능합니다.

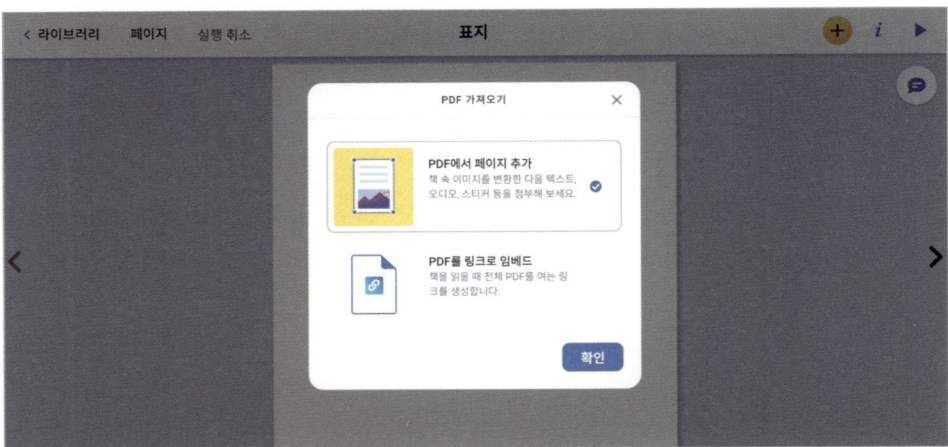

그림 8-14. 캔바에서 작업한 내용을 새 책에 업로드하기

4) 북크리에이터에서 캔바 앱으로 접속하기

01 이번에는 북크리에이터에서 캔바 앱을 연동해 보도록 하겠습니다. 오른쪽 상단의 **[+]** -
[앱] - **[CANVA]**를 선택해서 캔바 앱을 연동할 수 있습니다. 이때, [설정]에서 **[앱 비활성화]** ▸ **[앱 활
성화]** 버튼으로 바꾸어야 학생들이 북크리에이터에서 캔바를 사용이 가능합니다. **이 버튼을 비활성
화하면 학생들은 북크리에이터에서 해당 앱을 사용할 수 없습니다.**

그림 8-15. 북크리에이터에서 캔바 앱 활성화/비활성화하기

02 오른쪽 상단의 **[+] – [앱] – [CANVA]**를 통해 캔바에 접속합니다. 북크리에이터에서 캔바 앱에 접속할 때, **학생들도 캔바 교육용 계정에 가입되어 있어야 교육용 프리미엄 템블릿, 요소 등을 활용하여 자유롭게 캔바를 사용**할 수 있습니다.

그림 8-16. 북크리에이터에서 캔바 앱 접속화면

03 캔바 내의 디자인, 요소, 텍스트 등 캔바의 다양한 기능을 활용하여 편집하고, **[Add to book]**을 눌러 북크리에이터에 캔바의 작업물을 추가할 수 있습니다.

그림 8-17. 북크리에이터에서 캔바 앱으로 작업하기

04 캔바에서 가져온 북크리에이터 작업물은 캔바로 재접속하여 편집이 가능합니다. 편집을 하고 싶으면 북크리에이터 내의 캔바 작업물을 클릭하고 우측 상단의 '**연필 모양**'을 눌러 캔바 앱을 활성화해야 합니다.

그림 8-18. 작업 화면에서 연필 모양을 눌러 캔바 접속

5) 북크리에이터 작업을 위한 책장 관리 방법 알아보기

학생들을 초대해서 북크리에이터 수업을 진행하기 위해 책장 관리 방법에 대해 알아보겠습니다.

- 무료 계정에서는 비공개 책장과 공개 책장 두 가지가 있습니다.
- 초대 코드를 통해 입장한 학생의 결과물은 교사의 라이브러리에 저장되며, 무료 계정에서는 총 40권의 책이 라이브러리에 저장됩니다.
- 무료 계정에서는 만약 40권의 책이 되었다면 더 이상 책 생성이 불가능합니다.
- 이때, archive library(보관 처리)하기를 통해 보관하고 새로운 라이브러리를 생성할 수 있습니다.
- 보관 처리된 책장은 복원을 통해 다시 라이브러리에 불러올 수 있습니다.

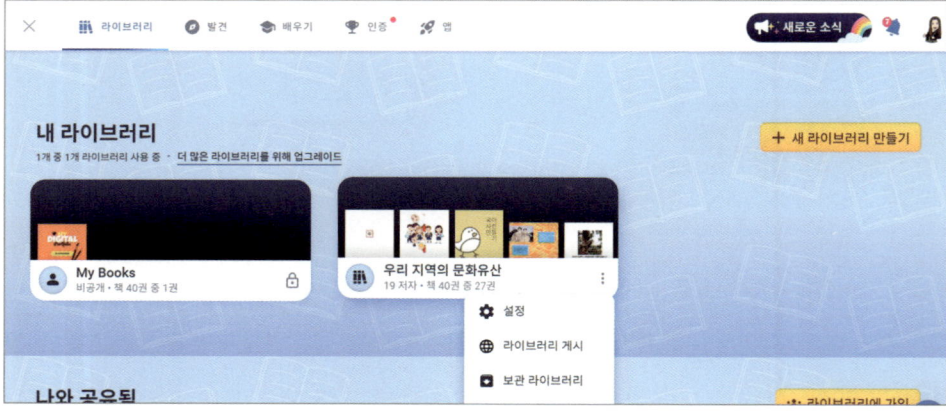

그림 8-19. 책장에서 보관 라이브러리로 옮기기

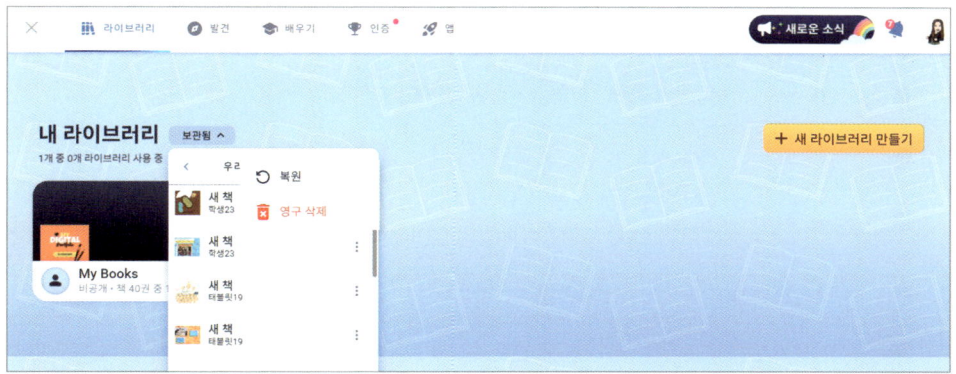

그림 8-20. 보관 라이브러리에서 내 책장으로다시 복원하기

나. 북크리에이터 '도구'와 '미디어' 기능 알기

  본격적으로 학생은 북크리에이터에 입장하여 책을 꾸며보도록 하겠습니다. 이를 위해 학생은 북크리에이터에서 학생으로 로그인합니다. 교사는 라이브러리에서 [초대 코드]를 학생에게 안내합니다. 학생은 초대 코드를 입력하고 교사의 라이브러리에 입장합니다.

1) 북크리에이터 [도구] 알아보기

그림 8-21. 오른쪽 상단 메뉴 + - 도구 메뉴

❶	이미지	구글 이미지 검색 또는 내 컴퓨터에서 업로드합니다.
❷	카메라	사진을 찍거나 동영상 녹화가 가능합니다.
❸	펜	펜을 사용하거나 색상을 추가합니다. Auto draw 기능이 있습니다.
❹	텍스트	텍스트를 추가할 수 있습니다. STT(Speak-to-TEXT)기능이 있습니다. 여러 언어를 텍스트로 전환합니다.
❺	녹음	목소리나 효과음을 녹음하여 책 속에 추가할 수 있습니다.

그림 8-22. 오른쪽 상단 메뉴 + – 도구 – 펜 – Auto에서 오토 드로우 기능 활용

2) 북크리에이터 [미디어] 기능 알아보기

북크리에이터 미디어 기능은 템플릿, 모양, 아이콘, 파일, 임베드의 다섯 가지 기능을 제공합니다. 책을 만들 때 필요한 기능을 선택하여 사용할 수 있지만, 템플릿과 아이콘의 경우 무료 계정에서는 한정적으로 사용할 수 있습니다.

그림 8-23. 오른쪽 상단 메뉴 + – 미디어 메뉴

❶	⊞ 템플릿	다양한 유/무료 템플릿이 제공됩니다.
❷	⬍ 모양	간단한 도형 모양이 제공됩니다.
❸	🔌 아이콘	검색을 통해 아이콘을 사용할 수 있으나 유료가 많습니다.
❹	▤ 파일	사진, 영상, PDF 파일을 업로드할 수 있습니다.
❺	◇ 임베드	YouTube 동영상, 웹 페이지, Google Forms를 임베드할 수 있습니다.

임베드(Embed)**에 주소를 넣을 때,** 주소창의 URL이 아닌 중괄호**《 》속의 임베드 코드**를 넣으면 아래 첫 번째와 같이 미리보기 화면이 함께 제공되지만, 링크만 넣으면 다음의 두 번째 화면처럼 미리보기가 없는 화면으로 나타납니다.

그림 8-24. 오른쪽 상단 메뉴 + – 미디어 – 임베드로 콘텐츠 삽입 화면

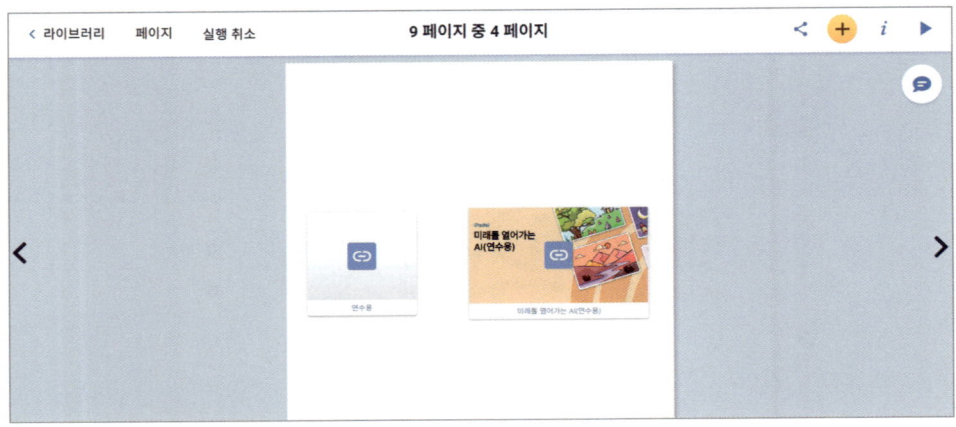

그림 8-25. 임베드와 URL 차이점

※ **임베드(Embed Code)와 URL**: 중괄호(〈 〉) 속의 게시판 삽입 주소는 임베드, 주소창에 있는 주소를 URL 이라고 이야기합니다. 일부 웹사이트에서는 임베드 코드가 제공되지 않을 수 있습니다.

다. 북크리에이터에서 온라인 출판하기

1) 북크리에이터 개별 책 출판하기

책을 완성하였다면 온라인에 출판해 보도록 하겠습니다. 온라인 출판은 교사 책장 내의 모든 책을 출판하거나 개별 책을 선택하여 출판할 수 있습니다. 개별 책을 먼저 출판해 보겠습니다.

01　라이브러리에서 개별 책의 [더 보기] 버튼을 클릭 후 **[공유]** – **[온라인 출판]**을 선택합니다.

02　책 제목, 저자 등의 **[책 상세 내용 확인]**을 입력합니다.

제목, 저자, 설명을 입력하고 이 책을 찾을 수 있는 대상을 링크로만 찾을 수 있는 비공개 또는 모든 사람이 볼 수 있는 공개 중 선택합니다. 다른 사람이 이 책의 사본을 만들 수 있는지 여부인 리믹스 허용을 켜거나 끕니다.

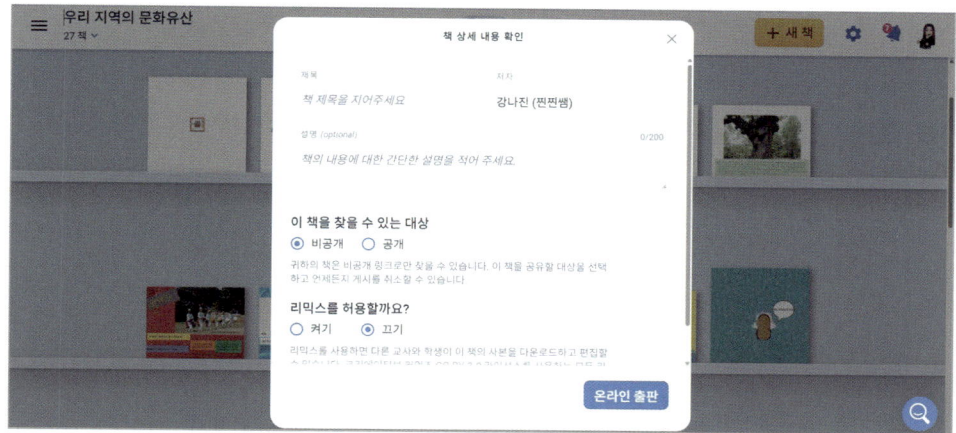

그림 8-26. 책 출판을 위한 책 상세 내용 확인하기

03 **[온라인 출판]**을 클릭하면 링크와 QR코드가 나타납니다. 이를 공유하여 다른 사람에게 자신의 책을 소개할 수 있습니다.

그림 8-27. 온라인 출판 및 링크 복사 & QR코드 확인

2) 북크리에이터 책장 전체 출판하기

이번에는 라이브러리(책장) 전부를 온라인 출판해 보겠습니다.

01 오른쪽 상단의 톱니바퀴 [설정]을 클릭하여 라이브러리 설정에 접속하고 라이브러리 이름을 적어줍니다. **[온라인으로 라이브러리 출판]**을 클릭합니다.

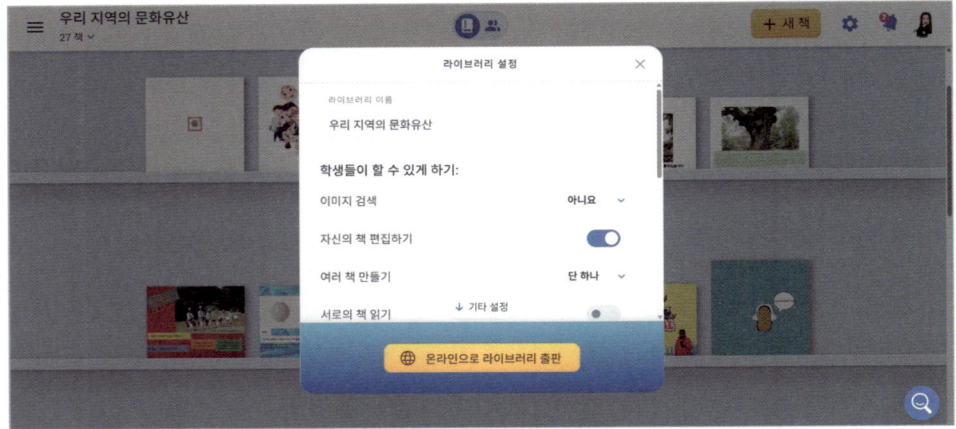

그림 8-28. 라이브러리 설정 확인 및 온라인으로 라이브러리 출판

02 [온라인 라이브러리] 출판 페이지를 열어줍니다.

　이때, 주의할 점은 **[2. 이 라이브러리는 누가 읽을 수 있나요?]**라는 항목입니다. 라이브러리를 읽을 수 있는 범위를 **[링크가 있는 사람만]** 또는 **[링크와 비밀번호를 가진 사람만]** 중에 선택한 후 **[확인 및 온라인 출판]**을 눌러 온라인으로 출판합니다.

그림 8-29. 라이브러리 읽을 수 있는 권환 지정하기

03 출판 내용을 확인하고 [QR코드] 및 [온라인으로 보기] 메시지를 확인합니다.

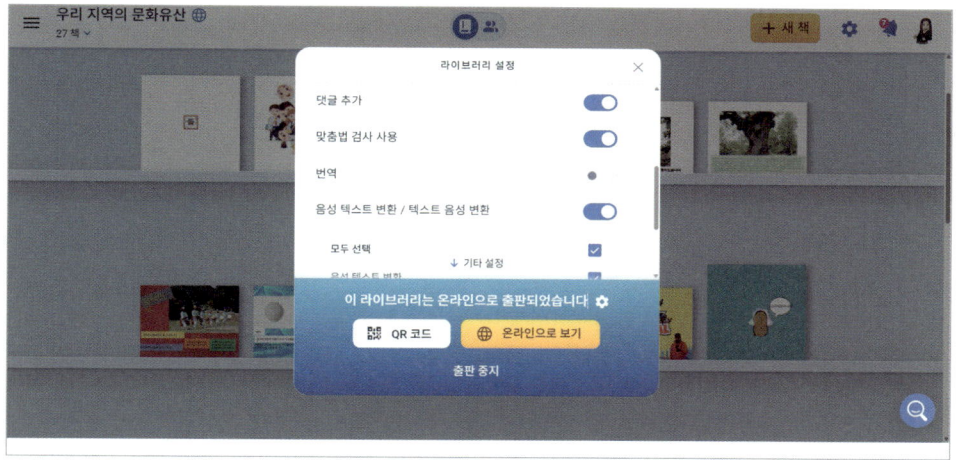

그림 8-30. 라이브러리 QR코드 및 온라인으로 보기 메시지

라. 캔바와 부크크 연계하여 오프라인 출판하기

이제는 캔바와 부크크를 연계하여 오프라인 출판물을 만들어 보겠습니다. 부크크 사이트의 특징을 간단히 살펴보겠습니다.

– 누구나 작가가 될 수 있습니다.
– 원고와 표지 디자인만 있다면 부크크에서 출판이 가능합니다.
– ISBN(국제표준도서번호) 프로세스를 간소화하였습니다.
– 대형 유통사에서 판매가 가능합니다.
– 주문 제작 방식이며, 최소 주문은 한 권입니다.

부크크(BOOKK) 사이트에 접속해 보겠습니다. 상단의 메뉴를 보면 1. 책 만들기, 2. 작가 서비스, 3. 서점 4. 커뮤니티 5. 클래스 등이 있습니다. 우선 1. 책 만들기는 종이책, 전자책을 제작할 수 있는 메뉴입니다. 2. 작가 서비스는 다양한 전문가들의 포트폴리오를 보고 원하는 전문가에게 의뢰할 수 있고, 표지 및 내지 디자인, 교정·교열까지 유·무료로 진행이 가능합니다. 3. 서점은 책 검색 및 이주의 책, 부크크 책 차트를 확인할 수 있습니다.

그림 8-31. 부크크 사이트 홈페이지 화면

1) 캔바에서 원고 작성하기

01 [책 만들기] – [종이책 만들기]에서 책 규격 선택하기

캔바에서 책을 만들기 위해 **부크크에서 제공하는 책의 사이즈를 알아보겠습니다. 상단 메뉴에서 [책 만들기] – [종이책 만들기]**를 클릭합니다. 해당 페이지에서는 내지의 컬러 유무, 책 규격, 표지 재질, 책 날개를 선택할 수 있습니다. 캔바에서 작업하기 위해 책 규격을 선택하는 것이 중요합니다.

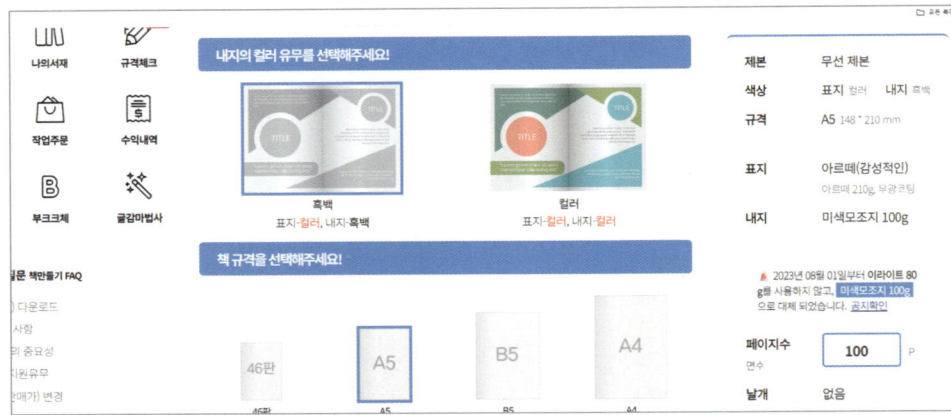

그림 8-32. 부크크 사이트 종이책 만들기에서 책 규격 선택하기

부크크에서 제공하는 책의 사이즈는 총 네 가지입니다.

	책 규격	책 예시
❶	46판(127 * 188 mm)	일반도서, 시, 에세이
❷	A5(148 * 210 mm)	일반도서, 소설, 에세이
❸	B5(182 * 257 mm)	문제지, 잡지
❹	A5(210 * 297 mm)	

02   캔바의 홈 화면에 접속해서 중간 메뉴바에서 [맞춤형 크기] 선택하기

03   [맞춤형 크기]를 선택 후 부크크에서 보았던 네 가지 사이즈 중 [가로] x [높이]를 mm 단위
와 함께 입력합니다. [새 디자인 만들기]를 클릭합니다.

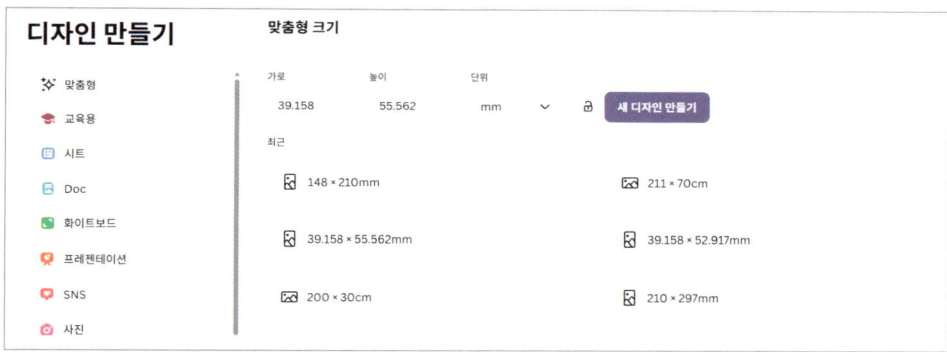

그림 8-33. 맞춤형 크기에서 책 사이즈 입력하기

04   작업창에 접속합니다.

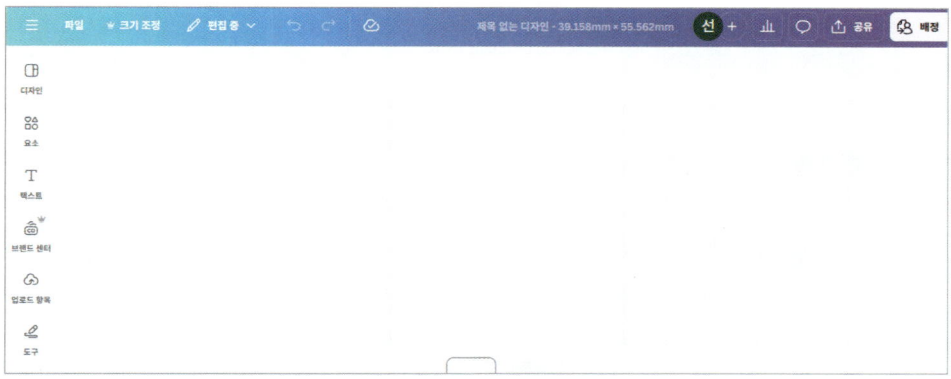

그림 8-34. 책 사이즈를 입력하고 작업창 열기

05 교사는 책 작업을 위해 템플릿을 1. 개별 과제를 제시하거나 2. 협업 과제를 제시하는 형태로 만들 수 있습니다.

그림 8-35. [배정]으로 과제를 제시하거나, [엑세스 수준]으로 협업 과제를 제시하는 두 가지 방법

학생들은 자신의 캔바 홈 화면의 오른쪽 상단 종 모양 알림을 클릭하여 1. 개별 과제를 교사에게 받거나, 2. 협업 링크를 주소창에 입력하거나 QR코드로 협업 작업에 참여할 수 있습니다.

06 좌측 [디자인], [요소], [텍스트], [업로드 항목] 등을 활용하여 원고를 제작합니다.

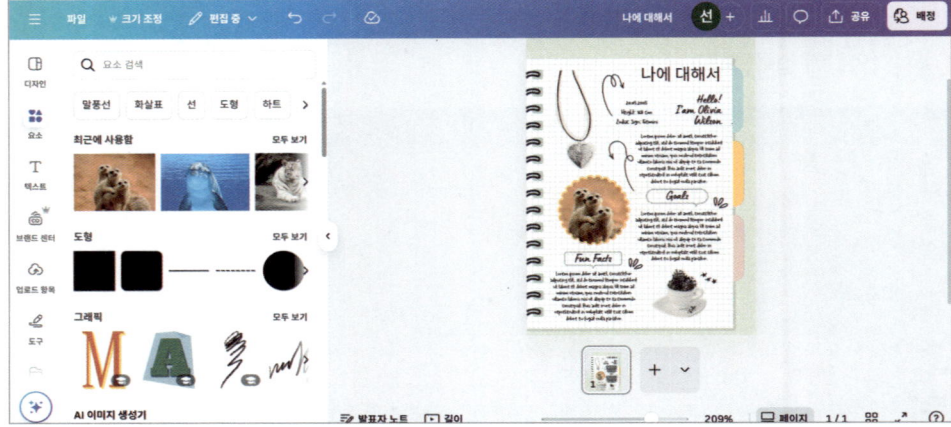

그림 8-36. 왼쪽 메뉴를 활용하여 책 편집하기

왼쪽 메뉴바의 [디자인]에서 검색하거나 [요소]에서 검색하여 책을 꾸밀 수 있습니다. [텍스트 추가] 기능을 활용하여 글자를 넣어 도서를 꾸밀 수 있고, [업로드 항목] - [파일 업로드]를 통해 학생들이 필요한 사진을 추가할 수도 있습니다.

07 원고가 완성이 되었다면 **[공유] - [다운로드] 기능**을 활용하여 **PDF로 다운로드** 받습니다.

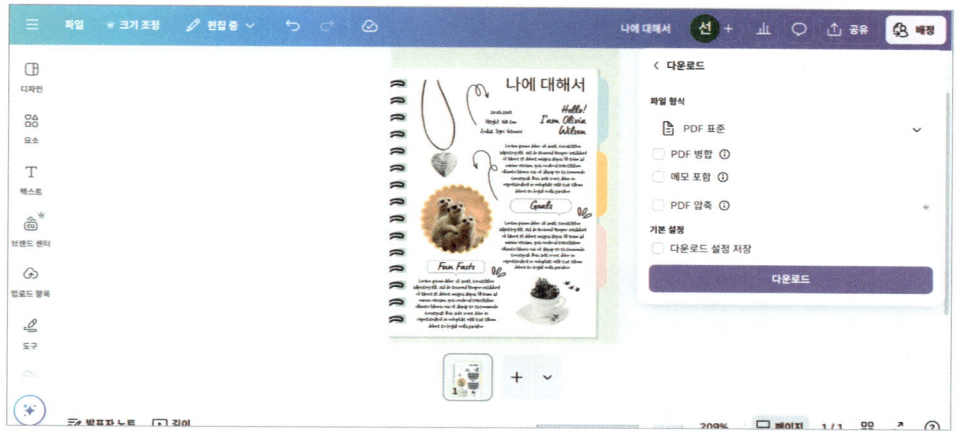

그림 8-37. 공유 - 다운로드 기능을 활용하여 PDF로 다운로드

2) 부크크에서 원고 업로드하기

원고가 완성이 되었다면 해당 원고 파일을 부크크에 업로드해 보겠습니다. 부크크 사이트 메뉴에서 [책 만들기] - [종이책 만들기]를 선택합니다.

01 작가의 선호에 따라 도서 형태(도서 컬러, 책 규격, 표지 재질, 책 날개)를 입력합니다. 예상 판매 가격과 발생 수익, 저자 본인가, 소장용 가격 등을 확인합니다.

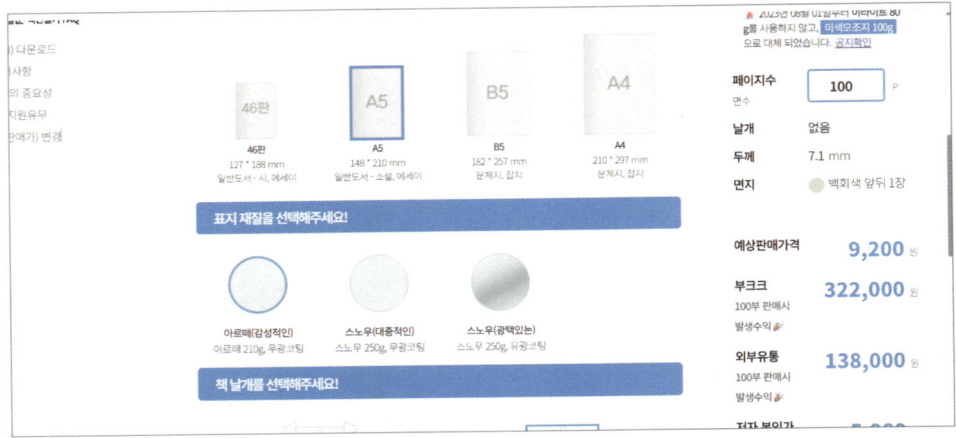

그림 8-38. 부크크에서 컬러, 책 규격, 표지 재질, 책 날개 선택하기

02 원고 등록을 위해 표제, 부제, 대표 카테고리, 성인 도서 여부, 저자, 페이지 수, 도서 제작 목적 등을 입력합니다.

	작업 내용	주의 사항	필수
❶	표제	필수로 입력합니다. 특수 문자를 가급적 지양	○
❷	부제	요약한 제목명이나 시리즈 명을 입력	
❸	대표 카테고리	시, 소설, 전기, 경영 등의 카테고리에서 선택	○
❹	성인도서 여부	성인 또는 전 연령에서 선택	○
❺	저자	저자명을 입력합니다. 공동 저자일 경우 쉼표로 구분	○
❻	페이지 수	**나의 원고에서 +1하여 페이지 수를 입력**	○
❼	도서 제작 목적	ISBN 출판 판매용, 일반 판매용, 소장용 중 선택	○
❽	ISBN 입력	부크크에서 무료등록 또는 이미 보유한 ISBN 입력	○

※**ISBN이란?** 국제 표준 도서 번호이며, 도서가 가진 고유 번호입니다.

이때, ❼ **도서 제작 목적으로** 'ISBN 출판 판매용'을 선택할 경우 부크크 외에 다른 유통망(예: 국립도서관 등)에서도 판매가 가능합니다. ISBN을 보유 시, 직접 기재도 가능합니다. 또한 무료 표지를 사용하는 경우 10부 이상 판매가 되어야 외부 유통사에 입점이 가능합니다. 보유한 ISBN이 없다면, ❽ ISBN 입력은 '**부크크에서 무료 등록**'을 클릭합니다. 원고가 승인이 되면 책의 가장 뒷편에 ISBN이 포함된 해당 페이지를 추가하여 넣기 때문에, 원고의 ❻ **페이지 수에서 한 페이지를 추가하여 페이지 수를 입력**합니다.

03 모든 과정이 완료되었다면 원고 파일을 업로드합니다. 이때, 반드시 **PDF파일로만 업로드하고, 개인정보 또는 폰트의 저작권을 반드시 확인**합니다.

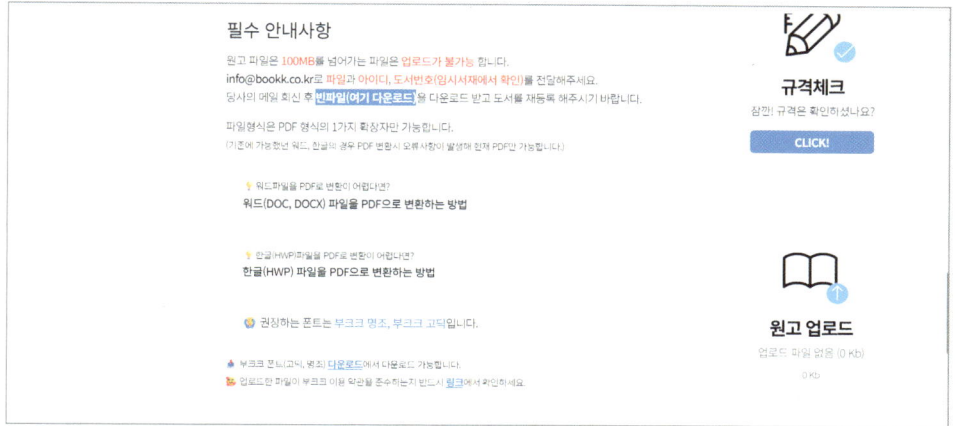

그림 8-39. 원고 PDF로 업로드하기

04 원고 업로드가 완료되었다면, 표지를 선택합니다. 표지는 무료 표지, 직접 올리기, 구매한 템플릿 중 선택하여 사용할 수 있습니다.

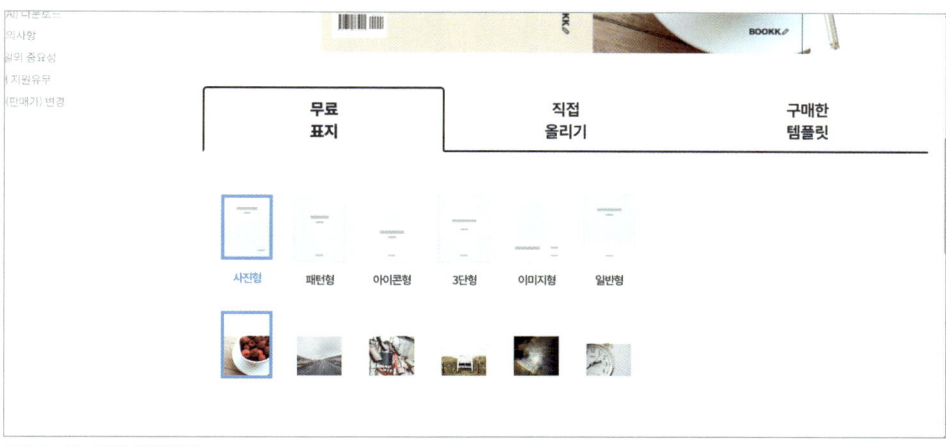

그림 8-40. 표지 제작하기

05 표지 선택까지 완료되었다면 다음 단계인 **[정가 설정]**에서 가격을 설정할 수 있습니다.

06 가격 설정이 완료되면 도서 소개, 도서 목차, 저자 경력·소개를 입력합니다.

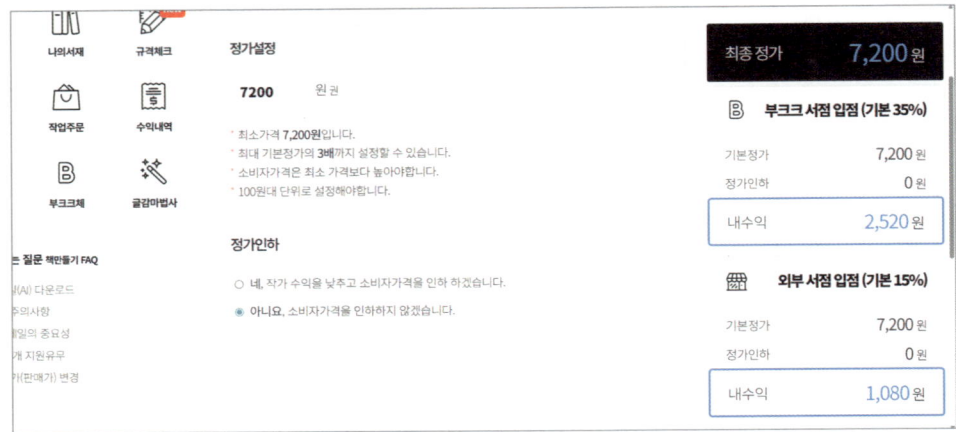

그림 8-41. 서점 내 소개 정보 입력하기

07 최종 제출 유의사항을 읽고 **[동의 후 제출]**을 클릭합니다.

최종 제출 유의사항을 읽고 [동의 후 제출]을 클릭한다고 바로 승인 처리를 하지는 않습니다. 부크크에서 해당 원고 PDF 파일을 여러 번의 검토 과정을 거쳐, 해당 도서를 승인 처리합니다. 이때, 부크크에서 승인 처리가 완료된 후 원고를 교체하면 추가 비용이 발생하게 됩니다.

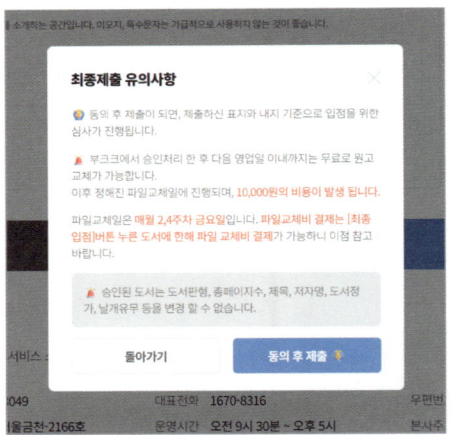

3) 부크크에서 피드백 받고 도서 출판하기

원고를 업로드하면 부크크에서 업로드한 원고에 이상이 있는 부분에 대해 피드백을 메일로 전송합니다.

특히 안쪽 여백 즉, **종이와 종이가 맞닿는 부분에 25mm의 여분이 필요**하기 때문에 캔바에서 원고 작업 시 겹치는 부분의 여분을 고려해야 합니다.

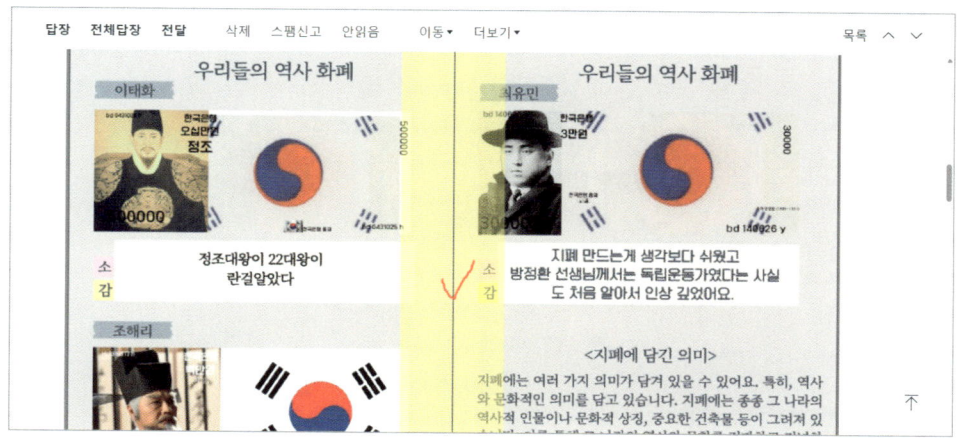

그림 8-43. 안쪽 25mm의 여백 필요

또한, **배경이나 이미지가 전면에 꽉 차게 들어가는 작업이기 때문에 상하좌우 여백이 필요합니다.** 여백이 없을 경우, 원고가 잘릴 수 있습니다. 따라서 파일 자체를 상하좌우 3mm씩 늘여 재단할 수 있도록 충분한 여백이 필요합니다.

그림 8-44. 상하좌우 3mm 여백 필요

도서 승인 처리가 되면 부크크 사이트에서 최종 파일 확인 및 최종 입점 버튼을 눌러 부크크 내 서점에 입점할 수 있습니다. 여러 온라인 판매 서점에 외부 유통을 통해 나의 책을 출판하거나 부크크 내 서점에서 나의 도서를 주문할 수 있습니다. 이렇게 캔바에서 작업한 결과물을 부크크 사이트에 올려 쉽게 오프라인 출판이 가능합니다.

그림 8-45. 도서 승인 확인 및 최종 입점

오늘날의 교육에서는 학생들의 창의성과 개성을 발휘할 수 있는 다양한 방법이 중요해지고 있습니다. 그중에서도 영상 제작 수업은 학생들이 자신을 표현하고 협업할 기회를 제공합니다. 그러나 실제로 영상 제작을 진행하다 보면, 학생들이 내용보다는 화려한 편집에 지나치게 몰두하거나, 촬영보다 편집 과정에 과도한 시간이 소요되는 경우가 많습니다. 이는 교육과정 운영에 영향을 미치기도 하며, 학급 행사 영상을 제작하려 할 때도 많은 시간이 필요해 선생님들에게 큰 부담이 되기도 합니다.

이러한 문제를 해결하기 위해 캔바를 활용한 영상 제작은 매우 효과적인 대안이 될 수 있습니다. 캔바는 다양한 영상 템플릿을 제공하여, 원하는 스타일의 영상을 쉽고 빠르게 제작할 수 있도록 돕습니다. 이를 통해 학생들은 **편집에 걸리는 시간을 줄이고, 영상의 본질적인 내용**에 더 집중할 수 있습니다. 또한 선생님들 역시 캔바를 활용하면 영상 제작의 진입 장벽을 낮추고, 손쉽게 학급 활동 영상을 완성할 수 있습니다.

이번 장에서는 캔바를 활용하여 학급에서 활용할 수 있는 다양한 영상 제작 방법 세 가지를 소개합니다. 간단하면서도 효과적인 영상 제작 과정을 통해 학급 활동을 더욱 생동감 있게 기록하고, 학생들의 창의적인 표현을 이끌어내 볼까요?

※ 스토리보드 작성의 중요성

학생들과 영상 수업을 진행할 때 반드시 필요한 과정이 있습니다. 바로 '**스토리보드 작성**'입니다. 뉴스 영상 제작, 퀴즈 영상 제작 등 다양한 영상을 만드는 수업을 진행할 때, 단순히 촬영에 바로 들어가기보다 전체적인 내용을 구상하고 체계적으로 촬영과 편집을 진행하도록 지도해야 합니다.

스토리보드는 영상 제작의 방향을 명확히 하고, 효율적인 작업 과정을 가능하게 해줍니다. 학생들이 스토리보드를 작성하지 않고 촬영에 나설 경우, 즉흥적으로 촬영하거나 편집 과정에서 여러 번 수정과 재촬영이 필요하게 되어 비효율적인 결과를 초래할 수 있습니다. 그러나 스토리보드 작성 과정을 통해 이러한 시행착오를 줄이고, 일관성 있는 결과물을 얻을 수 있습니다.

스토리보드는 시나리오나 아이디어를 시각적으로 표현한 도구입니다. **각 장면의 구성, 카메라 앵글, 캐릭터의 동작을 그림으로 표현**하며, 대사와 지문 등도 함께 작성합니다. 이 과정에서 학생들은 영상의 흐름을 전체적으로 이해하고, 아이디어를 구체화할 수 있습니다.

가. 스토리보드 제작하기

스토리보드 작성은 캔바에서 손쉽게 진행할 수 있습니다. 다음은 캔바를 활용한 스토리보드 제작 과정입니다.

1) 스토리보드 템플릿 선택하기

캔바에서 **[디자인 만들기]** 버튼을 클릭하고, **검색창에서 '스토리보드'**를 검색하여 선택합니다.

[디자인] 패널에서 제공되는 템플릿 중 **마음에 드는 것** 하나를 선택하여 작업을 시작합니다.

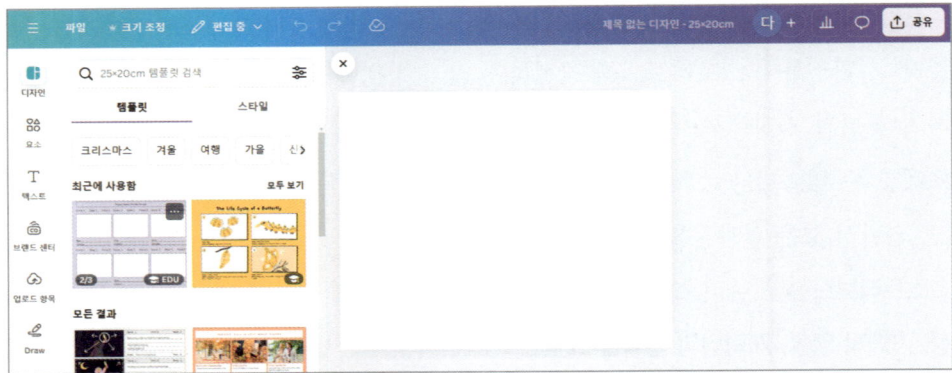
그림 9-1. 디자인 패널에서 제공하는 템플릿 살펴보기

학생들은 템플릿에 **[요소]**, **[텍스트]** 패널을 활용하여 자신들이 제작할 내용을 작성합니다.

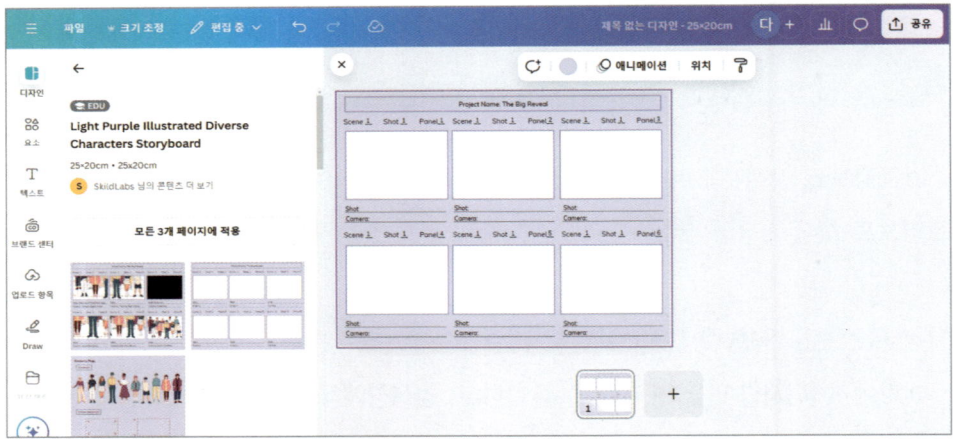
그림 9-2. 선택한 템플릿으로 스토리보드 제작하기

만약 템플릿을 협업하여 작업하기 위해서는 상단의 **[공유]** 버튼을 클릭하고 액세스 수준을 **[링크가 있는 모든 사용자]**로 선택하여 **[링크 복사]**를 눌러 공유합니다. 링크를 모둠별로 제공하면 모둠의 학생들이 동시에 작업할 수 있습니다.

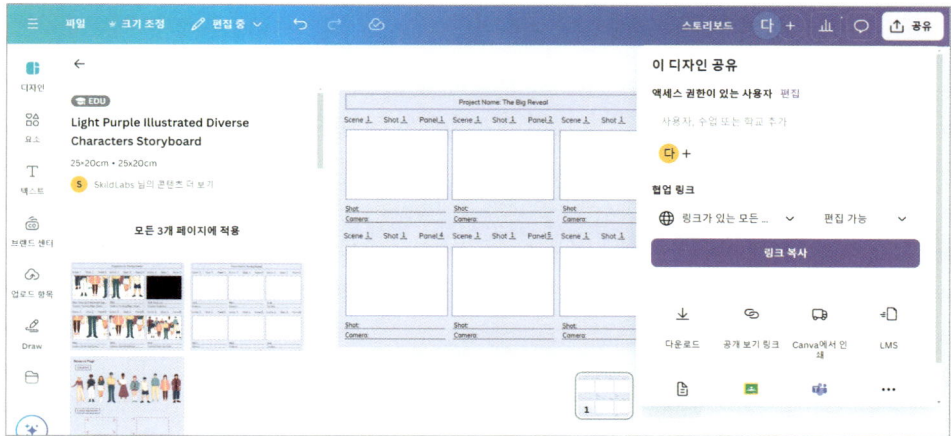

그림 9-3. 협업 작업을 위해 공유 버튼 누르기

　　스토리보드 효율적인 작업을 위한 요소 활용법은 다음과 같습니다. 캔바의 [요소]
패널을 활용해 그림을 대신할 아이콘이나 이미지를 삽입할 수 있습니다.

　　[요소]에서 검색창에 '화살표'를 검색하고, 다양한 화살표를 활용하여 카메라의 위
치와 이동 방향을 표시하면, 스토리보드가 더욱 직관적으로 완성됩니다.

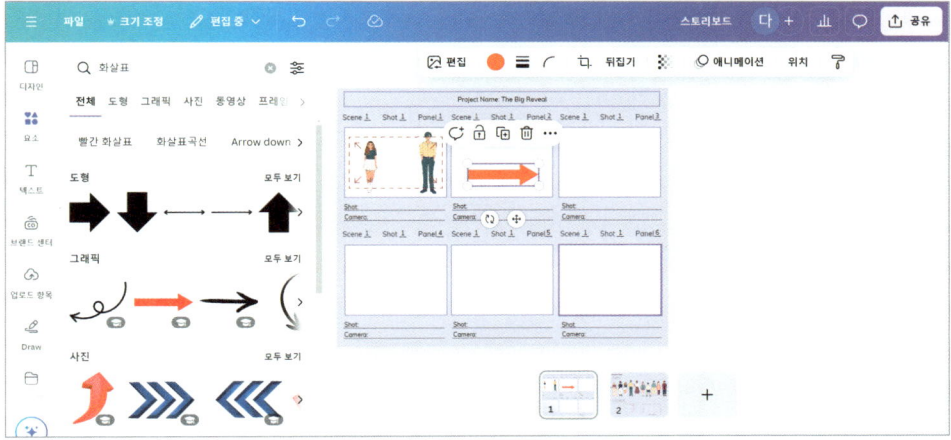

그림 9-4. 요소에서 화살표를 활용하여 카메라 위치, 이동 방향 표시하기

2) 피드백과 최종 수정

학생들이 스토리보드를 완성하면 선생님은 이를 검토하여 **부족한 흐름을 보완**하고, 폭력적인 장면 혹은 유머를 위해 삽입한 **부적절한 장면은 수정**하도록 지도합니다. 피드백을 바탕으로 학생들이 최종 스토리보드를 완성합니다.

스토리보드를 통해 계획된 영상을 제작하면, **학생들이 체계적이고 창의적인 결과물**을 만들어낼 수 있습니다. 이러한 과정을 통해 영상 제작 수업의 효과를 극대화할 수 있습니다.

나. 뉴스 영상 제작하기

스토리보드 작업이 완료되었다면, 학생들은 캔바를 활용해 본격적으로 뉴스 영상을 제작할 수 있습니다. 캔바의 다양한 템플릿과 기능은 뉴스 제작 과정을 간단하면서도 효과적으로 도와줍니다.

캔바에서 **[디자인 만들기]** 버튼을 클릭하고, 검색창에서 '**뉴스**'를 검색한 후, **[뉴스 동영상]** 템플릿을 선택합니다.

❶ **[디자인]** 패널에서 ❷ 제공하는 템플릿 중 **마음에 드는 것**을 선택합니다. 이후 ❸ 템플릿의 각 **요소를 클릭하여 스튜디오 이름, 날짜, 제목 등 활동에 맞는 내용으로 수정**합니다.

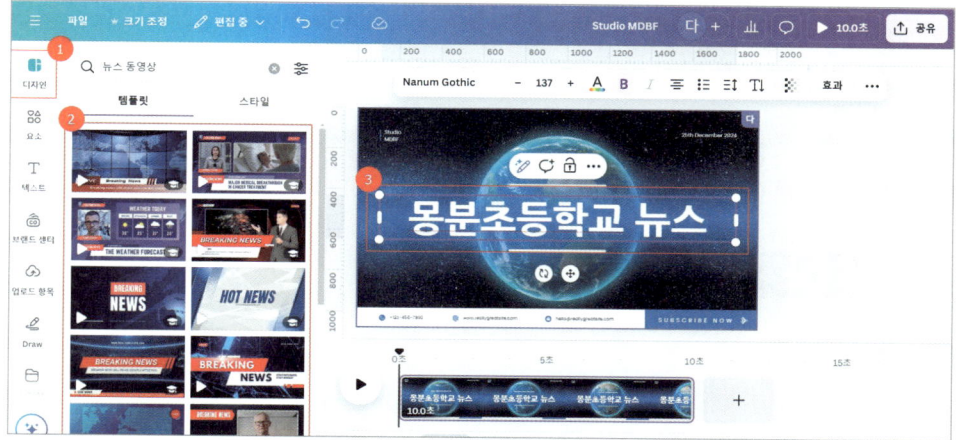

그림 9-5. 디자인 패널에서 마음에 드는 인트로 영상 선택하여 요소 변경하기

뉴스 도입부에 적합한 오디오를 삽입하기 위해 ❶ [요소] 패널에서 ❷ [오디오]를 선택합니다. ❸ 검색창에 'news intro'를 검색합니다. 검색 결과 중 ❹ 'Breaking News Intro'를 선택하고, 타임라인으로 드래그하여 음악을 추가합니다.

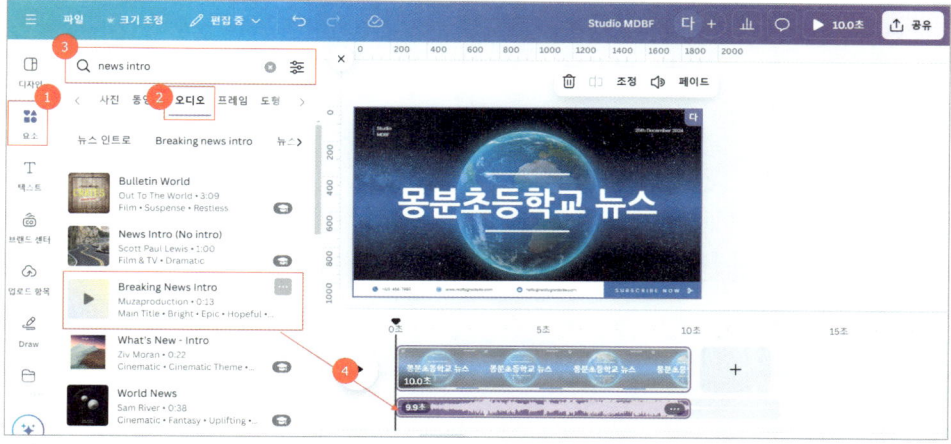

그림 9-6. 뉴스 인트로에 적절한 음악 찾아서 삽입하기

1) 아나운서 화면 만들기

뉴스의 경우 진행자가 나와 뉴스를 진행합니다. 그래서 학생들이 녹화한 화면을 넣을 수 있도록 프레임을 이용하여 작업을 합니다.

슬라이드 옆 '+' 버튼을 눌러 페이지를 생성하고, **[요소]** 패널에서 **프레임 부분 오른쪽의 모두 보기**를 클릭합니다

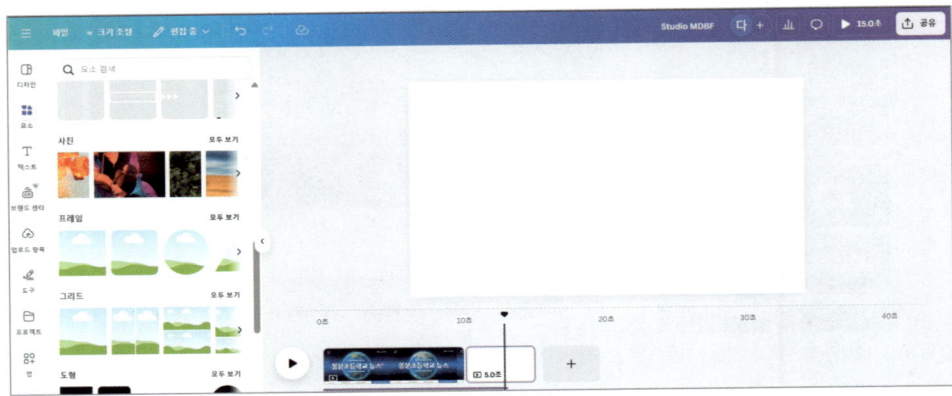

그림 9-7. 프레임 모두 보기 클릭하기

제공된 프레임 중 **사각형 프레임**을 선택하여 삽입하고 **크기를 조정**하여 화면을 꽉 채웁니다.

그림 9-8. 프레임 중 사각형 선택하여 삽입하고 크기 조절하기

[텍스트] 패널에서 **[텍스트 상자 추가]**를 클릭하여 뉴스 이름을 입력합니다. 멋있는 자막 효과를 삽입하고 싶으면 [디자인] 패널에서 제공하는 템플릿을 살펴보고 마음에 드는 것을 고릅니다.

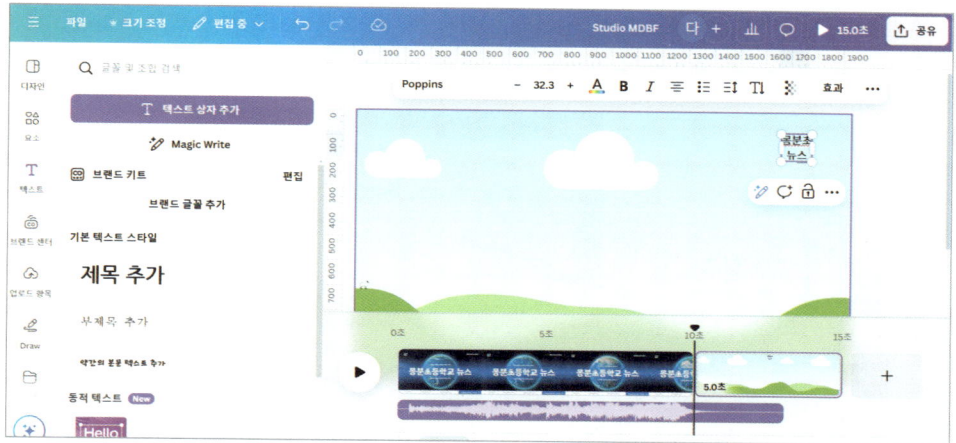

그림 9-9. 텍스트 상자 추가하고 뉴스 이름 입력하기

템플릿을 구성하고 있는 요소 중 마음에 드는 것들을 선택하여 복사합니다. 그리고 아나운서 페이지 프레임 위에 붙여 넣어 틀을 완성합니다.

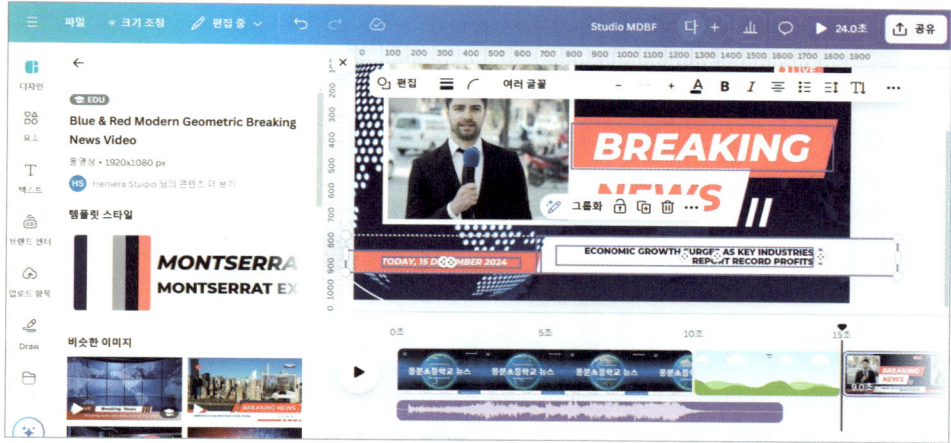

그림 9-10. 제공된 템플릿 중 마음에 드는 요소 선택하여 복사하기

2) 취재 화면 만들기

기자가 등장하는 취재 화면을 만들겠습니다. [디자인] 패널에서 마음에 드는 **템플릿**을 선택합니다.

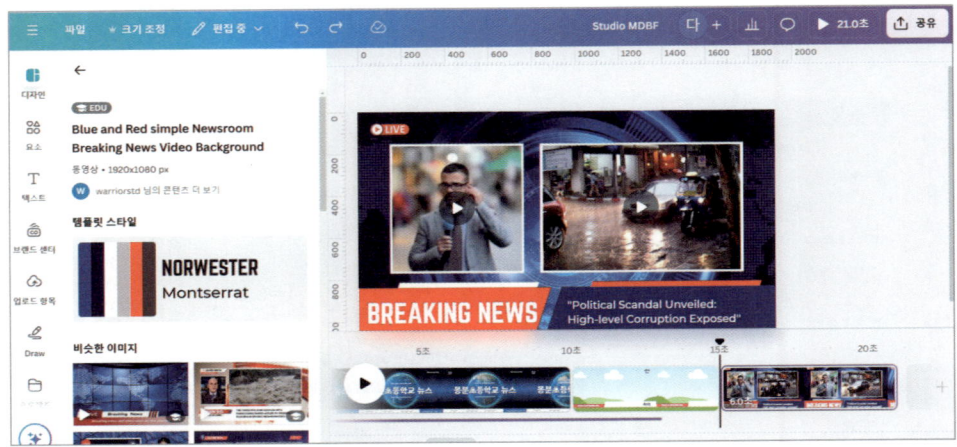

그림 9-11. 디자인 패널에서 마음에 드는 템플릿 선택하기

템플릿에서 기존의 사진이나 영상을 삭제해야 합니다. 동영상을 클릭하고 **휴지통 모양**을 클릭하면 [동영상 삭제] 또는 [프레임 삭제]가 나오는데 **[동영상 삭제]**를 클릭하여 프레임을 유지합니다. 프레임을 유지하면 학생들이 촬영한 영상을 **드래그 앤드 드롭**으로 간단히 삽입할 수 있습니다.

그림 9-12. 템플릿에 제공된 동영상 삭제하기

기본적인 뉴스 화면 템플릿을 다 만드셨다면 해당 템플릿을 공유합니다.

제작한 템플릿을 학생들과 공유하려면 [공유]에서 [모두 보기]를 클릭하고, 그중 [템플릿 링크]를 클릭합니다.

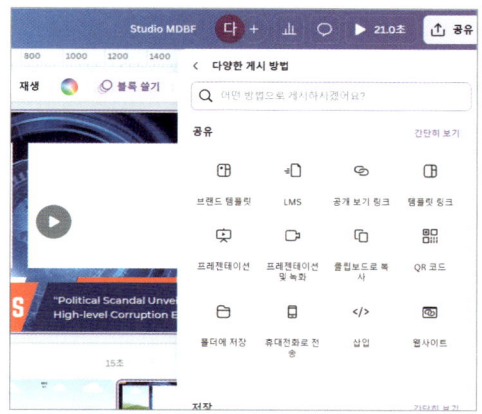

그림 9-13. 템플릿 링크 선택하기

[템플릿 링크 만들기] 버튼을 클릭하여 학생들에게 공유합니다.

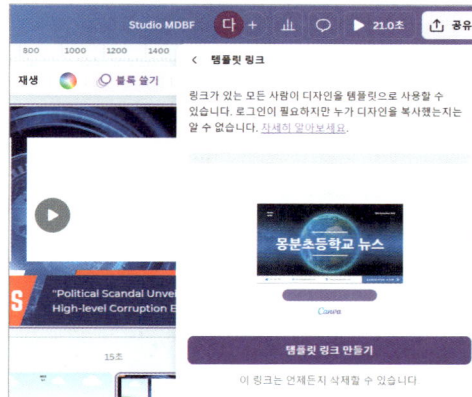

그림 9-14. 템플릿 링크 만들기 클릭하여 링크 복사하기

템플릿 링크를 복사하여 제공하면, 학생들이 이를 기반으로 각자의 뉴스 영상을 수정하고 완성할 수 있습니다.

그림 9-15. 템플릿 링크 복사하기

해당 템플릿은 **6학년 국어 교과의 뉴스 단원에서 학습 자료**로 활용할 수 있습니다. 그뿐만 아니라 학교 방송부 활동의 아침 방송 시간, 한 달에 한 번 학급에서 있었던 일을 공유하는 뉴스 영상 제작 활동에서도 활용할 수 있습니다.

다. 퀴즈 영상 제작하기

캔바에서는 퀴즈 영상을 손쉽게 제작할 수 있는 다양한 템플릿을 제공합니다. 학급 수업의 도입부나 마무리 활동으로 활용하기 좋은 퀴즈 영상은 학생들의 흥미를 유발하고, 학습 내용을 복습하는 데 유용합니다.

1) 템플릿 선택 및 내용 변경

캔바에서 [디자인 만들기] 버튼을 클릭하고, '**동영상(1080px)**'을 선택합니다.

좌측 사이드 패널에서 **[디자인]** 패널을 클릭한 뒤, 검색창에 '**퀴즈**'를 입력하여 템플릿을 검색합니다.

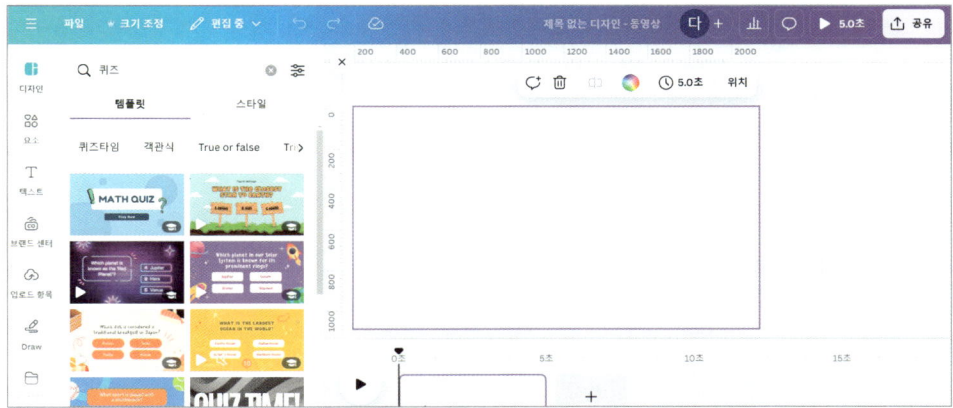

그림 9-16. 디자인 패널에서 퀴즈 검색하여 퀴즈 템플릿 찾기

템플릿 중 퀴즈의 주제와 어울리는 디자인을 선택합니다.

그림 9-17. 퀴즈의 주제와 어울리는 디자인 선택하기

템플릿 요소 중 텍스트 요소를 선택해 제목을 입력하고 **글꼴 모양과 크기**를 **변경**합니다.

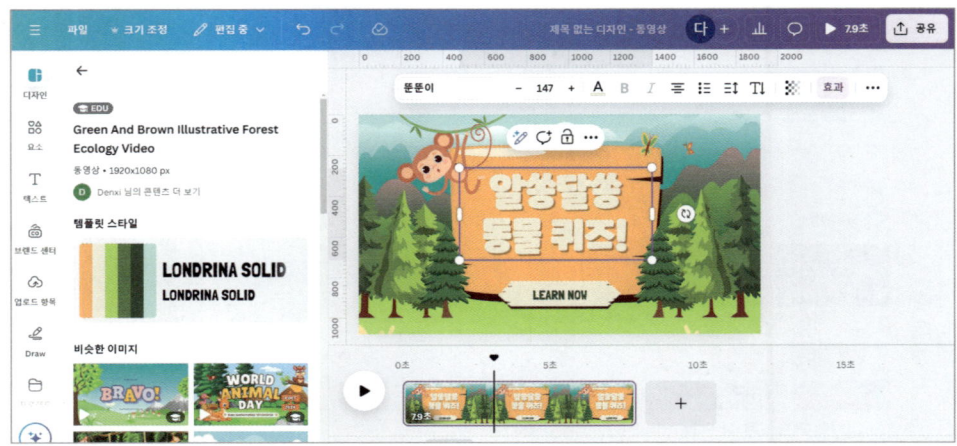

그림 9-18. 템플릿 내 텍스트 요소 수정하기

영어 기반 템플릿을 선택할 경우 줄 간격이 넓거나 좁을 수 있습니다. 상단의 [간격]을 선택하여 **줄 간격**의 수치를 조정하여 가독성을 높입니다.

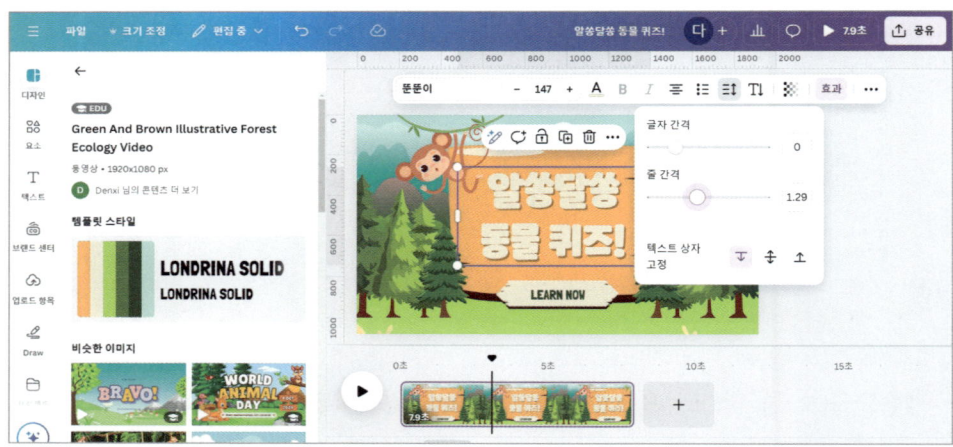

그림 9-19. 간격 클릭하여 줄간격 조정하기

2) 퀴즈 소개 및 안내 페이지 제작

퀴즈 영상의 첫 페이지 우측 상단의 [더 보기]를 클릭하여 [페이지 복제]를 누릅니다. **제목 텍스트 상자 요소**를 클릭하여 **퀴즈 방법을 안내**하는 내용을 작성합니다. 다시 한 번 퀴즈 영상의 첫 페이지 우측 상단의 점 세 개를 클릭하여 **[페이지 복제]**를 누릅니다.

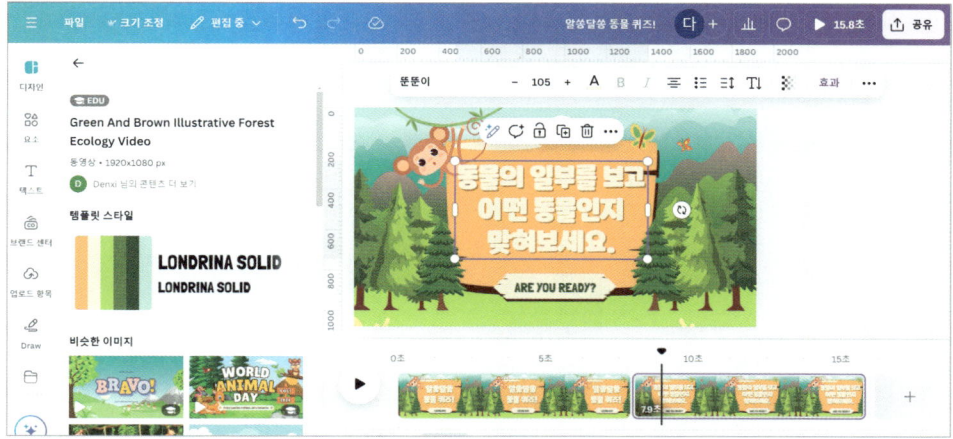

그림 9-20. 텍스트 상자 요소를 클릭하여 퀴즈 방법 안내 내용 쓰기

3) 문제 및 정답 화면 제작

페이지에 있는 텍스트 상자를 삭제합니다. 같은 개체가 계속 나오거나 같은 효과로 반복되면 영상이 지겨울 수 있기 때문에 템플릿에 있는 **동물 요소**도 **선택**하여 **삭제**합니다.

아래에 있던 나무판 요소를 선택하여 위쪽으로 옮기고 텍스트 상자에 '문제'라고 씁니다.

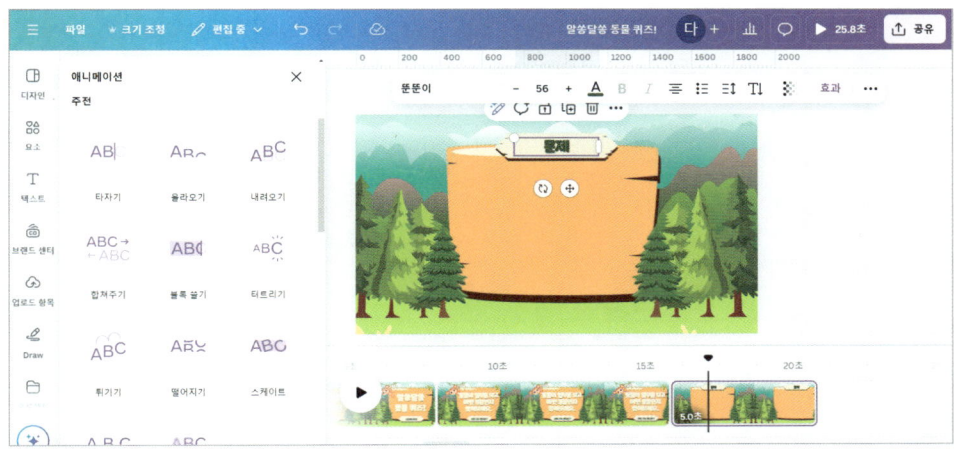

그림 9-21. 나무판 요소 위에 텍스트 상자 입력하기

문제로 사용할 이미지나 영상을 삽입하기 위해 **[요소] 패널에서 [프레임]**을 선택하고 **어울리는 프레임을 선택하여 적절히 배치**합니다.

그림 9-22. 나무판 위에 프레임 삽입하기

답 화면을 만들기 위해 문제 페이지를 **[페이지 복제]**를 눌러 복제합니다.

'문제' 텍스트를 선택하여 '**정답**' 텍스트로 바꾸고, [텍스트] – [텍스트 상자 추가]를 클릭하여 텍스트 상자에 **정답**을 입력합니다.

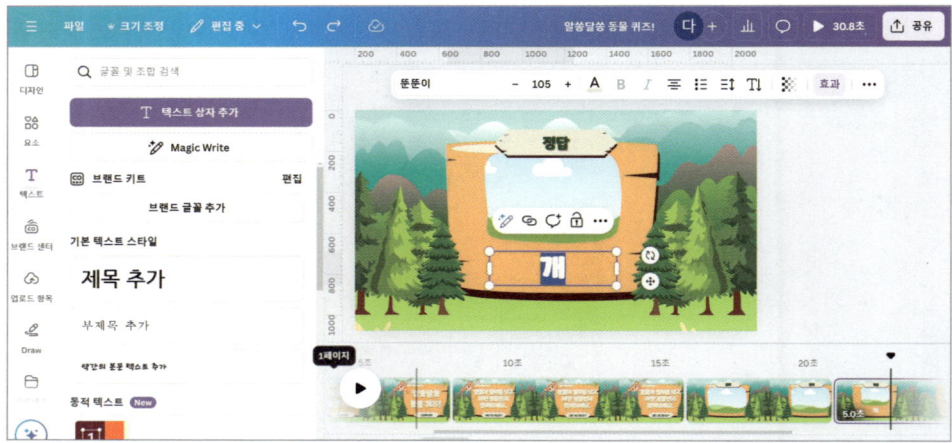

그림 9-23. 텍스트 상자 추가하여 정답 입력하기

상단의 효과 버튼을 클릭하여 해당하는 텍스트 상자에 어울리는 애니메이션 효과를 선택하여 추가합니다.

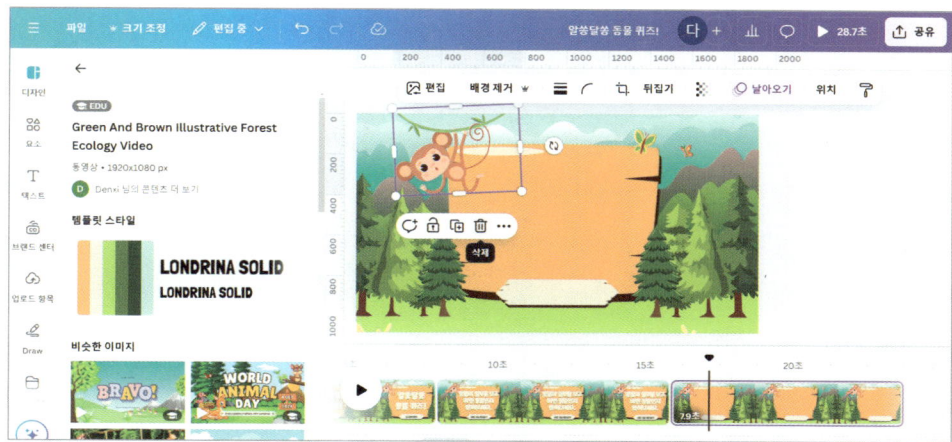

그림 9-24. 애니메이션 효과 주기

4) 배경음악 추가

좌측 사이드 패널에서 [요소] 패널을 선택하고 [오디오]를 선택합니다.

그림 9-25. 요소 패널의 오디오 선택하기

검색창에 'Happy'등의 단어를 검색하여 같은 밝고 경쾌한 배경음을 선택한 후 타임라인으로 **드래그 앤드 드롭**하여 삽입합니다.

그림 9-26. 분위기 검색하여 알맞은 음악 삽입하기

5) 효과음 삽입

퀴즈 영상에서 효과음이 들어가면 완성도를 높일 수 있습니다. 정답과 문제 장면에 적절한 효과음을 추가해 보겠습니다.

문제가 나올 때 '뾰로롱' 하는 효과음을 주기 위해서 검색창에 '**Magical**'을 검색하여 타임라인에 맞게 드래그 앤드 드롭하여 삽입합니다. 길이가 길면 왼쪽과 오른쪽의 바를 활용하여 길이를 조절합니다.

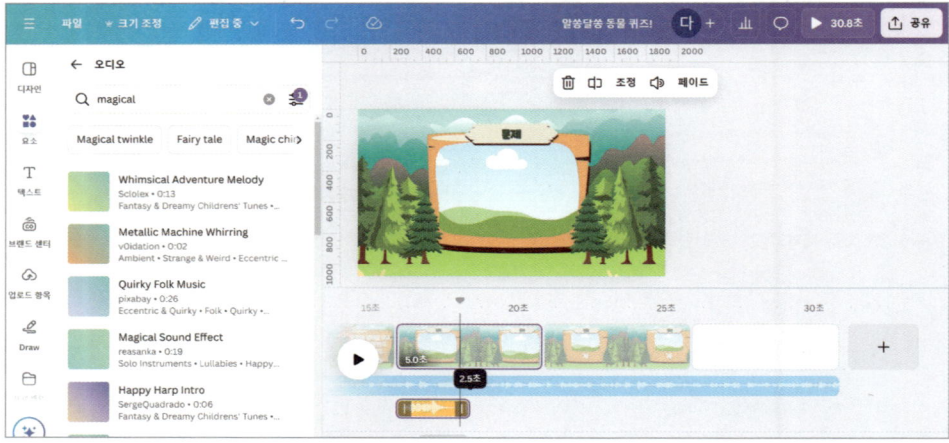

그림 9-27. 효과음 입력하기

178

정답 화면에는 박수 소리를 삽입하기 위해 검색창에 '박수'를 검색하고 정답 페이지에 박수 소리를 삽입합니다. 만약 소리가 크거나 작을 경우 상단의 **스피커 모양**을 클릭하여 **볼륨**을 조절할 수 있습니다.

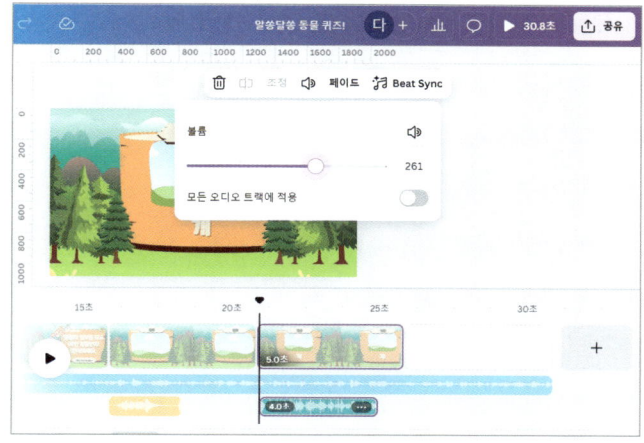

그림 9-28. 효과음 볼륨 조절하기

[페이드] 버튼을 클릭하여 **오디오의 페이드 인/아웃** 효과를 삽입할 수도 있습니다.

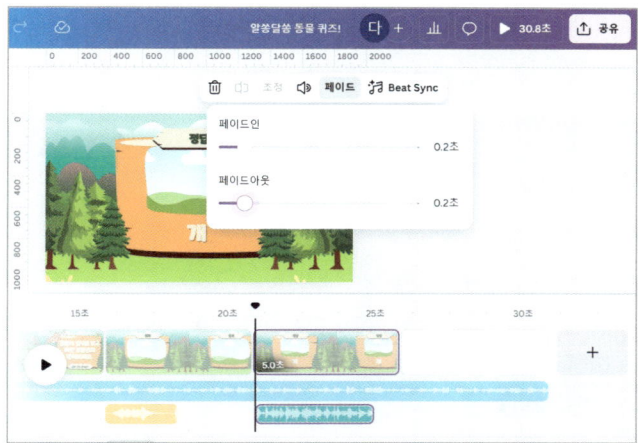

그림 9-29. 페이드인, 페이드아웃 효과 주기

6) 문제와 정답 세트 복사 및 반복

문제와 정답 페이지가 반복되어서 나와야 하기 때문에 복사하여 여러 세트를 제작합니다. 효과음의 경우 복사할 때 **타이밍**을 잘 맞추어서 복사해야 합니다.

플레이헤드를 **정확한 위치**에 두고 **[붙여 넣기]**를 해야 합니다.

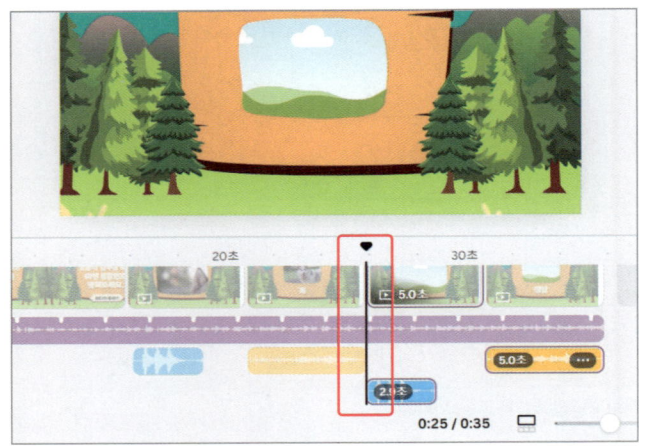

그림 9-30. 효과음 복사 시 플레이헤드 위치 확인하기

[요소] 패널에서 [동영상]을 선택하고 검색창에 필요한 것을 검색하여 삽입할 영상을 선택합니다. 그리고 프레임에 드래그하여 영상을 삽입합니다.

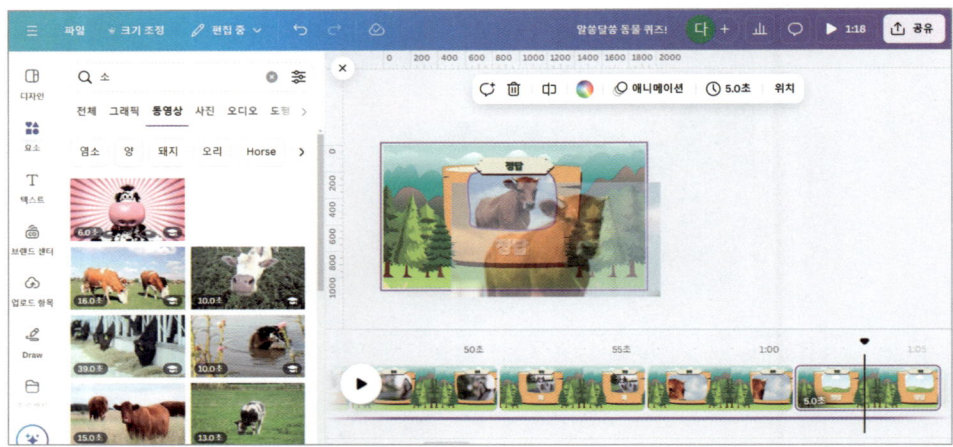

그림 9-31. 요소에서 동영상 검색하여 삽입하기

영상을 **더블클릭**하면 영상의 **크기를 조절**할 수 있습니다. 해당 예시에서는 동물의 일부 모습만 보여야 하기 때문에 크기를 조절하였습니다. 혹시 화면의 크기가 너무 크거나 작아서 영상 크기 조절이 어려운 경우에 하단의 퍼센트 옆 **스크롤바**를 조정하거나 **[Ctrl] + [마우스 휠]**을 활용하여 화면 크기를 조절할 수 있습니다.

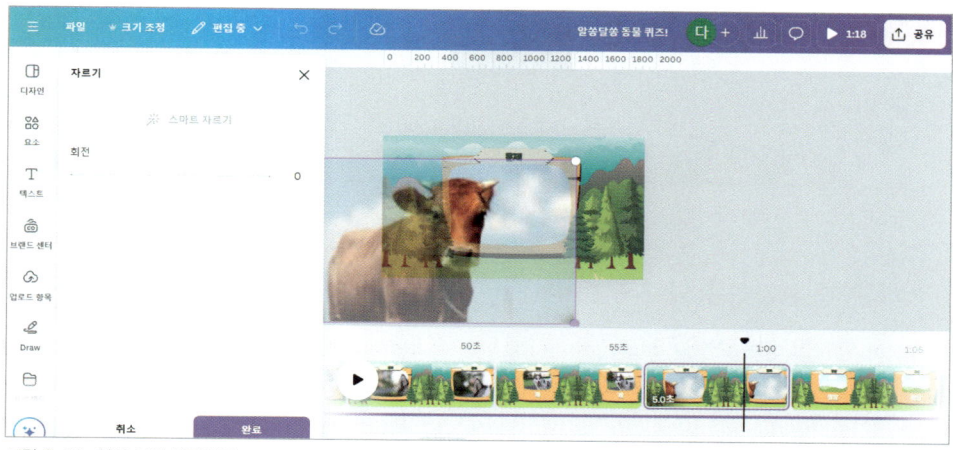

그림 9-32. 영상 크기 조절하기

같은 방식으로 각 페이지의 내용을 수정하여 다양한 문제를 만듭니다.

7) 최종 검토 및 마무리 화면 제작

왼쪽 아래에 재생 버튼을 클릭하여 문제와 정답 화면을 확인한 뒤, 잘못된 점이 없는지 검토합니다. 이상이 없으면 마지막 페이지는 첫 화면과 동일하게 하기 위해 페이지를 복사하여 붙여 넣습니다. 그리고 **텍스트 상자**를 클릭하여 마무리하는 말로 바꿉니다.

그림 9-33. 재생하면서 영상 확인하기

첫 화면과 완전히 동일하게 하기보다는 약간의 변형을 주기 위해 기존의 동물 요소를 삭제하고 다른 동물 요소를 추가합니다. [요소] 패널에서 동물을 검색하여 삽입합니다.

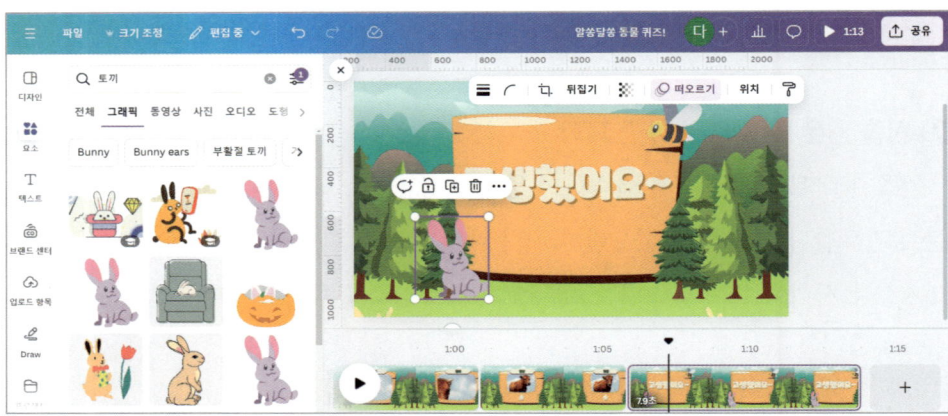
그림 9-34. 그래픽 요소 삽입하기

애니메이션을 넣고 싶으면 [애니메이션]을 클릭합니다. 일반 애니메이션에서 떠오르기, 파노라마 등을 선택할 수 있고 추가 효과로 회전, 깜박거리기 등을 선택하여 추가로 삽입할 수 있습니다.

[요소]를 클릭하고 [애니메이션] – [애니메이션 만들기]를 클릭하면, 캔버스 주변으로 요소를 드래그하여 자신만의 애니메이션을 만들 수도 있습니다.

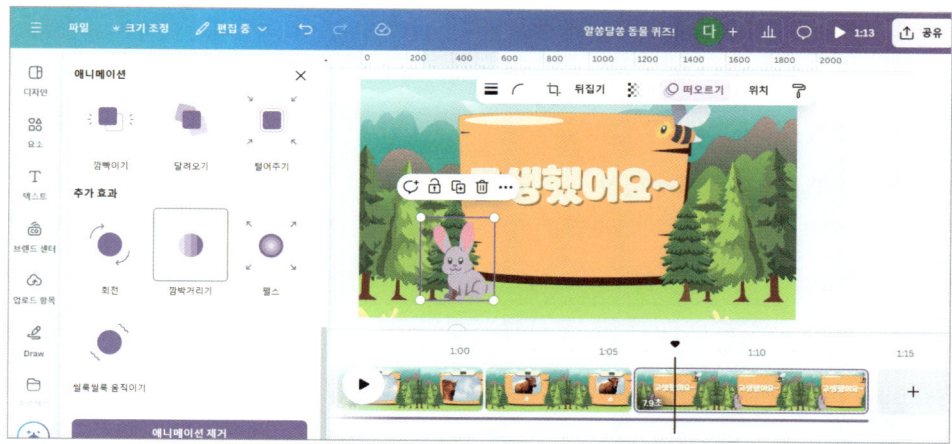

그림 9-35. 애니메이션 삽입하기

이렇게 만든 퀴즈 영상은 학습 내용을 복습하거나, 새로운 주제를 시작할 때 동기 유발로 사용할 수 있습니다. 또한 학기 말에 학생들이 모둠 또는 개인별로 퀴즈를 제작하여 공유하는 활동을 통해 학생들이 직접 만들어 가는 복습 활동으로도 진행할 수 있습니다.

라. 졸업식 영상 제작하기

졸업식은 학생들에게 특별한 날이며, 이 순간을 기억에 남기기 위해 졸업식 영상을 제작하는 것은 매우 의미 있는 활동입니다.

졸업식 영상 제작을 위해 미리 준비해야 할 것은 반별 사진과 동영상입니다. 이때, 반별로 개수를 같게 맞추는 것을 추천합니다. 만약 한 해 동안 사진이나 동영상을 많이 찍지 못했다면 학생들과 소품을 만들어 촬영하는 것도 좋습니다.

영상의 퀄리티를 조금 높이고 싶다면, 인터뷰를 하는 것이 좋습니다. 인터뷰 예시 질문에는 다음과 같은 것들이 있습니다.

- 초등학교에서 가장 기억에 남는 것

- 선생님, 부모님, 친구에게 전하고 싶은 말

- 나에게 초등학교란?

- 졸업 후에 이루고 싶은 꿈 등

- (by 선생님, 후배) 졸업생에게 전하는 말

그럼 캔바로 졸업식 영상을 제작하는 방법을 알아보겠습니다.

1) 졸업식 인트로 만들기

캔바에서 **[디자인 만들기]** 버튼을 클릭하고, '**동영상(1080px)**'을 선택합니다. 그리고 검색창에 '졸업식'을 입력하여 다양한 템플릿을 검색합니다.

그림 9-36. 디자인 패널에서 졸업식 검색하여 템플릿 살펴보기

선택한 템플릿의 요소들을 선택하여 학교 이름, 졸업식 날짜, 메시지 등으로 변경합니다.

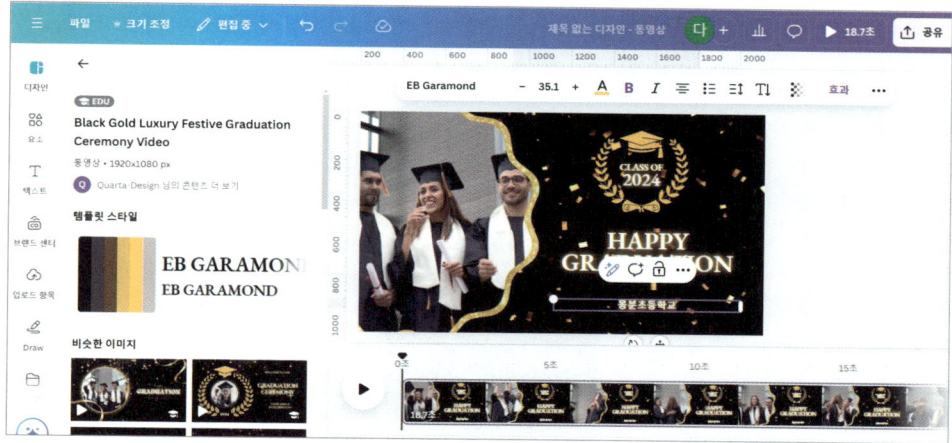

그림 9-37. 템플릿 요소 변경하기

2) 학생들 사진을 넣은 영상 제작을 위한 템플릿 만들기

[디자인] 을 클릭하고, 검색창에 '사진'을 입력합니다. 사진을 넣은 다양한 템플릿이 나옵니다. 만약 분위기 있는 영상을 만들고 싶을 때는 'film'을 검색하면 됩니다.

영상을 만들 때는 글씨체를 잘 선정하는 것이 중요합니다. 글씨체는 고딕, 명조, 필기체 등을 적절히 사용하여 영상의 분위기와 조화를 이루도록 설정합니다.

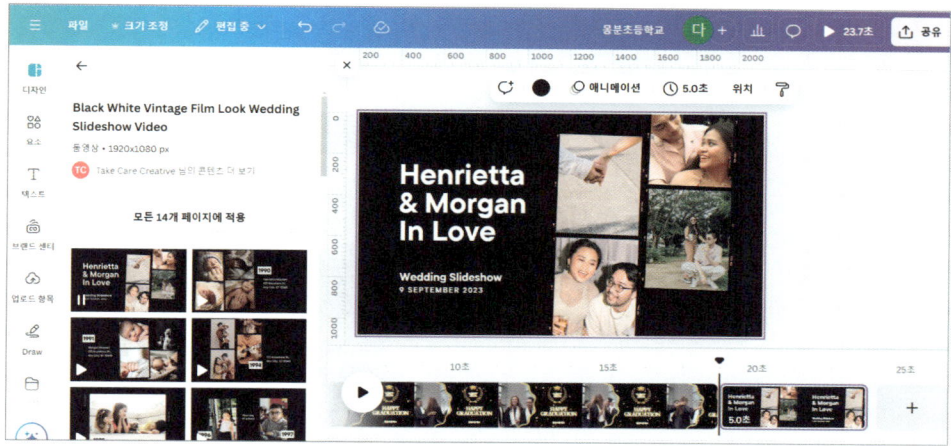

그림 9-38. 디자인에서 검색창에 'film' 검색하고 마음에 드는 템플릿 선택하기

애니메이션을 조절할 수 있습니다. [요소]를 선택하고 **[애니메이션]**을 선택하여 [나

타내기] 효과를 클릭하면 **세부 효과**를 조절할 수 있습니다. **스피드 스크롤**을 왼쪽으로 하면 속도가 느려지고 오른쪽으로 하면 빠르게 나옵니다. **작성 스타일**도 글자 단위로 나올 건지 단어 단위, 선 요소 단위 등도 선택할 수 있습니다.

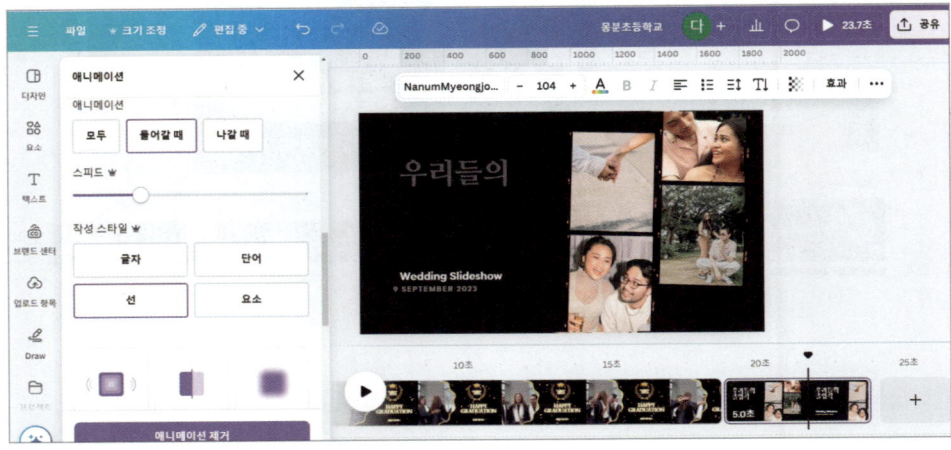
그림 9-39. 애니메이션 조절하기

그리고 우리들의 졸업식의 경우 '우리들의'가 먼저 나오고 '졸업식'이 나중에 나와야 하므로 타이밍을 조절해야 합니다.

타이밍을 조절할 때는 조절하고 싶은 요소를 클릭하고 마우스 오른쪽 버튼을 눌러 **[요소 지속 시간 표시]**를 누르면 각 개체가 언제 등장하는지 타이밍을 볼 수 있습니다.

그림 9-40. 요소 지속 시간 표시

졸업식을 누르고 **앞쪽 부분을 드래그**해서 오른쪽으로 옮겨주면 **천천히 등장**하게 됩니다. 플레이헤드를 조정해 가면서 타이밍을 잘 맞추어서 분위기 있는 효과를 만들어 봅시다.

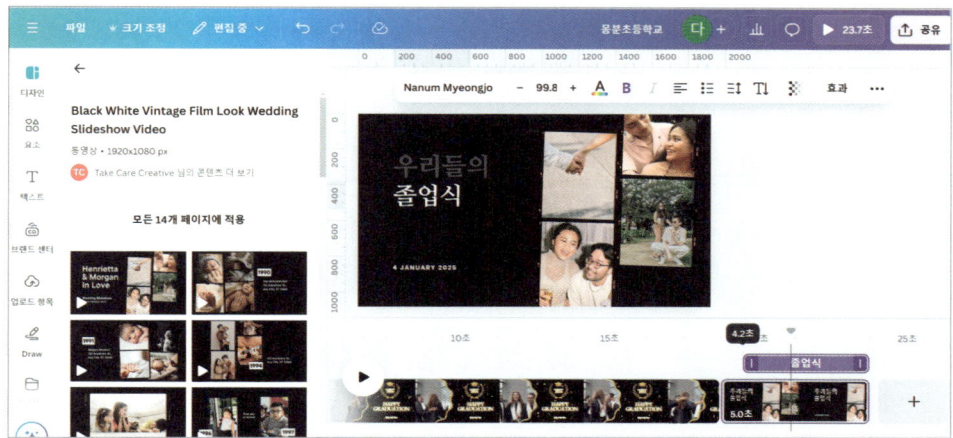

그림 9-41. 요소 지속 시간 조절하기

3) 전환 효과 추가

각 사진 사이의 전환 효과를 삽입하면 매끄러운 장면 전환을 연출할 수 있습니다. 페이지 사이에 플레이헤드를 이동하고 그 위로 마우스를 가져다 댑니다.

그림 9-42. 페이지 사이로 플레이헤드 옮기기

페이지와 페이지 사이에 **[전환 효과 추가]**를 클릭합니다. 전환 효과에서 적절한 효과를 선택하면 분위기 있는 영상을 만들 수 있습니다.

그림 9-43. 전환 효과 선택하기

4) 인터뷰 영상 제작

이번에는 인터뷰 영상을 삽입하여 자막의 내용을 바꿔보도록 하겠습니다. 졸업식 영상인 만큼 졸업식 소스를 검색해서 삽입해 보도록 하겠습니다.

[요소] 패널에서 **[프레임]**을 클릭하여 인터뷰 영상을 넣을 프레임을 **삽입**하고 **크기를 조절**합니다.

그림 9-44. 요소 패널에서 프레임 선택하기

[텍스트] 패널을 선택하고 **[텍스트 상자 추가]**를 클릭하여 텍스트를 삽입합니다. 그리고 **[효과]를 클릭**합니다.

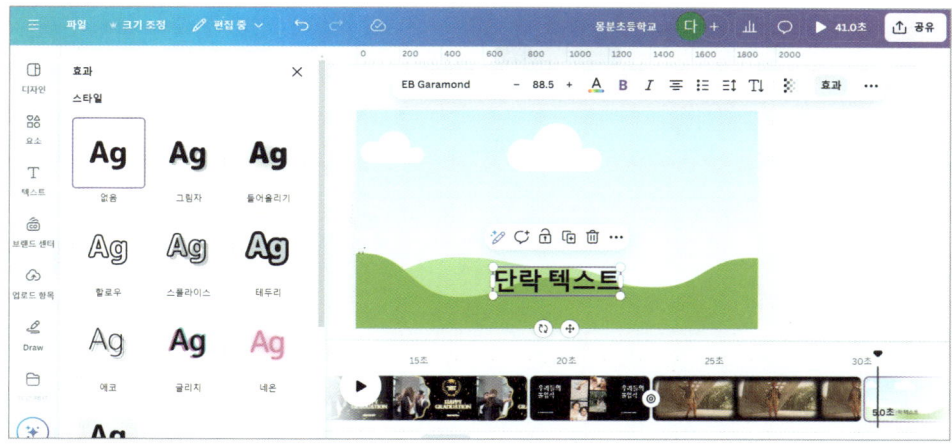

그림 9-45. 텍스트 상자 추가하고 효과 클릭하기

[효과]에서 **[배경]**을 클릭하여 자막의 **배경을 삽입**합니다. 둥근 정도, 확산, 투명도, 색상을 지정할 수 있습니다.

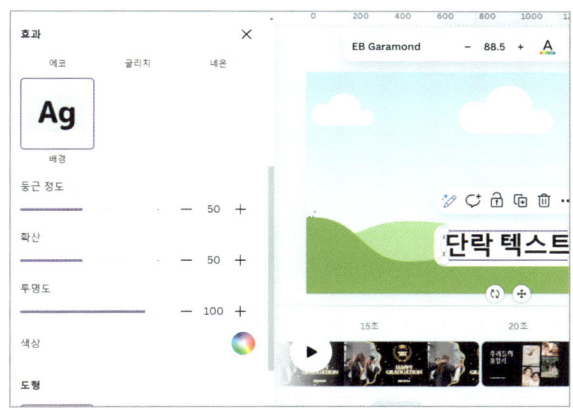

그림 9-46. 텍스트 효과 배경 조절하기

흰 배경만 있으면 영상이 심심해 보일 수 있으므로 **[요소]** 패널에서 검색창에 '졸업식'을 검색하여 관련 **그래픽이나 애니메이션**을 추가합니다.

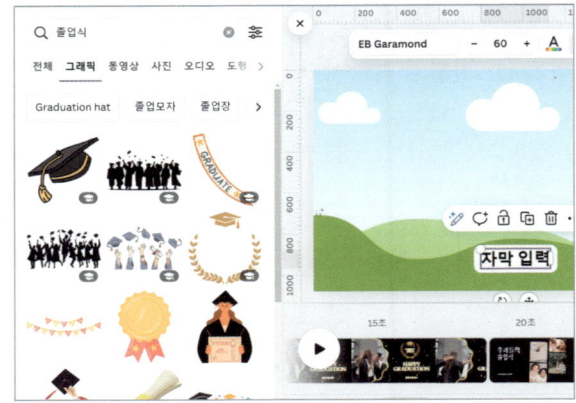

그림 9-47. 졸업식 관련 그래픽 삽입하기

이때, 검색창 우측의 **sort**를 클릭하여 **애니메이션**을 체크하면 **움직이는 졸업식 소스**만 찾아볼 수 있습니다.

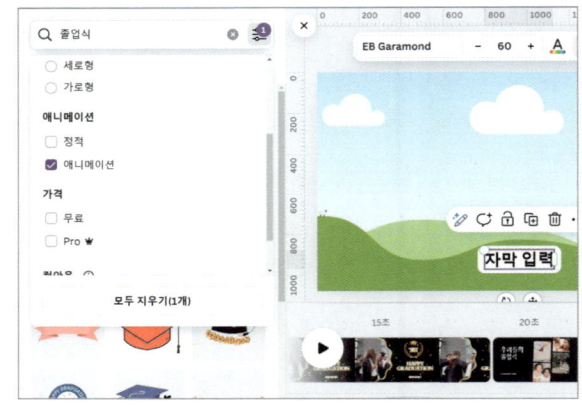

그림 9-48. 검색창에서 애니메이션 소스만 보이게 선택하기

애니메이션 효과가 들어간 소스를 선택하면 **풍성한 영상 제작**이 가능합니다.

5) 협업하기

학교에서 졸업식 영상을 한 선생님이 맡아서 하게 되면 한 선생님께 업무적 부담이 클 수 있습니다. 캔바에서 제공하는 협업 기능을 통해 동학년 선생님, 학생들과 협업하여 작업하면 **영상 제작에 대한 부담**을 줄일 수 있습니다.

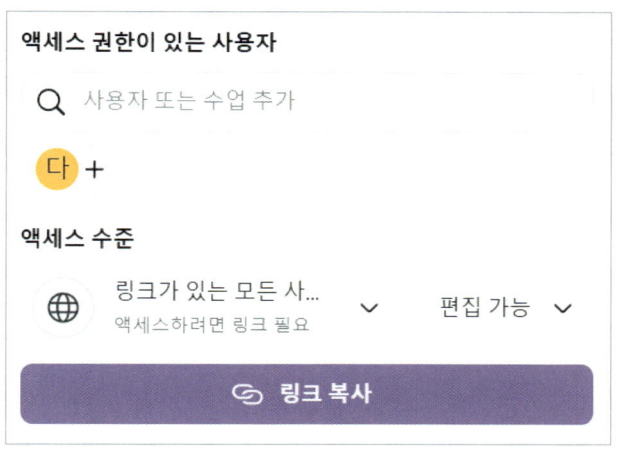

그림 9-49. 애니메이션 소스 삽입하기

[공유] 버튼을 클릭하고 액세스 수준을 **[링크가 있는 모든 사용자]**로 클릭하여 링크를 복사하고 동학년 선생님, 학생들과 협업하여 작업하면 됩니다. 협업 링크를 통하여 한 선생님께서 만들어 놓은 템플릿에서 각자 반마다 수정하고 사진을 삽입하면, 한 명에게 집중되어 있던 업무를 나누어서 처리할 수 있습니다. 그리고 이 템플릿을 공유하여 학생들이 함께 만든다면 졸업식의 의미를 더욱 깊게 느낄 수 있습니다.

마지막으로 졸업 영상을 제작할 때는 저작권 및 초상권을 주의해야 합니다. 특히 학생들의 사진과 영상을 공유하기 전, 학부모와 학생들로부터 초상권 동의를 반드시 확인합니다. SNS에 탑재할 경우 전교 학생들에게 초상권 동의서를 모두 받고 난 이후 공유하시길 바랍니다.

지금까지 캔바를 활용한 다양한 학급 영상 제작 방법을 소개해 드렸습니다. 영상 제작을 처음 시작하는 것은 누구에게나 어렵습니다. 하지만 캔바가 선생님의 영상 제작 조력자가 되어 도와줄 것입니다. 지금까지 알려드린 것들을 토대로 선생님의 아이디어를 덧붙여 독창적인 학급 영상을 제작해 보시길 바라겠습니다.

10 영상 조금 더 창의적으로 영상 만들기

오늘날 교육 현장에서 **미디어 리터러시**의 중요성은 더욱 커지고 있습니다. 특히 국어 교육과정에서는 학생들이 자신의 생각을 시각적으로 표현하고, 이를 효과적으로 소통하는 능력을 기를 수 있도록 **영상 제작 활동**을 적극적으로 활용하고 있습니다.

미디어 활용 능력은 단순한 기술 습득을 넘어, **창의력과 표현력을 키우는 중요한 과정**입니다. 미래 사회에서 요구하는 핵심 역량 중 하나가 바로 자신만의 아이디어를 효과적으로 전달하는 능력이기 때문입니다.

그렇다면, 학생들이 쉽게 영상을 제작할 수 있는 방법은 무엇일까요? 캔바는 애니메이션, 스톱모션 등 다양한 기능을 제공하여 누구나 쉽고 재미있게 영상 콘텐츠를 만들 수 있도록 돕는 도구입니다. 캔바의 방대한 미디어 라이브러리를 활용하면 이미지, 비디오 클립, 음악 등을 자유롭게 추가할 수 있으며, 이를 통해 **생동감 있는 영상**을 제작할 수 있습니다.

캔바의 다양한 기능을 활용하여 **창의적인 영상을 제작하는 방법**을 배워보겠습니다.

가. 애니메이션 영상 만들기

캔바의 **애니메이션 기능**은 텍스트, 이미지, 그래픽 등에 다양한 애니메이션 효과를 적용하여 더욱 매력적인 동영상을 만들 수 있습니다.

특히 캔바에서는 애니메이션 효과를 몇 번의 클릭만으로 간편하게 적용할 수 있습니다. 예를 들어, 텍스트가 부드럽게 나타나거나, 이미지가 자연스럽게 이동하는 등의 효과를 손쉽게 추가할 수 있습니다.

완성된 애니메이션 영상은 **GIF 파일**이나 **비디오 형식(MP4)**으로 저장할 수 있어 다양한 플랫폼에서 활용할 수 있습니다. 이를 활용하면 학생들은 자신만의 스토리가 담긴 영상을 제작하며 표현력과 창의력을 기를 수 있습니다.

1) 동영상 선택하기

캔바를 실행하면 다양한 디자인 템플릿이 나타납니다. 여기에서 '동영상'을 클릭하면 여러 크기의 영상 옵션이 제공되며 제작 목적에 맞는 크기를 선택할 수 있습니다. 이번 실습에서는 **1920x1080 픽셀 크기의 영상**을 선택하여 1080p 해상도의 고화질 동영상을 만들어 보겠습니다.

2) 배경 추가하기

먼저 애니메이션 동영상의 배경이 될 그래픽을 추가합니다. 이번 영상에서는 **인물이 길을 걷는 장면**을 만들 예정이므로, 배경으로 '길거리' 이미지를 선택해 보겠습니다. 좌측 메뉴에서 [요소]를 클릭하고 검색창에서 '길거리'를 입력하여 배경 이미지를 찾습니다. 배경 이미지는 크기를 조정하거나 강조하고 싶은 부분을 선택해 배치할 수 있습니다. 또한 캔바의 '**업로드 기능**'을 사용해 본인이 준비한 사진을 배경으로 사용할 수도 있습니다.

그림 10-1. 배경 추가하기

3) 애니메이션 인물 추가하기

다음으로 **걷고 있는 인물**을 추가해 보겠습니다. [요소] 메뉴에서 '걷고 있는 아이'를 검색합니다. 이때 중요한 점은 **필터 기능**을 활용하는 것입니다.

그림 10-2. 인물 추가하기

필터 기능을 사용하면 원하는 스타일이나 유형의 애니메이션을 쉽게 찾을 수 있습니다. 예를 들어 **색상 필터**를 사용하면 일관된 색감의 요소를 찾을 수 있고 **애니메이션 필터**를 사용하면 움직이는 캐릭터나 그래픽을 쉽게 찾을 수 있습니다.

이 필터에서 '정적'과 '애니메이션'을 포함하는 [애니메이션] 카테고리는 요소의 움직임 요소를 분류하는 기준이 됩니다. '정적' 필터를 활용하면 움직이지 않는 요소를 나타내고 '애니메이션(동적)' 필터를 선

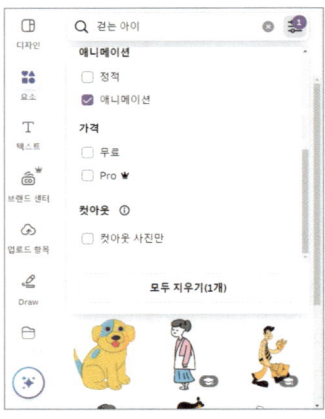

그림 10-3. 필터 기능

택하면 GIF나 비디오 형식으로 제공되는 움직이는 애니메이션 요소만 표시됩니다. 이번 예제에서는 걷고 있는 인물의 애니메이션을 추가하므로 '애니메이션(동적)' 필터를 사용하여 적합한 이미지를 선택합니다. 인물을 캔버스에 배치하고 크기와 위치를 설정합니다. 배경의 투명도를 낮추면 인물이 배경에 묻히지 않도록 할 수 있습니다.

4) 애니메이션 효과 부여하기

 인물을 배치한 후 애니메이션 효과를 추가해 보겠습니다. 인물을 선택하고 상단 툴바 메뉴에서 **[애니메이션]** 버튼을 클릭하면 다양한 기본 애니메이션 효과들이 나타납니다.

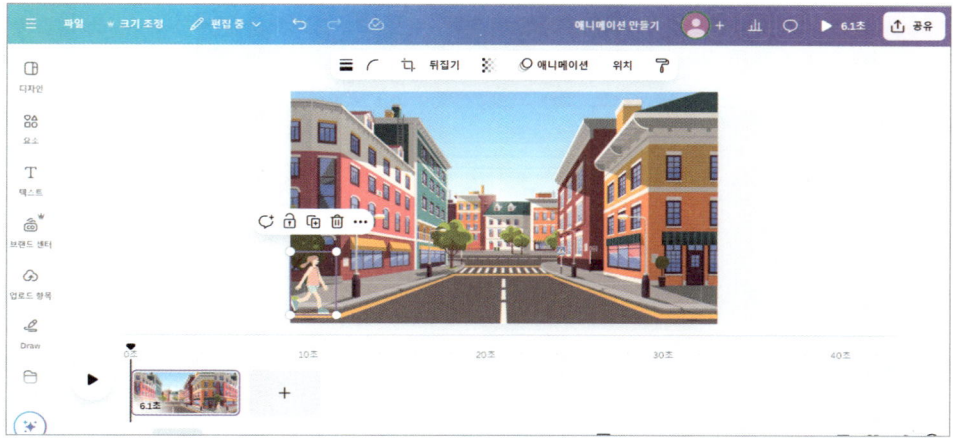

그림 10-4. 애니메이션 효과 부여하기

① **일반 애니메이션**: '떠오르기', '파노라마', '나타내기' 등의 다양한 애니메이션 효과가 제공됩니다. 원하는 효과를 선택하면 요소에 자연스럽게 효과가 적용되는 모습을 확인할 수 있습니다.

② **맞춤형 애니메이션**: 사용자가 요소를 드래그하여 나만의 애니메이션을 만들 수 있습니다. 이 과정에서 Shift 키를 누른 상태에서 드래그하면 요소를 이동 방향을 깨끗하게 만들 수 있습니다. 특히, 이동 경로와 속도, 애니메이션 스타일 등을 직접 조정하여 다양한 효과를 설정할 수 있습니다.

그림 10-5. 애니메이션 효과 살펴보기

그림 10-6. 애니메이션 설정

❶ 움직임(애니메이션) 스타일

- **원본**: 기본적인 움직임을 유지하는 스타일입니다.
- **부드러움**: 동작이 더 자연스럽게 이어지도록 부드럽게 조정됩니다.
- **경로에 따라 일정하게 유지**: 이동 경로를 설정하면 속도가 일정하게 유지되도록 조정됩니다.

❷ 경로를 따라 회전: 애니메이션이 적용된 요소가 경로를 따라서 자연스럽게 회전하거나 방향을 바꾸는 느낌을 줍니다.

❸ 스피드: 이동 속도를 빠르게 하거나 느리게 설정하여 자연스러운 연출이 가능합니다.

❹ 프레젠테이션 설정(클릭 시 표시): 특정 요소가 자동으로 나타나지 않고, 사용자가 클릭할 때만 나타나도록 합니다.

❺ 추가 효과: 맞춤형 애니메이션 효과 외에 더욱 다채롭고 창의적인 효과를 추가할 수 있는 기능으로 회전(요소가 시계/반시계 방향으로 돌면서 이동하는 애니메이션), 깜빡거리기(깜빡거리며 주목을 끄는 애니메이션), 펄스(주기적으로 확대되었다가 원래 크기로 돌아가는 애니메이션) 등이 있습니다.

모든 설정이 끝나면 [완료]를 눌러 애니메이션을 적용합니다. 재생하면 이렇게 애니메이션의 한 장면이 완성됩니다.

196

5) 배경에 애니메이션 효과 부여하기

배경에 애니메이션 효과를 추가하여 더 사실감 있는 장면을 연출할 수 있습니다.

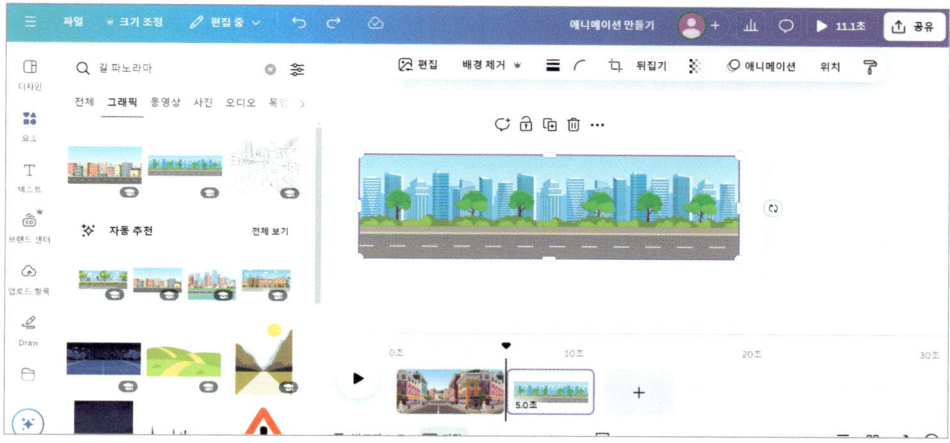

그림 10-7. 배경 및 인물 추가하기

배경에 애니메이션 효과를 적용하려면 템플릿의 크기보다 배경이 더 크게 설정되어야 합니다. 이를 위해 배경 이미지를 템플릿 크기보다 확장하여 배치함으로써 전체 화면에서 애니메이션 효과가 자연스럽게 나타날 수 있도록 해야 합니다. 이러한 방식은 애니메이션 효과가 배경에 잘 녹아들도록 도와주며 시각적인 효과를 극대화할 수 있습니다.

그림 10-8. 배경 추가하기

배경을 넣었으니 이제 인물을 추가합니다. [요소]에서 '자전거를 타는 사람'이라고 검색하고 애니메이션 필터를 사용해 자전거를 타는 듯한 움직임이 느껴지는 요소를 추가합니다.

그림 10-9. 요소 추가하기

배경을 선택한 상태에서 **애니메이션**을 클릭하고 배경을 **왼쪽으로 이동**하는 애니메이션 효과를 주면 결과적으로 배경이 이동하는 동안 캐릭터는 고정된 상태에서 걷는 장면이 만들어집니다. 이렇게 배경과 캐릭터가 함께 움직이는 장면을 만들어 자전거가 도시를 달리는 듯한 장면을 연출할 수 있습니다.

그림 10-10. 배경과 요소를 모두 추가한 모습

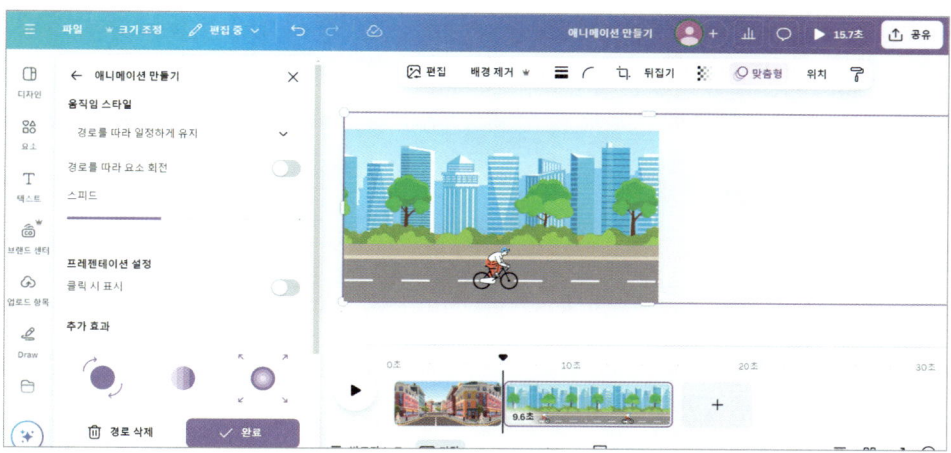

그림 10-11. 배경에 애니메이션 효과 추가하기

배경에 애니메이션 효과를 적용하려면 먼저 캔바에서 사용할 배경을 선택한 후 상단 메뉴에서 **애니메이션** 버튼을 클릭합니다. 그다음 나타나는 [맞춤형 애니메이션]을 활용하여 **배경을 왼쪽으로 드래그하여 이동**하는 효과를 줍니다. 이 효과를 적용하면 배경이 왼쪽으로 이동하면서 애니메이션이 실행됩니다.

이때 중요한 점은 배경이 이동하는 동안 화면에 배치된 캐릭터는 고정된 상태로 유지된다는 것입니다. 즉, 배경이 이동하는 동안 캐릭터는 그 자리에 그대로 있기 때문에 캐릭터가 오른쪽으로 이동하는 듯한 장면을 만들 수 있습니다.

6) 말풍선과 대사 추가하기

영상에 **대사**나 **말풍선**을 추가하면 더욱 풍부한 표현이 가능합니다. [요소]에서 [말풍선]을 검색하여 원하는 이미지를 선택한 후 인물 주변에 배치합니다.

그림 10-12. 말풍선 요소 검색하여 추가

텍스트 상자를 추가해 인물의 대사를 입력하고 말풍선과 인물, 텍스트를 **그룹화**하여 함께 움직이도록 설정할 수 있습니다. 이렇게 하면 말풍선과 함께 인물이 자연스럽게 움직이는 장면을 연출할 수 있습니다.

그림 10-13. 텍스트 추가

7) 다양한 애니메이션 효과 활용

캔바는 애니메이션을 배경, 구름, 새, 내리는 눈 등 다양한 요소에 적용할 수 있습니다. 이러한 기능을 활용하여 더욱 다채롭고 생동감 넘치는 영상을 만들 수 있으며 시각적 흥미를 높여 관객의 집중을 이끌어낼 수 있습니다.

수업 사례: 북트레일러 제작

캔바를 활용한 북트레일러 애니메이션 영상은 책의 핵심 메시지를 짧고 강렬하게 전달할 수 있는 창의적인 방법입니다. 학생들은 다양한 애니메이션 효과와 텍스트, 말풍선, 배경 등을 조합하여 책의 주제와 등장인물을 생동감 있게 표현할 수 있습니다. 배경에 애니메이션을 추가하거나 등장인물의 대사를 애니메이션 효과로 강조해 책의 전개와 감동을 효과적으로 전달할 수 있습니다.

1) 스톱모션의 기본 개념

스톱모션은 하나하나의 이미지를 조금씩 변형하여 빠르게 재생했을 때 마치 실제로 움직이는 것처럼 보이게 만드는 기법입니다. 예를 들어 캐릭터의 포즈를 조금씩 바꿔가며 움직임을 표현하거나 배경을 조금씩 이동시켜 자연스러운 효과를 만들 수 있습니다.

01 **동영상 선택하기**: 캔바를 실행하고 디자인 양식 중에서 '동영상'을 선택합니다.

다양한 동영상 크기 옵션 중에서는 1920×1080 픽셀의 HD 해상도가 가장 일반적입니다. 이 크기는 유튜브나 여러 온라인 플랫폼에서 표준적으로 사용되며 제작된 영상을 다양한 채널에 쉽게 업로드할 수 있습니다.

02 **배경 및 요소 추가하기**

스톱모션을 만들 때, 배경 설정은 장면의 분위기를 효과적으로 전달하는 중요한 요소입니다. 예를 들어, 불꽃놀이 장면을 제작할 경우 밤하늘을 강조하기 위해 배경을 검정색으로 설정하는 것이 좋습니다. 캔바에서는 상단의 배경 툴바 메뉴를 통해 쉽게 배경 색상을 변경할 수 있습니다.

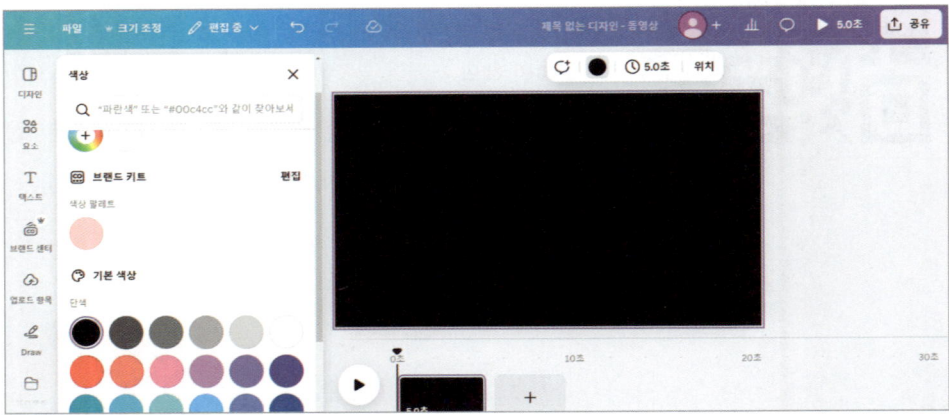

그림 10-14. 배경 색상 설정하기

캔바에서는 배경 이미지도 자유롭게 업로드하거나 선택할 수 있기 때문에 필요에 따라 자연 풍경, 도심, 또는 밤하늘 이미지 등을 추가하여 더욱 풍성한 효과를 줄 수 있습니다. 배경을 간단히 설정하는 것만으로도 장면에 깊이를 더하고 스톱모션의 흐름을 한층 자연스럽고 매력적으로 만들 수 있습니다.

03 요소 추가하기

왼쪽 메뉴 중 [요소]에 들어가 '뒷모습' 또는 '사람'을 검색하여 불꽃놀이를 감상하는 인물을 추가할 수 있습니다. 이렇게 단순한 요소들을 활용하여 배경에 적절히 배치합니다.

그림 10-15. 요소 추가하기

이제 스톱모션의 주요 요소를 추가합니다. 캔바의 요소 탭에서 '불꽃놀이' 또는 '불꽃'을 검색하여 다양한 불꽃 요소를 찾아 화면에 배치합니다. 처음에는 불꽃을 매우 작게 설정하여 불꽃놀이의 자연스러운 시작을 연출합니다.

04 페이지 복제 및 조정

불꽃과 인물이 배치된 페이지를 복제하여 여러 장면을 만들어 갑니다. 이때 페이지의 점 세 개를 눌러 **'페이지 복제'** 버튼을 클릭하거나 복제하고자 하는 페이지를 선택한 상태에서 단축키 'Ctrl+C'와 'Ctrl+V'를 사용하면 빠르고 쉽게 페이지를 복제할 수 있습니다.

각 장면에서 불꽃의 크기를 조금씩 키우고, 인물의 위치나 다른 요소들의 위치를 미세하게 조정하여 점진적인 변화를 만들어 냅니다. 복제된 페이지에서 요소들의 크기나 위치를 조금씩 조정함으로써 스톱모션 효과를 자연스럽게 만들 수 있습니다.

그림 10-16. 복제한 페이지 내 요소 크기 조정

05 전환 속도 설정

스톱모션의 핵심은 **페이지 전환 속도**입니다. 전환 속도가 빠를수록 애니메이션의 움직임이 더 자연스럽고 빠르게 보입니다. 일반적으로 **0.1초**에서 **0.3초** 사이의 전환 시간이 적당하며, 만약 전환 시간이 너무 길면 움직임이 느리게 보일 수 있습니다.

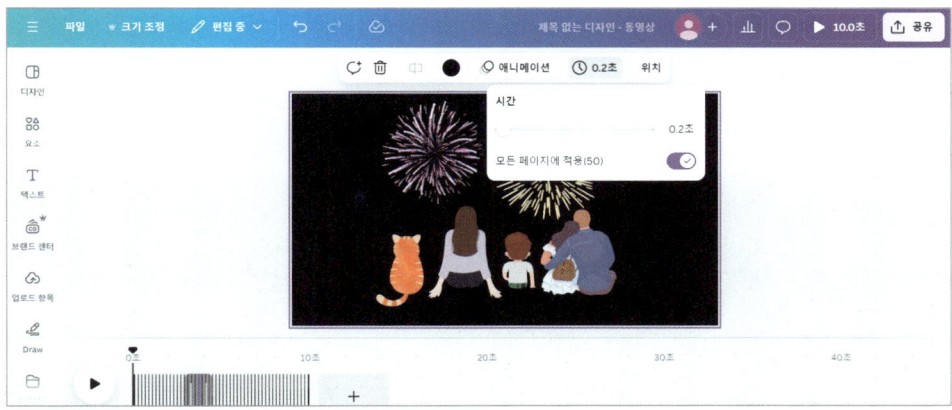
그림 10-17. 페이지 전환 속도 설정 방법

전환 속도를 설정하기 위해 캔바에서 상단 툴바에서 각 이미지의 **전환 시간**을 조정할 수 있는 기능을 사용합니다. 이를 통해 각 이미지 간의 간격을 조절하고 전체 애니메이션의 흐름을 원하는 속도로 맞출 수 있습니다. 이때 **[모든 페이지에 적용]** 기능을 활용하면 전체 페이지 전환 속도를 한 번에 설정할 수 있습니다. 적절한 속도 조정은 스톱모션 애니메이션을 더욱 매끄럽고 현실감 있게 만들어 줍니다.

05 미리보기 및 수정

모든 페이지가 준비되면 캔바의 **미리보기 기능**을 사용하여 전체적인 흐름을 확인합니다. 미리보기는 오른쪽 상단에 **재생 버튼**을 눌러 스톱모션을 살펴볼 수 있습니다.

그림 10-18. 페이지 전환 속도 설정 완료 모습

미리보기를 통해 움직임이 자연스러운지 점검하고 필요에 따라 이미지 크기나 전환 시간을 다시 조정합니다. 만약 부드럽지 않거나 불필요한 부분이 있다면 적절하게 수정하고 다시 확인합니다.

그림 10-19. 미리보기로 스톱모션 확인하기

06   파일 형식 선택 및 다운로드

스톱모션이 완성되면 캔바에서 **GIF 형식**으로 다운로드할 수 있습니다. 우측 상단의 [공유] - [다운로드]를 클릭합니다. GIF는 웹에서 빠르게 로드되고 애니메이션 효과를 유지하는 데 적합한 파일 형식입니다. 또한 동영상 파일 형식으로도 다운로드하여 유튜브나 SNS에 쉽게 업로드할 수 있습니다.

다. 아바타 만들고 역사 인물 소개하기

HeyGen AI는 딥페이크 기술을 활용하여 아바타가 주어진 텍스트를 말하는 방식으로 제작되는 영상입니다. 이 HeyGen AI를 활용하여 학생들은 역사적 인물을 실제로 마주하는 것처럼 생동감 있는 수업을 진행할 수 있습니다. 이를 통해 학생들에게 몰입감 있는 학습 경험을 제공합니다.

하지만 이 앱은 연령 제한으로 인해 초등학생들이 직접 사용할 수는 없습니다. 그렇기 때문에 교사가 직접 영상을 제작하여 수업에 활용하는 것이 적합합니다. HeyGen AI를 사용하여 역사적 인물을 소개하는 간단한 영상을 만드는 방법을 안내하려고 합니다. 교사는 HeyGen AI를 통해 학생들이 더 쉽게 역사적 인물에 대한 정보를 흥미롭고 창의적인 방식으로 배울 수 있도록 지원할 수 있을 것입니다.

1) HeyGen AI Avatars 앱 실행하기

캔바를 실행하여 상단의 **디자인 양식** 중에서 [프레젠테이션]을 선택합니다.

프레젠테이션 디자인은 여러 장면을 쉽게 구성하고 텍스트와 이미지를 잘 배치할 수 있는 편리한 템플릿입니다. 프레젠테이션 디자인 양식은 HeyGen AI Avatars와 함께 사용할 영상 형식에 적합한 기본 형식을 제공합니다.

캔바의 왼쪽 메뉴 중 [앱] 아이콘을 클릭합니다. 검색창에 'HeyGen AI Avatars'를 입력해서 해당 앱을 찾습니다. 이 앱은 다양한 아바타를 제공하며, 이를 통해 인물 소개 영상을 만들 수 있습니다.

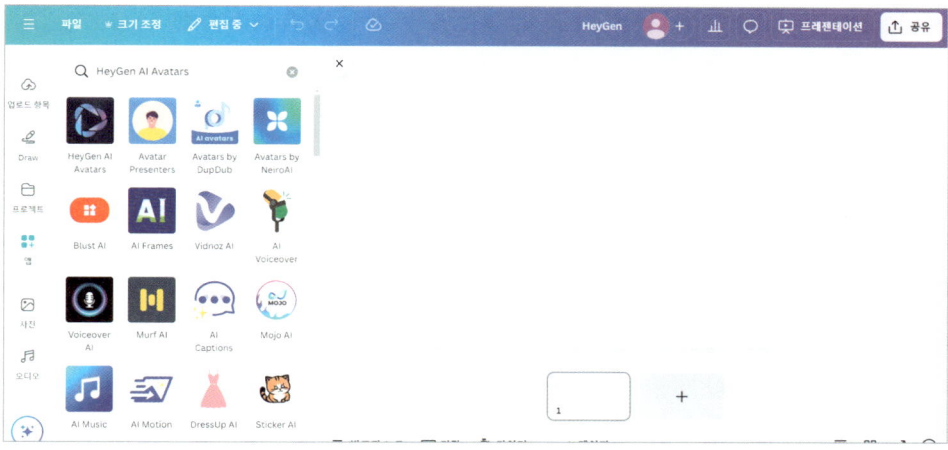

그림 10-20. 'HeyGen AI Avatars' 실행

2) 아바타 선택하기

앱에 들어가면 여러 종류의 아바타 템플릿이 나옵니다. 성별과 나이에 따라 원하는 아바타를 선택할 수 있습니다.

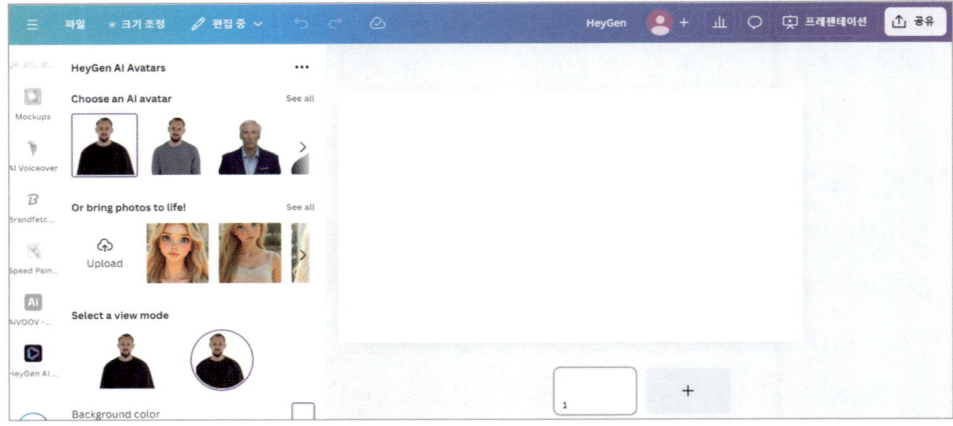

그림 10-21. 'HeyGen AI Avatars' 실행 후 아바타 선택하기

'Or bring photos to life!'에서 'Upload' 버튼을 눌러 자신의 컴퓨터에 저장되어 있는 이미지 파일을 불러옵니다. 예를 들어 역사적 인물을 소개하려면 '세종대왕'의 이미지를 업로드하여 아바타로 만들 수 있습니다. 이렇게 하면 학생들이 역사적 인물에 대해 더욱 생생하게 배울 수 있습니다.

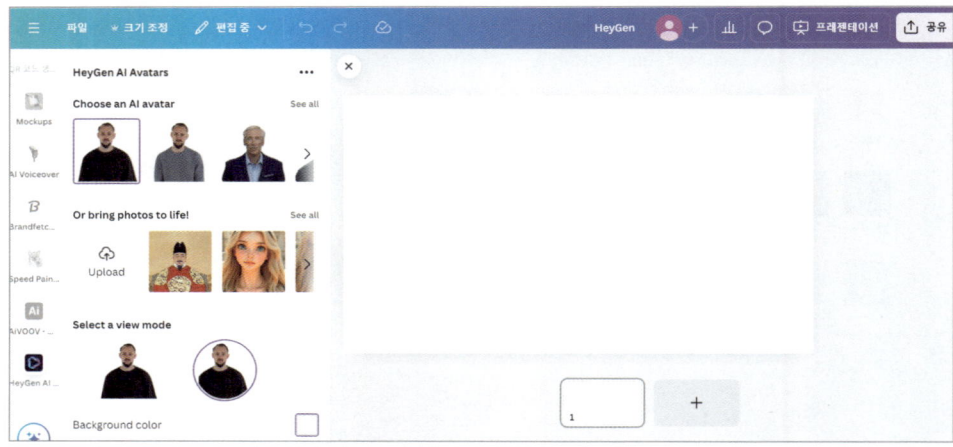

그림 10-22. 세종대왕 이미지 파일이 업로드된 모습

3) 뷰 모드 설정하기

아바타를 선택한 후에는 영상의 프레임을 결정할 뷰 모드를 설정해야 합니다. **사각형**이나 **원형** 등 여러 형태 중에서 선택할 수 있으며 아바타가 어떻게 표현될지를 결정 짓습니다. 상황에 맞는 형태를 선택하는 것이 중요합니다. 그리고 '**Background color**'에서 아바타 배경색을 선택할 수 있습니다.

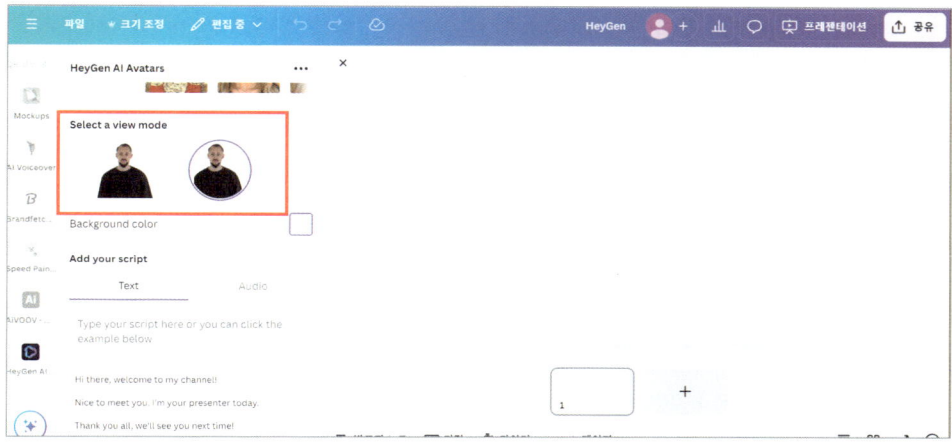

그림 10-23. 뷰 모드 설정하기

4) 텍스트 입력하기

다음 페이지에는 그 지역의 언어로 인사말을 적고 싶다면 [앱]에서 [translation] 앱을 사용할 수 있습니다.

이제 아바타가 말할 내용을 입력합니다. 텍스트 입력란에 문장을 주의 깊게 입력해야 하는데 각 문장 사이에 띄어 쓰기를 하지 않고 붙여서 입력하면 AI가 두 문장을 이어서 말하게 됩니다. 그래서 각 문장을 엔터키로 구분하여 입력하는 것이 필요합니다. 이렇게 입력한 텍스트는 HeyGen AI 아바타가 자연스러운 음성으로 변환하여 아바타가 말하게 만듭니다.

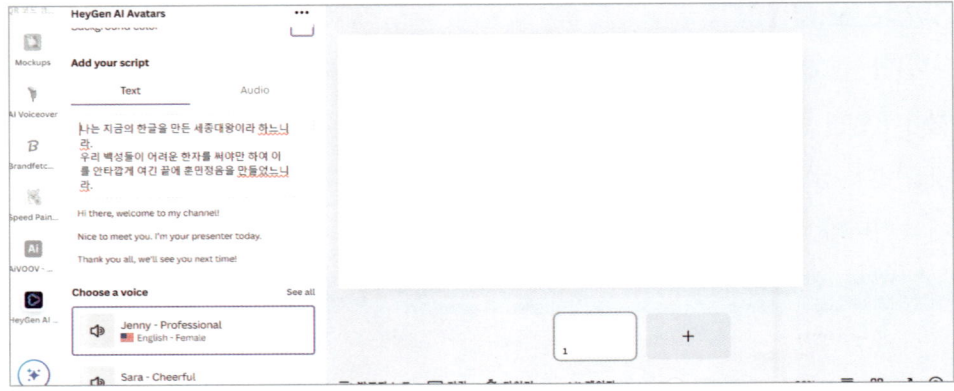

그림 10-24. 텍스트 입력하기

5) 언어 및 목소리 선택하기

HeyGen AI Avatars는 다양한 언어와 목소리 옵션을 제공합니다. 한국어는 두 가지 음성이 제공되므로 인물의 특징에 맞는 목소리를 선택하면 됩니다. 모든 설정이 끝나면 **[Generate AI Video]** 버튼을 눌러 영상을 생성합니다.

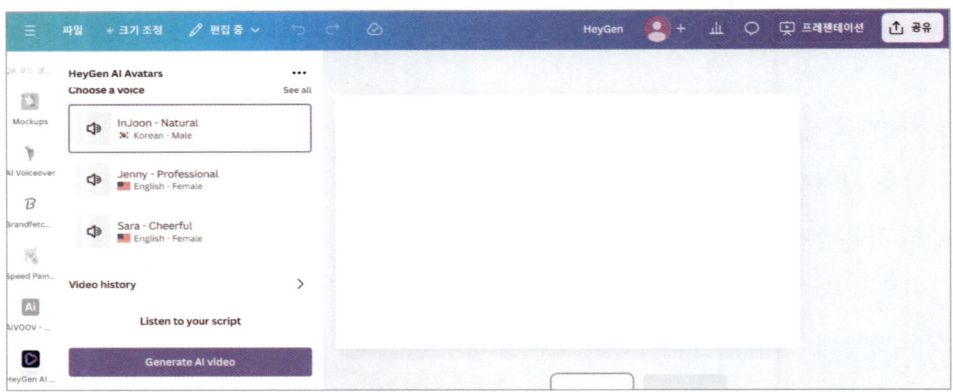

그림 10-25. 아바타 목소리 설정하기

그림 10-26. 완성된 세종대왕 AI Avatar

6) 배경 및 커스터마이징

영상이 생성되면, 더 멋지게 만들기 위해 배경을 추가하거나 텍스트와 이미지를 넣는 등 커스터마이징할 수 있습니다. 적절한 배경을 선택하고 필요한 요소를 추가하면 영상의 품질이 더욱 높아집니다.

※ 수업 사례 아이디어: 딥페이크 활용 기술 찬반 토론

딥페이크 기술을 보여준 후, 학생들에게 이 기술을 사용할 때의 장단점에 대해 찬반 토론을 진행할 수 있습니다. 학생들이 각자의 관점에서 기술의 윤리적, 사회적 문제를 논의할 기회를 제공하고, 자신의 의견을 정리하며 다른 사람의 의견도 경청하는 능력을 기를 수 있습니다. 기술에 대한 이해가 깊어지고 비판적 사고를 키울 좋은 기회가 될 것입니다.

장점	단점
- **창의적 콘텐츠 생성**: 역사적 인물 소개뿐만 아니라 영화나 광고 등의 다양한 콘텐츠 쉽게 제작 가능. - **역사 교육의 도구**: 역사적 인물의 아바타를 통해 학생들은 과거의 인물이나 사건을 더 생동감 있게 배울 수 있어 흥미를 유발. - **접근성 향상**: 다양한 언어와 목소리 옵션을 통해, 많은 사람에게 정보를 효과적으로 전달.	- **오용 가능성**: 딥페이크 기술이 잘못 사용될 경우, 부정확한 정보나 가짜 뉴스가 퍼져 신뢰성 저하 및 범죄 악용 가능성. - **윤리적 문제**: 인물의 동의 없이 그들의 이미지나 목소리를 사용했을 때 발생하는 초상권 문제 및 윤리적 문제 발생. - **신뢰도 저하**: 딥페이크 기술로 만들어진 영상은 진짜와 가짜를 구별하기 어렵게 만들어 사회 혼란 조장.

11 SNS 영상 만들기

캔바는 사용자 친화적인 영상 편집 인터페이스를 제공합니다. 영상 편집 경험이 없는 사람도 다양한 템플릿과 요소를 활용하여 짧은 시간 안에 전문적인 영상을 만들 수 있습니다. 영상 소스가 없는 초보자도 풍부한 미디어 라이브러리를 통해 이미지, 비디오클립, 음악 등을 손쉽게 추가하여 창의적이고 풍성한 영상을 제작할 수 있습니다. 캔바 내의 미디어 라이브러리를 활용한 영상 제작을 차근차근 배워봅시다.

가. 숏폼 제작하기

틱톡, 유튜브 숏츠, 인스타그램 릴스와 같은 9:16 사이즈의 숏폼 영상도 캔바를 활용하여 간편하게 제작할 수 있습니다. 영상 편집부터, 효과, 자막까지 차근차근 따라하며 나만의 숏폼 영상을 완성해 봅시다.

캔바를 실행하여 메인 화면의 디자인 양식 중 **[동영상]**을 클릭하고, 모바일 동영상 (1080×1920px)을 선택합니다.

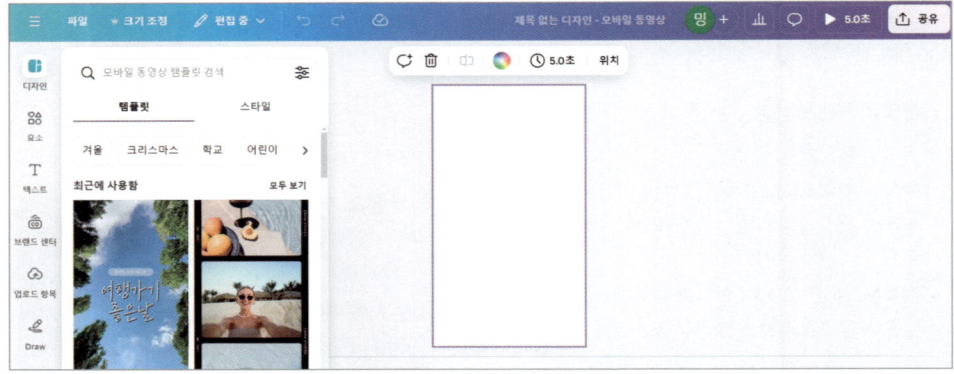

그림 11-1. 모바일 영상 템플릿 생성

9:16 사이즈의 영상 템플릿 페이지가 생성되었습니다. 실습을 통해 '**생활 속 살림 꿀팁**'을 주제로 한 영상을 만들어 봅시다. 영상 스타일은 발랄하고 통통 튀는 즐거운 느낌이며, 사람들에게 정보를 전달하는 영상입니다.

1) 영상 입력하기

좌측 메뉴에서 [요소]를 클릭하고 검색창에 영상 주제 키워드를 검색합니다. 실습 주제가 생활 속 살림 꿀팁이므로 '청소, 깨끗' 등을 검색합니다. 16:9, 9:16 사이즈의 영상 샘플을 모두 살펴볼 수 있습니다.

검색 결과로 세로형 영상만 보고 싶다면 검색창 오른쪽의 **[검색 옵션]**을 열어서 비율 설정을 **[세로형]**으로 체크하여 세로형 영상 자료만 살펴볼 수 있습니다.

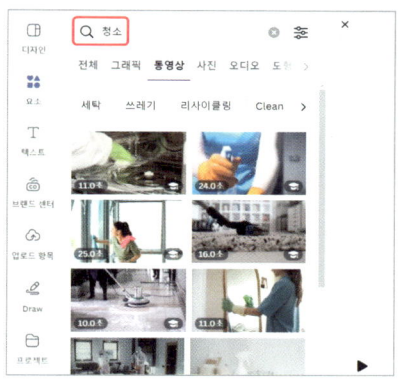

그림 11-2. 청소 영상 검색하기

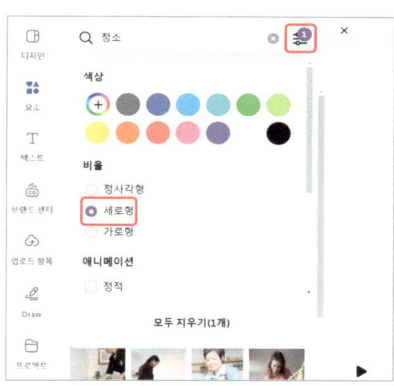

그림 11-3. 영상 검색 옵션 세로형 영상

사용할 영상을 클릭하여 페이지 중앙에 영상을 삽입합니다.

그림 11-4. 청소 영상 페이지 중앙 삽입

2) 영상 편집 페이지에 맞게 설정하기

이제 영상을 편집 페이지에 채워 봅시다. 영상을 편집 페이지에 채우는 두 가지 방법 '영상 잠금 설정하기', '영상 배경으로 설정하기'를 살펴봅시다.

첫 번째 방법, **영상 잠금 설정하기**입니다.

01   영상 사이즈를 템플릿 사이즈에 맞춰 확대합니다.

02   영상을 선택하고 **[마우스 오른쪽 버튼] – [잠금]**을 선택합니다. 잠금을 선택하면 영상이 움직이지 않고 고정됩니다. 잠금을 하는 까닭은 영상 위에 올릴 텍스트와 일러스트 요소 등을 편집할 때 영상이 움직이는 것을 방지하기 위함입니다.

그림 11-5. 영상 잠그기

두 번째 방법, **영상을 배경으로 설정하기**입니다.

01   영상을 선택하고 **[마우스 오른쪽 버튼]**을 클릭합니다.

02   **[동영상을 배경으로 설정합니다]** 옵션을 클릭합니다. 이제, 동영상을 드래그해도 움직이지 않는 것을 확인할 수 있습니다.

03   동일한 방법으로 아래에 '+' 버튼을 클릭하여 페이지를 추가하고 영상을 한 개 더 추가합니다.

그림 11-6. 영상 배경으로 설정하기

3) 영상 컷 편집과 속도 조절하기

이제 영상의 길이를 편집해 보겠습니다. 영상 길이를 편집하는 방법은 '**컷 편집**'과 '**재생 속도**', 두 가지가 있습니다.

첫 번째 방법, **컷 편집하여 영상 길이 조절하기**입니다. 첫 번째 페이지 영상을 사용하여 컷 편집에 대해서 알아봅시다.

01 화면 아래쪽 영상 타임라인에서, 영상을 자르고 싶은 부분을 클릭하여 **커서를 위치**시킵니다.

02 커서 위치에서 **[마우스 오른쪽 버튼]**을 클릭합니다.

03 **[페이지 분할]**을 클릭하여 컷 편집을 실행합니다.

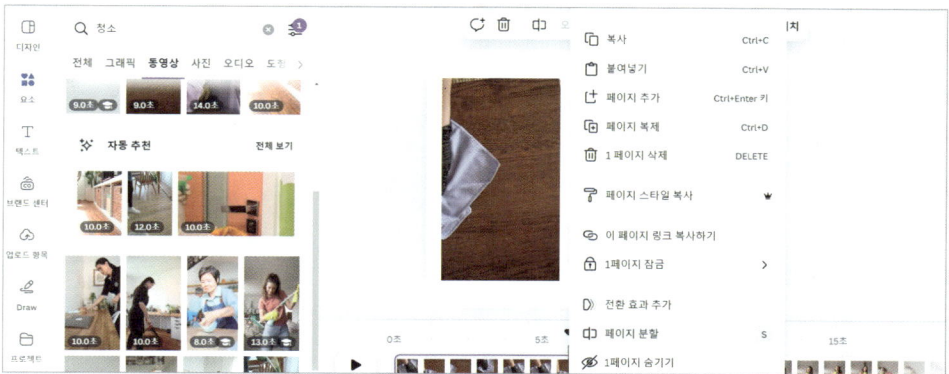
그림 11-7. 영상 페이지 분할하기

단축키를 사용하는 방법으로는 원하는 곳에 커서를 둔 채로 키보드의 **S 키**를 눌러 간편하게 컷 편집을 할 수 있습니다. 또는 원하는 곳에 커서를 둔 채 **상단 편집 툴바**에서 **[페이지 분할] 버튼**을 사용하여 컷 편집을 할 수 있습니다.

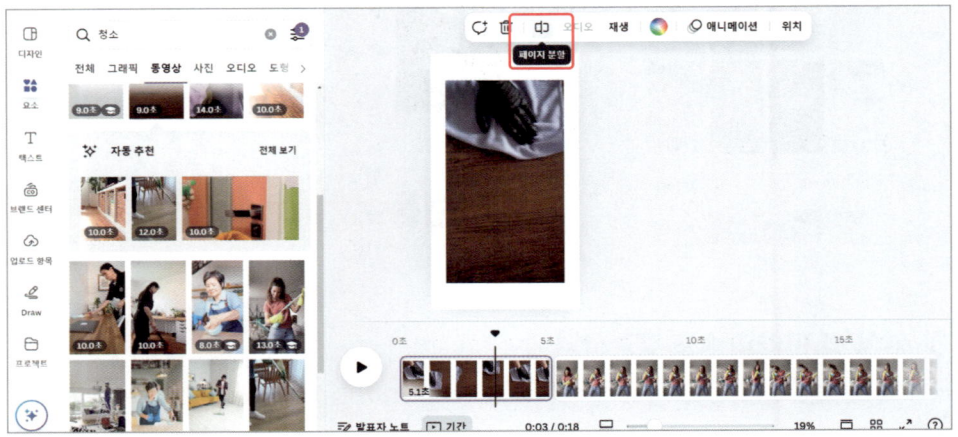

그림 11-8. 상단 편집 툴바 페이지 분할

04 이제 사용하지 않는 영상은 클릭하여 선택하고 키보드 **delete 키** 또는 **마우스 우클릭 – [1 페이지 삭제]**를 선택하여 삭제합니다.

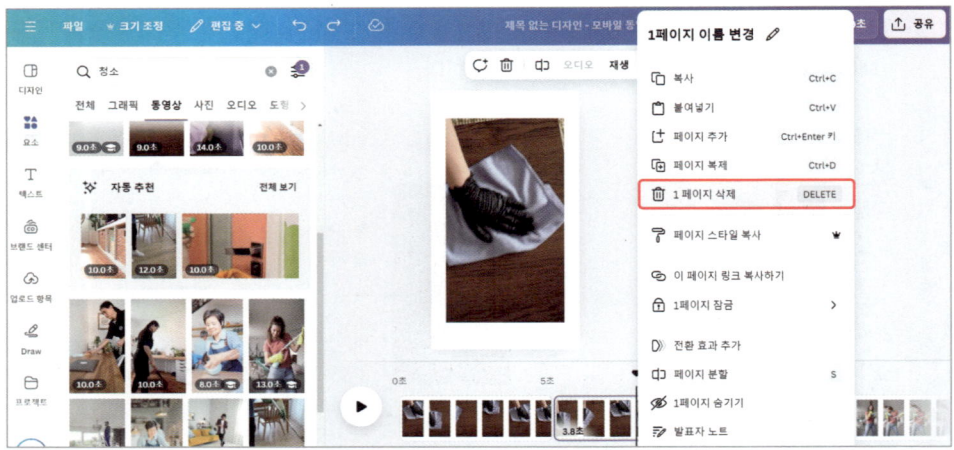

그림 11-9. 분할 페이지 삭제

두 번째 방법, **동영상 재생 속도 조절하여 영상 길이 편집하기**입니다. 두 번째 페이지 영상을 사용하여 동영상 재생 속도를 조절하여 영상 길이를 편집하는 방법을 알아봅시다.

01 페이지 내의 **동영상 클릭** – 화면 상단 툴바에서 **[편집]**을 클릭합니다. 화면 왼쪽에 뜨는 편집 화면에서는 조정에서 화이트 밸런스, 색상 등을 편집할 수 있고, 필터와 오디오, 재생 속도를 원하시는 스타일로 편집할 수 있습니다.

02 아래 부분에서 **[동영상 속도]**를 조절합니다. 커서를 움직여 속도를 정하거나, 오른쪽 박스에서 구체적인 숫자를 입력할 수 있습니다. 이번 실습에서 발랄하고 통통 튀는 느낌으로 영상을 제작하고자 하므로 빠른 속도의 영상을 만들어 보겠습니다. **재생 속도를 1.5 정도로 설정하여** 영상 길이를 줄여봅시다.

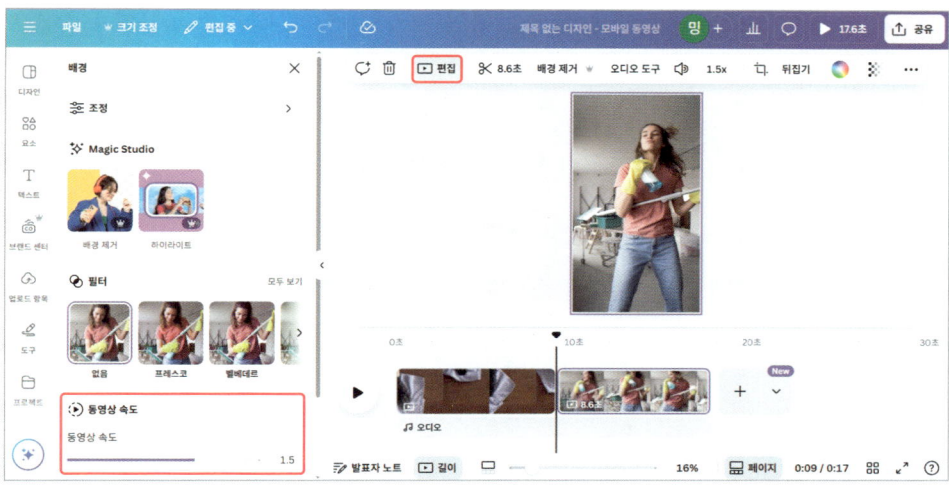

그림 11-10. 재생 속도 조정하기

4) 자막 입력하기

이제 영상에서 전달하고자 하는 정보를 자막으로 입력합니다. 좌측 메뉴 탭에서 텍스트 선택 후 텍스트 상자에 아래와 같이 자막을 입력해 봅시다.

1페이지	2페이지
주방 살림 꿀팁 친환경 세제 과탄산 소다로 주방을 깨끗하게 하는 방법 지금부터 잘 보세요!	과탄산소다로 하수구 청소하기 과탄산소다로 냄비 찌든 때 제거하기 과탄산 소다로 행주 찌든 때 제거하기

입력한 텍스트를 선택하여 상단 텍스트 편집 툴바로, 영상 분위기에 어울리는 글 꼴과 텍스트의 색깔을 선택합니다. 이렇게 자막을 배치해도 배경의 선명한 이미지로 글자를 읽는데 가독성이 떨어지는 경우가 많습니다. 이때 자막을 한눈에 쉽게 인식 하도록, 가독성을 높이는 화면 편집 방법을 알아봅시다.

그림 11-11. 글꼴 정하기

첫 번째 방법은, **텍스트 효과 설정하기**입니다.

01 텍스트를 선택하고 편집 화면 상단의 **[효과]**를 클릭합니다.

02 **테두리, 배경** 등의 효과를 사용하여 텍스트의 테두리를 설정하고 가독성을 높입니다. 이때 테두리, 배경의 색상을 영상 속 색깔로 추출하여 사용하면 더 자연스럽게 연출할 수 있습니다. **[더 하기] 버튼 클릭 – [스포이드] 클릭** – 영상 속 **원하는 색을 추출하는 방법**을 사용해 봅시다.

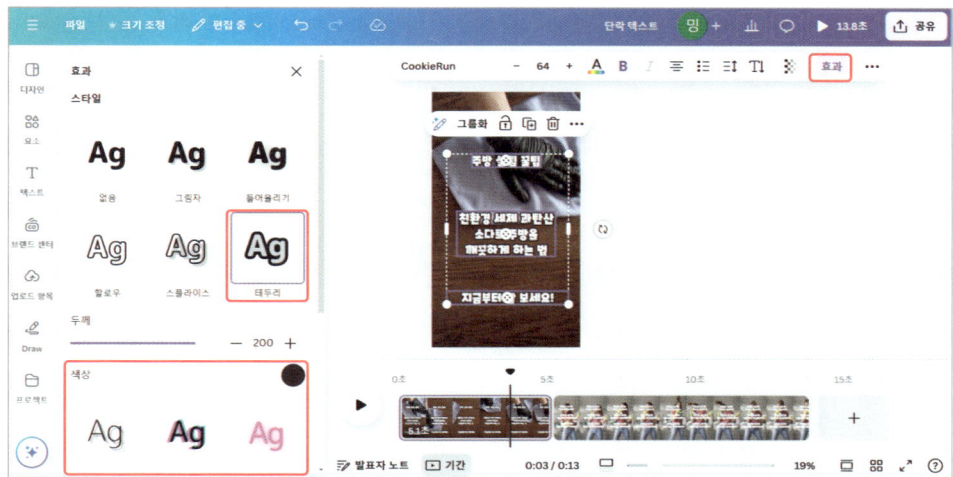

그림 11-12. 배경 효과 정하기

그림 11-13. 배경 색상 추출하기

두 번째 방법은 **배경 동영상의 투명도 조절하기**입니다.

01   배경을 클릭하여 영상을 선택합니다.

02   상단 영상 편집 툴바에서 **[투명도 설정]** 버튼을 클릭합니다. 영상 위 텍스트가 잘 보일 정도의 영상 투명도를 설정합니다.

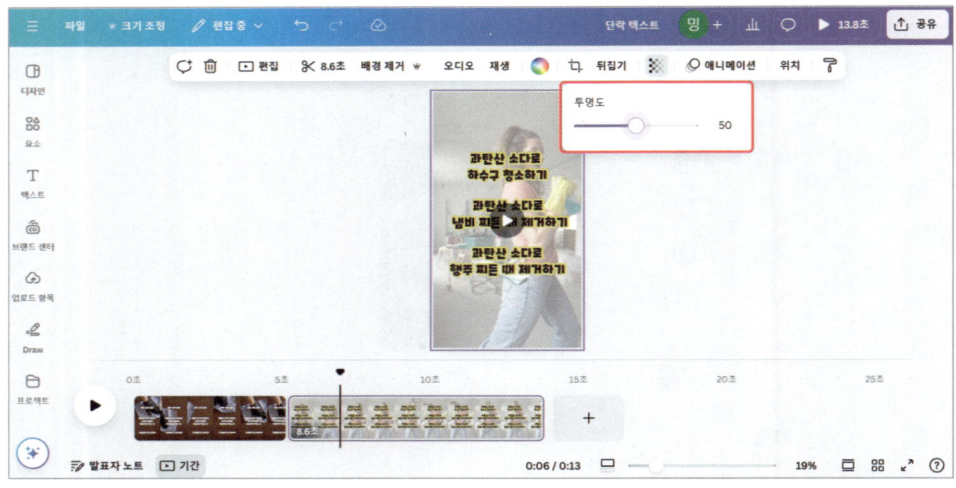
그림 11-14. 투명도 설정하기

세 번째 방법, **도형 요소를 자막 아래 배치하기**입니다.

01 좌측 **메뉴** 바에서 − **[요소]** − 기본 도형 중 사용하고 싶은 도형을 글자 아래에 배치합니다. 이 방법 역시 도형의 색상을 선택할 때 **더하기(+) 버튼 − [스포이드]**를 사용해 영상 내의 색상으로 선택하시면 더 자연스럽게 영상을 제작할 수 있습니다. 색상 편집 완료 후 도형 레이어를 텍스트 레이어보다 뒤로 보냅니다.

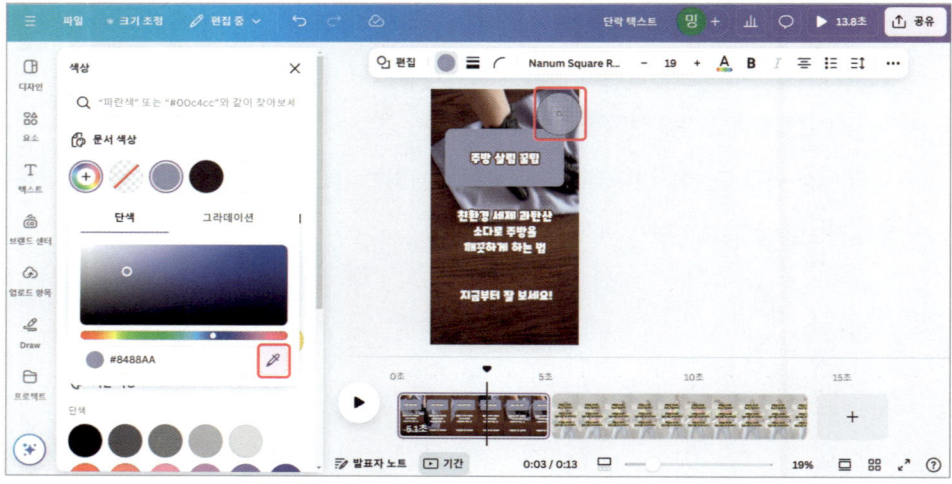
그림 11-15. 배경 상자 정하기

네 번째 방법, **영상 내 텍스트 및 도형 요소를 고르게 정렬하기**입니다.

고르게 정렬하고 싶은 텍스트 및 요소를 **shift 키를 누른 상태로** 동시 선택합니다. **마우스 오른쪽 버튼 클릭 – [고르게 띄우기] – [깔끔하게 정리]**를 실행하면 간편하게 요소를 화면에 깔끔하게 배치할 수 있습니다.

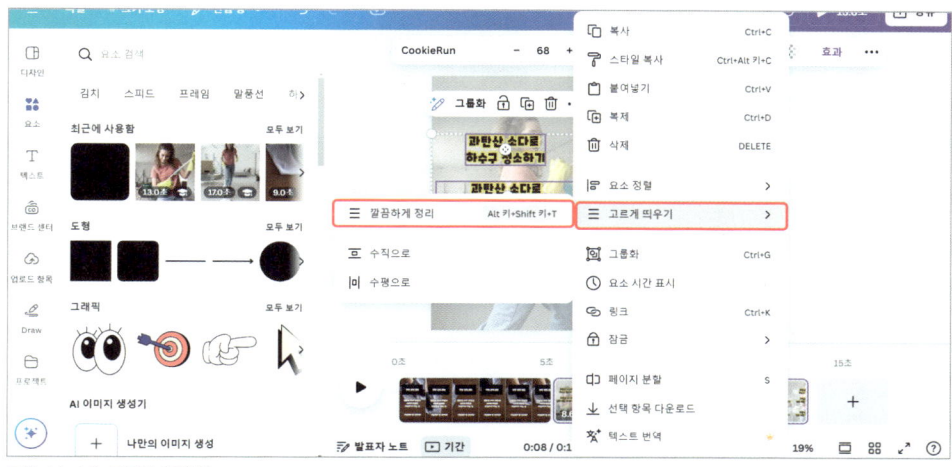

그림 11-16. 고르게 띄우기

5) 애니메이션 효과, 화면 전환 효과 설정하기

인트로 영상에 애니메이션과 화면 전환 효과를 넣어 영상을 생동감 넘치게 꾸며봅시다.

애니메이션 효과를 줄 텍스트를 선택하고 상단 텍스트 편집 툴바에서 **[애니메이션]**을 클릭하여 원하는 효과를 설정합니다.

개별 텍스트 및 요소마다 애니메이션을 설정하거나, 에니메이션 편집 페이지 상단 메뉴에서 **[페이지]** 탭을 선택하여 페이지 전체의 모든 텍스트와 요소에 대해서 애니메이션을 한 번에 설정할 수 있습니다.

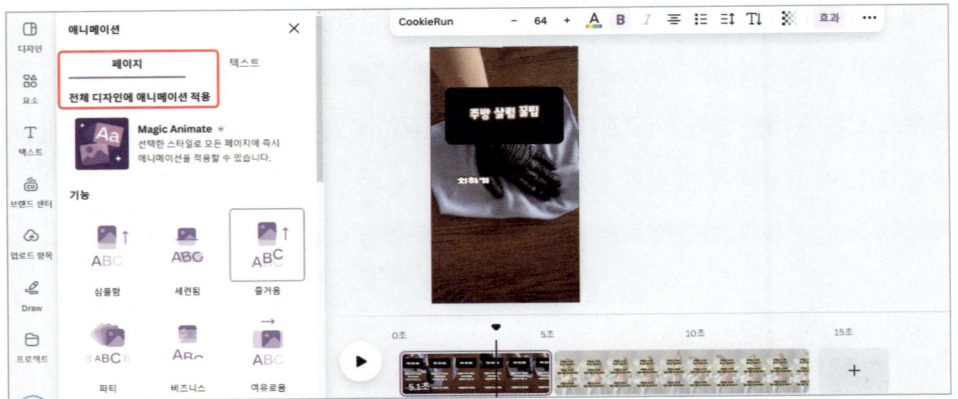

그림 11-17. 페이지 애니메이션 창

　화면 전환 효과를 설정해 봅시다. 첫 번째 페이지를 클릭하고 **[마우스 오른쪽 버튼]** 클릭 – **[전환 효과 추가]**를 선택합니다.

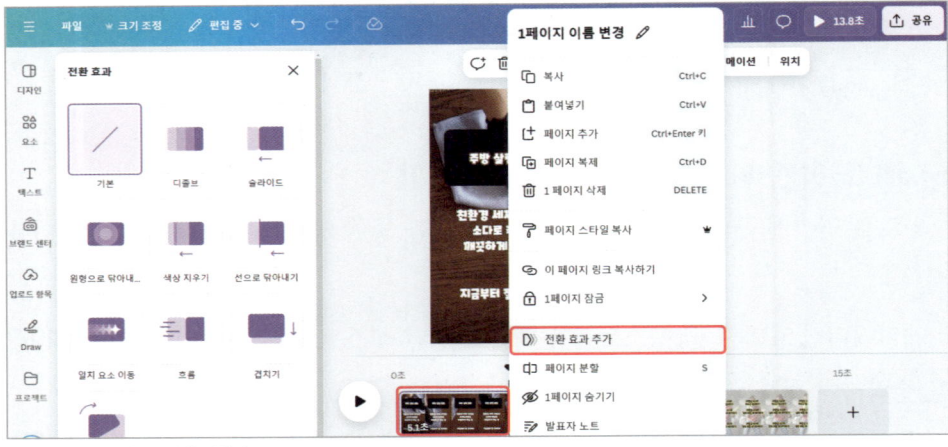

그림 11-18. 전환 효과 추가하기

　각 효과마다 색상, 전환 효과의 방향을 구체적으로 설정할 수 있습니다. 원하는 스타일에 맞게 선택합니다.

그림 11-19. 전환 효과 방향 설정하기

6) 그래픽 일러스트 요소를 사용하여 영상 꾸미기

좌측 메뉴바에서 **[요소]**를 클릭하고 검색창에 **'강조' 또는 '효과'를 검색**합니다. 검색 옵션 창을 열어 **[애니메이션]**을 체크합니다. 움직이는 애니메이션 효과 그래픽만을 모아 볼 수 있습니다. 원하는 효과를 선택하여 영상을 꾸밉니다.

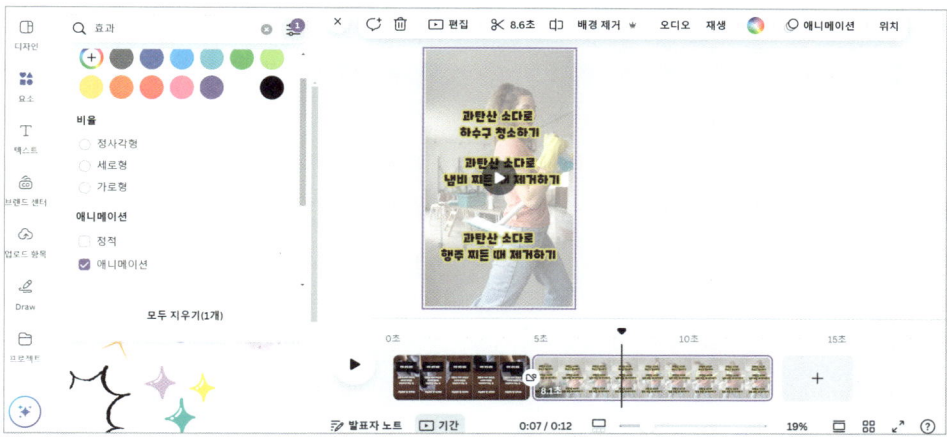

그림 11-20. 애니메이션 효과 검색하기

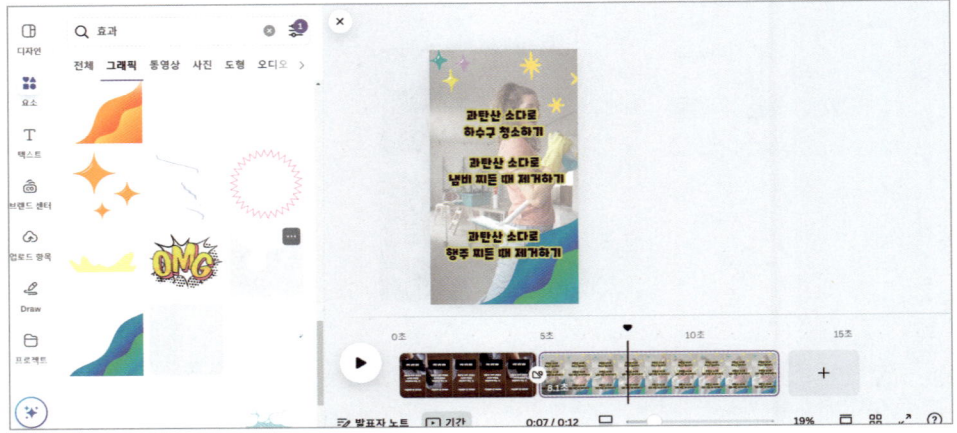

그림 11-21. 옵션 선택 후 애니메이션 검색 결과

7) 쇼츠 배경음악 설정하기

왼쪽 메뉴 탭에서 [앱]을 선택하고 아래로 스크롤을 내려 [오디오] 아이콘을 클릭합니다. 설정하고 싶은 음악의 분위기를 '신나는', '행복한'과 같이 검색하여 음악을 삽입합니다.

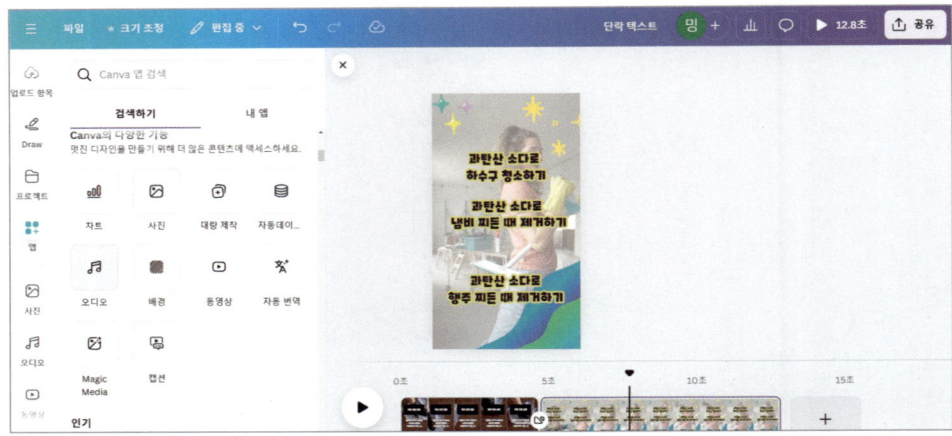

그림 11-22. 앱 오디오 실행하기

음악을 적용할 부분을 설정하고, 상단 오디오 편집 툴바에서 사용하고 싶은 음악의 볼륨, 페이드 등을 설정합니다.

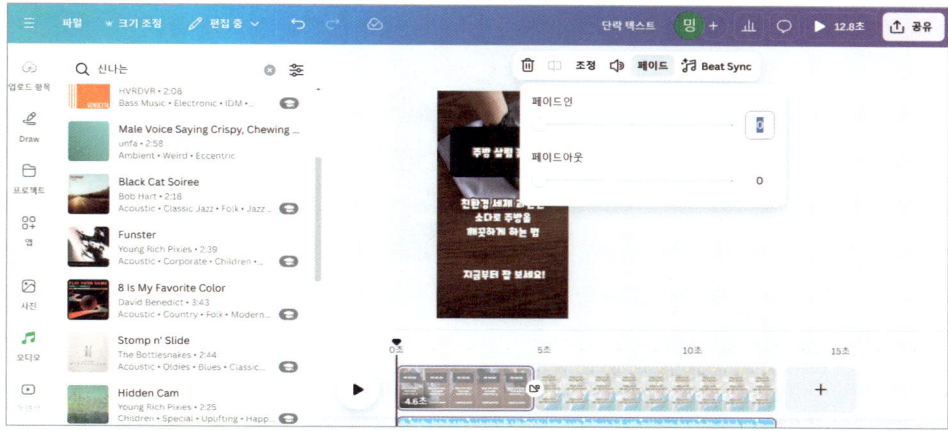

그림 11-23. 페이드인 조정하기

8) 완성 및 추출하기

완성된 영상은 오른쪽 위의 **[공유]** 버튼을 클릭하여 영상 파일로 다운로드할 수 있습니다.

그림 11-24. 공유 파일 다운로드하기

[더 보기]를 클릭하여 **소셜 미디어로 바로 업로드**할 수도 있습니다.

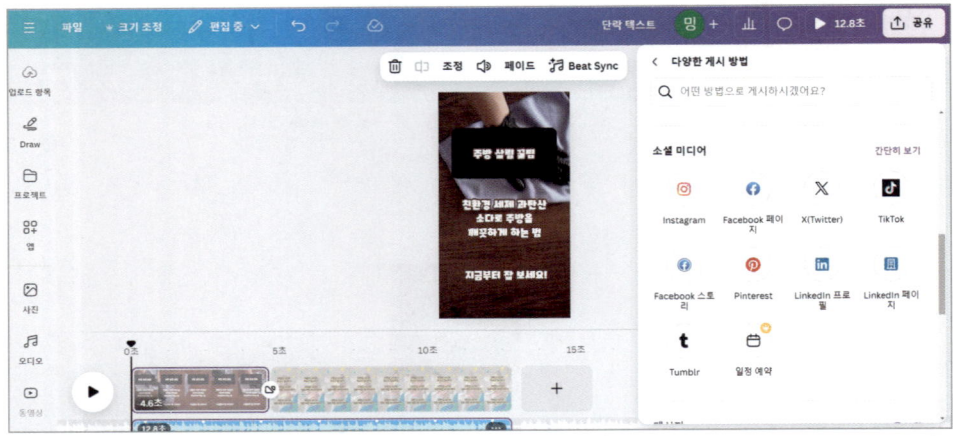

그림 11-25. 공유 소셜 미디어 업로드

9) 디자인 템플릿 안내

지금까지 빈 템플릿부터 시작하여 직접 영상과 텍스트, 요소를 배치하여 숏폼 영상을 제작하는 방법을 알아보았습니다. 하지만, 더 간편하게 캔바에서 제공하는 디자인 템플릿을 활용할 수도 있습니다. 좌측 메뉴의 [디자인]을 클릭하면 사용할 수 있는 세로형 영상 템플릿을 살펴볼 수 있습니다.

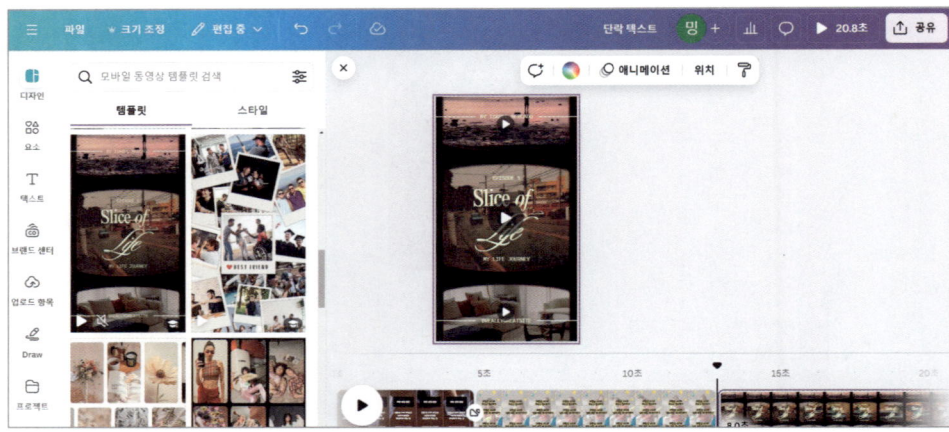

그림 11-26. 기존 세로형 영상 템플릿 사용하기

캔바 디자인 템플릿에 기존 영상을 삭제하고, [메뉴] – [업로드 항목]에 직접 찍은 영상을 업로드합니다. [프레임] 속에 **드래그 앤드 드롭**으로 직접 찍은 영상을 넣어 감각적인 나만의 쇼츠를 제작할 수 있습니다.

그림 11-27. 템플릿 속 영상 삭제하기

나. 유튜브 인트로 영상 만들기

세로형 영상 템플릿이 제공되는 것처럼, 유튜브 인트로 영상도 디자인 템플릿을 활용하여 캔바에서 간편하게 편집할 수 있습니다.

캔바 템플릿 메뉴에서 [동영상]을 클릭하여 동영상(가로형) 1920×1080 px을 선택합니다.

이제 좌측 메뉴에서 **[디자인]**을 클릭하고, 검색창에 '**Youtube 인트로**'라고 검색합니다. 다양한 템플릿 중 나의 영상 스타일에 맞는 디자인을 선택합니다. 템플릿에 기본으로 삽입된 영상을 변경해 봅시다.

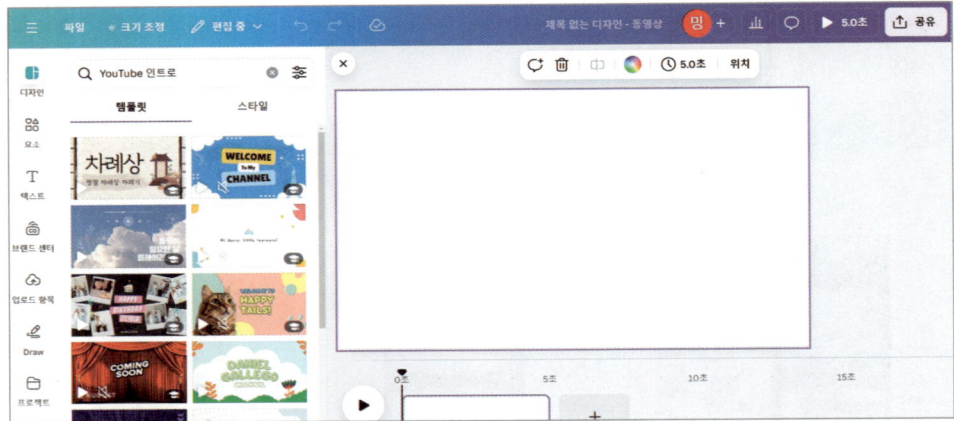

그림 11-28. 디자인 유튜브 인트로 검색하기

템플릿에 사용된 배경 영상을 변경하시고 싶으시면, **영상 선택 후 – 마우스 오른쪽 버튼 클릭 – [배경을 삭제합니다]** 또는 **[배경에서 동영상을 분리합니다]**를 클릭합니다.

그림 11-29. 템플릿 배경 영상 삭제하기

이제 내가 사용하고 싶은 영상을 왼쪽 메뉴 [업로드 항목]에 업로드하여 **[영상 선택] – [마우스 오른쪽 버튼] 클릭 – [동영상을 배경으로 설정]**하면 템플릿에 내가 원하는 영상을 적용할 수 있습니다.

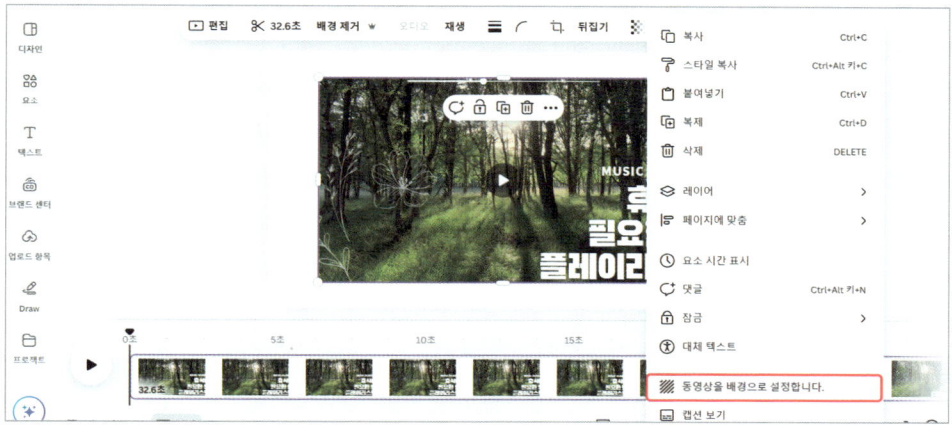

그림 11-30. 템플릿 배경 영상 설정하기

템플릿의 영상을 변경하는 또 다른 방법은 **영상 분리하기**입니다. 영상 템플릿 중 아래와 같이 여러 가지 영상이 동시에 사용된 경우가 있습니다. 캔바 프레임 기능을 활용하여 영상이 제작된 디자인 템플릿입니다.

삭제하고 싶은 영상을 클릭하여 선택하고 **[마우스 오른쪽 버튼] 클릭 - [동영상 분리하기]를 클릭**하여 기존의 영상을 프레임에서 분리하고 삭제합니다.

그림 11-31. 영상 분리하기

프레임은 그대로 두고, 내가 사용하고 싶은 영상을 가져와 **비어 있는 프레임** 위에 **드래그 앤드 드롭**으로 올려놓으면, 프레임 모양과 사이즈에 맞춰 영상이 배치됩니다.

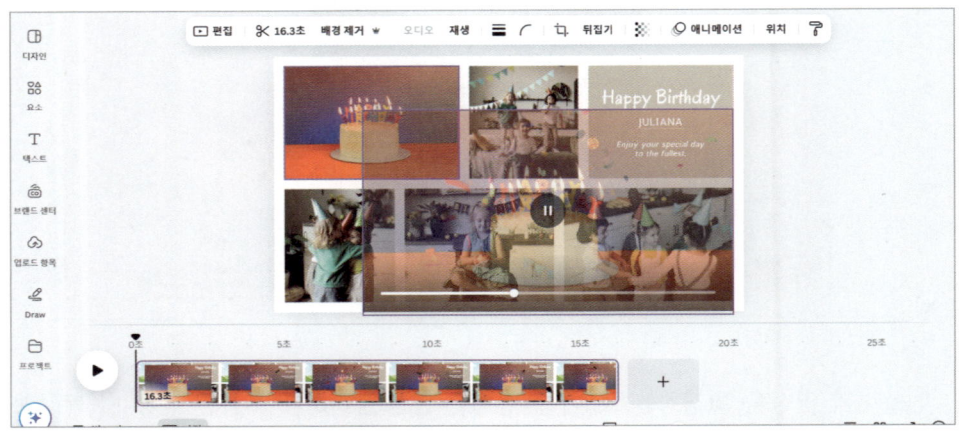

그림 11-32. 영상 프레임에 드래그 앤드 드롭하기

이제 디자인 템플릿의 텍스트를 편집하고, 그래픽 요소를 추가하여 영상을 꾸며줍니다. 완성된 인트로 영상은 오른쪽 위의 [공유] 버튼을 클릭하여 다운로드받아 파일로 저장할 수 있습니다. 저장한 인트로 영상 파일을 유튜브 영상 앞에 붙여 나만의 색깔 있는 채널을 운영해 보시기 바랍니다.

그림 11-33. 영상 템플릿 완성본

다. 나의 모습, 목소리 넣은 영상 만들기

강의 영상 중 강의자가 우측 하단에 배치되어 말하는 영상이나, 뉴스 등의 방송 화면 우측 하단에서 수어 통역사의 수어 영상이 배치된 것을 볼 수 있습니다. 캔바의 **[직접 녹화하기 기능]**을 사용하면 선생님도 지금 앉은 자리에서 위의 강의 영상, 뉴스 수화 영상처럼 나의 모습을 포함한 영상을 만들 수 있습니다. 실습을 통해 자세한 사용 방법을 알아봅시다.

※ 이 기능을 사용하기 위해서는 카메라가 있는 노트북 또는 컴퓨터의 웹캠이 필요합니다.

1) 영상, 프레젠테이션 열기

선생님께서 나의 모습 영상을 넣고 싶은 '**영상**' 또는 강의 영상으로 제작하고 싶은 '**프레젠테이션**'을 캔바에서 실행합니다. 캔바에서는 프레젠테이션을 자동 재생하여 동영상으로 다운로드하는 서비스를 제공합니다. 그래서 영상뿐만 아니라 프레젠테이션으로도 나의 모습이 들어간 영상 제작이 가능합니다. 이번 실습에서는 프레젠테이션을 사용하여 영상을 제작해 보겠습니다.

2) 녹화하기

프레젠테이션을 실행하고 좌측 메뉴에서 [업로드 항목]을 클릭합니다. [파일 업로드] 버튼 아래의 [직접 녹화하기] 버튼을 클릭합니다.

그림 11-34. 직접 녹화하기 버튼 실행

다음과 같이 녹화 스튜디오 창이 실행됩니다. 나의 모습을 비추는 동그란 영상은 드래그 앤드 드롭으로 위치를 정하실 수 있습니다. 나의 모습 영상은 녹화가 완료된 이후에도 **영상 위치와 크기를 조정**할 수 있습니다. 나의 영상 위에 보이는 [상단 편집 바]를 사용하여 나의 영상을 설정할 수 있습니다.

그림 11-35. 녹화 스튜디오 창 실행

카메라 필터	필터 효과, 필터 강도 설정 가능
피부 보정 효과	피부 잡티 제거 기능, 강도 설정 가능
도형 변경	원형, 직사각형 중 선택 가능
미러 카메라	영상 좌우 반전 효과
카메라 off	캔바 계정 아이콘을 사용하여 녹화 가능

화면 중앙의 **[녹화]** 버튼을 클릭하면 3초의 카운트다운 후 녹화가 시작됩니다.

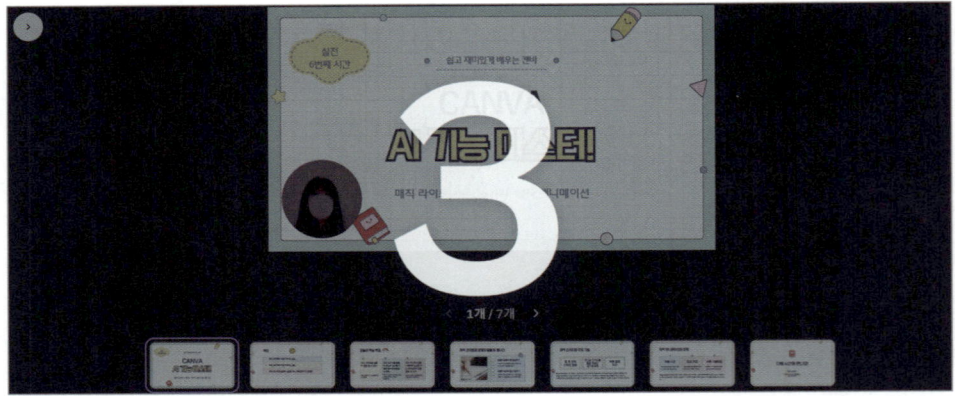

그림 11-36. 3초 카운트다운 후 녹화

각 페이지마다 개별 영상으로 저장되어 녹화가 되므로 하단의 **화살표(>)**를 사용하여 화면을 넘기며 각 페이지마다 녹화합니다. 페이지를 넘기면 아래의 녹화 영상이 0:00 초로 리셋되며 새롭게 녹화가 시작되는 것을 확인할 수 있습니다. 모든 페이지에 녹화 영상이 필요하지 않은 경우 **내 모습을 넣고 싶은 페이지만 선택할 수도 있습니다.**

실습하고 있는 프레젠테이션이 아닌 캔바 동영상 편집의 경우에도 영상 페이지마다 개별 녹화되므로, 오른쪽 화살표로 페이지를 넘기거나 특정 페이지를 선택하여 녹화하면 됩니다.

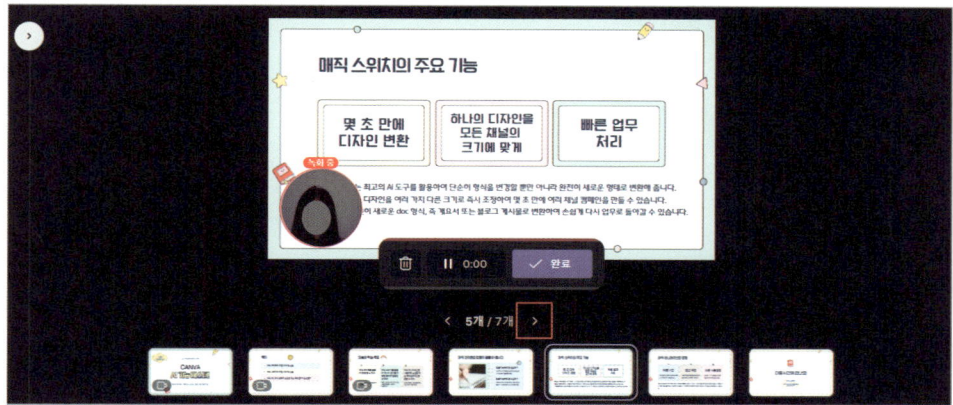

그림 11-37. 화면 녹화 영상 넘기기

녹화를 완료하면 각 페이지별로 영상이 삽입되어 있습니다. 만약 다시 촬영하고 싶으시면 영상을 클릭하여 선택하고 - [삭제] 클릭 후 다시 녹화합니다. 녹화가 완료되면 화면 오른쪽 위의 [저장 및 종료] 버튼을 눌러 녹화 스튜디오를 종료합니다.

녹화 스튜디오를 종료하면 방금 녹화한 영상이 각 페이지별로 삽입된 것을 확인할 수 있습니다. 영상을 드래그하셔서 위치와 크기를 조정할 수 있습니다. 영상을 클릭하면 화면 위의 영상 편집 툴바가 나타납니다. 영상 편집 툴바를 사용하여 녹화한 영상을 편집할 수도 있습니다.

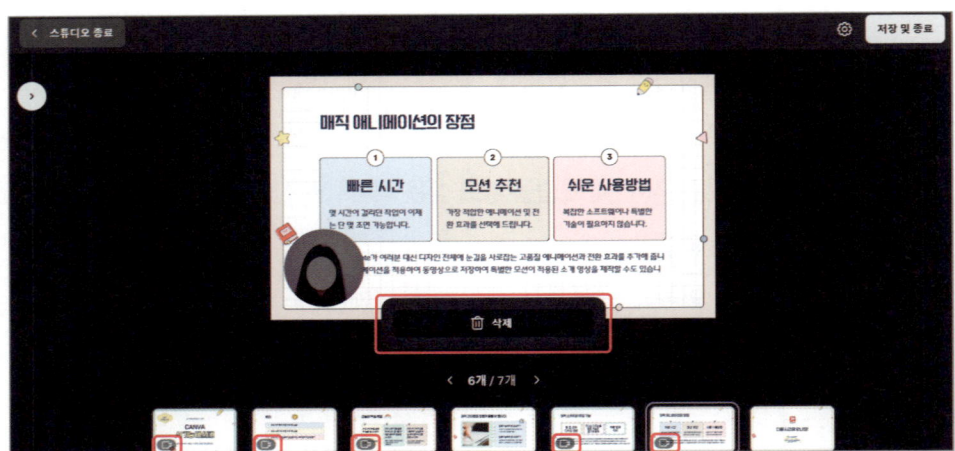
그림 11-38. 녹화 스튜디오 영상 삭제하기

3) 녹화 영상 확인하기

화면 우측 상단의 [프레젠테이션]을 클릭하고 [자동 재생]을 선택하여 [프레젠테이션]을 클릭합니다. 나의 모습과 목소리가 자동으로 재생되며 프레젠테이션이 영상처럼 재생되는 것을 확인할 수 있습니다.

그림 11-39. 프레젠테이션 자동 재생

4) 영상 오디오만 추출하기

영상 속의 나의 목소리만 추출하여 사용하는 방법을 알아봅시다.

녹화된 동영상을 클릭하고, **마우스 오른쪽 버튼 - [오디오 추출]**을 클릭합니다.

그림 11-40. 오디오 추출하기

프레젠테이션 페이지 아래에 보라색으로 표시된 오디오 파일이 생성됩니다. 이제 페이지 위 녹화 영상을 클릭하여 삭제합니다. 그래도 아래와 같이 오디오 파일은 그대로 남아 있는 것을 확인할 수 있습니다.

그림 11-41. 오디오 파일 생성 완료

이제 다운로드받아 프레젠테이션과 녹화된 영상들을 하나의 영상 파일로 완성해 봅시다. 화면 우측 상단 **[공유]- [다운로드] - 파일 형식 'MP4 동영상'으로 선택하여 다운로드**합니다.

12 홈페이지 뚝딱 만들고 수업 활용하기

캔바는 포스터, 카드, 프레젠테이션 등 문서형 디자인 작업에 특화된 도구로 널리 알려져 있습니다. 그런데 이 캔바로 웹사이트까지 만들 수 있다는 사실, 혹시 알고 계셨나요?

캔바에서는 별도의 코딩 지식이나 복잡한 설정 없이도 단일 페이지 기반의 직관적인 편집 환경을 통해 홈페이지를 손쉽게 제작할 수 있습니다. 디자인 작업을 하듯 마우스로 간단히 끌어다 놓기만 하면 되기 때문에 부담 없이 시작할 수 있다는 점이 큰 장점입니다.

이번 장에서는 누구나 쉽게 따라 할 수 있도록 웹사이트 제작 기능을 단계별 실습 중심으로 안내합니다. 아울러 이 기능이 실제 교육 현장에서 어떻게 활용되고 있는지 다양한 수업 사례도 함께 소개해 드리겠습니다.

학생들과 소통하고 자료를 공유할 수 있는 특별한 온라인 공간, 지금부터 함께 만들어 봅시다.

가. 웹사이트 페이지 구성하기

1) 웹사이트 템플릿 선택하기

홈 화면의 [웹사이트] 아이콘을 클릭하거나, 상단의 [디자인 만들기] - [웹사이트]를 선택합니다. 또는 검색창에 '웹사이트'를 입력한 후 원하는 템플릿을 선택할 수도 있습니다.

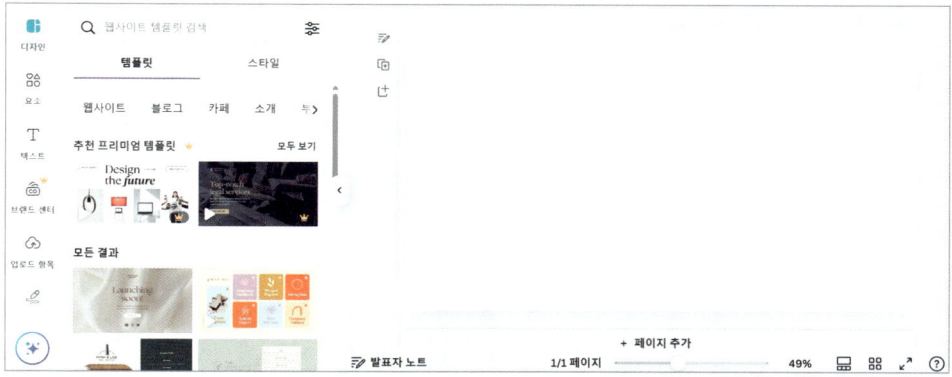

그림 12-1. 웹사이트 제작 시작하기

　웹사이트 제작은 기존의 캔바 디자인 작업과 동일한 환경에서 이루어지며, 좌측 패널에는 웹사이트 제작에 최적화된 템플릿과 레이아웃 구성이 제공됩니다. 기존 작업과 마찬가지로 마음에 드는 템플릿을 선택하여 첫 페이지를 적용할 수 있습니다.

　예시로 '밝은 회색 선별 편집 B2B 비즈니스 웹사이트' 템플릿을 선택해 보겠습니다. 깔끔하고 안정적인 레이아웃이 적용된 첫 화면이 열립니다.

그림 12-2. 웹사이트 레이아웃 구성

2) 텍스트와 배경 꾸미기

템플릿의 글자를 클릭해 우리 반 홈페이지에 맞게 수정해 봅니다. 텍스트는 상단 툴바에서 글꼴, 크기, 정렬 등을 조정할 수 있습니다. 배경색 또한 기존 디자인 작업과 마찬가지로 빈 공간을 클릭한 뒤 상단 색상 메뉴에서 자유롭게 변경 가능합니다.

그림 12-3. 웹사이트 배경 꾸미기

3) 꾸미기 요소 삽입하기

[요소] 탭에서 도형, 선, 그래픽, 아이콘 등을 삽입해 디자인을 꾸밉니다. 예를 들어 학급 상징 도형, 아이콘, 기호 등을 배치해 홈페이지의 시각적 완성도를 높일 수 있습니다.

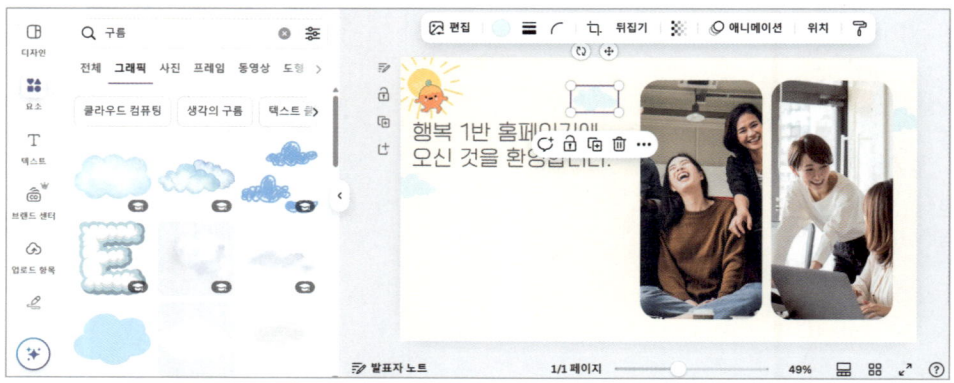

그림 12-4. 꾸미기 요소 삽입

4) 움직이는 요소 활용하기

움직이는 요소를 활용하면 웹사이트가 게시된 이후에도 그대로 작동하며, 전체 페이지에 생동감과 몰입감을 더해줍니다.

01 [요소] 탭에서 [스티커]를 선택하거나, 검색창에 'animated'를 함께 입력해 움직이는 그래픽 요소를 찾습니다.

02 원하는 스티커를 클릭하면 페이지에 삽입되고, 자동으로 애니메이션 효과가 적용됩니다.

그림 12-5. 애니메이션 요소 활용

5) 템플릿 이미지 교체하기

기본 템플릿에 들어간 샘플 이미지는 자유롭게 변경 가능합니다.

01 기존 이미지를 우클릭한 뒤, [이미지 분리하기]를 선택하여 삭제합니다.

02 좌측 [업로드] 탭에서 내 사진을 업로드하거나, [사진] 탭에서 캔바의 무료 이미지를 선택해 드래그합니다.

03 이미지가 자동으로 프레임에 맞게 들어가며, 위치나 크기 조정도 가능합니다. 학급 사진, 학생 작품, 교사 프로필 등을 삽입하면 더욱 정체성 있는 홈페이지를 만들 수 있습니다.

그림 12-6. 웹사이트 제작화면

6) 애니메이션 효과 설정하기

프레젠테이션과 마찬가지로 각종 요소나 페이지에 애니메이션 효과를 개별로 추가할 수 있습니다.

01 원하는 요소를 클릭하고 상단 툴바에서 [애니메이션] 버튼을 선택합니다.

02 다양한 등장 방식(페이드 인, 부드럽게, 튕기기 등)을 선택해 적용해 보세요.

03 페이지 전체에 애니메이션을 적용하고 싶은 경우, 좌측 상단의 빈 공간을 클릭한 뒤 전체 페이지 애니메이트를 설정할 수 있습니다.

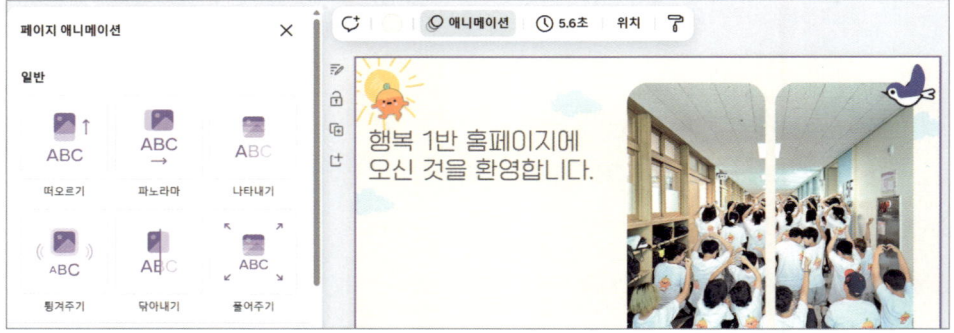

그림 12-7. 애니메이션 효과 설정

이 기능은 특히 웹사이트 방문 시 동적인 첫인상을 주고자 할 때 유용합니다.

나. 페이지에 링크 삽입하기

캔바 웹사이트는 단순히 정적인 정보만 전달하는 용도가 아니라 클릭을 통해 다른 사이트로 이동하거나 다양한 자료와 연결할 수 있도록 구성할 수 있습니다. 이때 [링크 삽입] 기능을 활용하면 외부 사이트, 구글 설문지, 유튜브 영상 등 원하는 목적지로 요소 단위에 링크를 연결할 수 있습니다.

1) 링크를 삽입할 요소 만들기

먼저 링크를 연결하고 싶은 요소를 준비합니다.

예를 들어 '우리 반 포트폴리오 보러 가기'라는 텍스트와 버튼 요소를 링크로 구성해 보겠습니다.

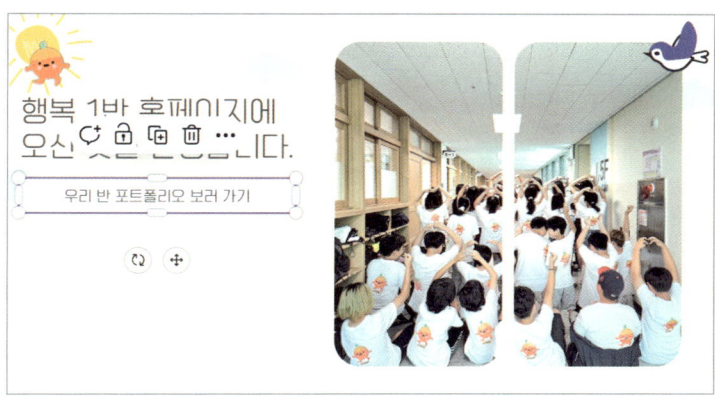

그림 12-8. 링크 삽입 요소 만들기

※ 버튼 디자인을 만들고 싶다면 [요소]에서 사각형을 넣고, 그 위에 텍스트를 배치해 그룹화해도 좋습니다.

2) 링크 연결하기

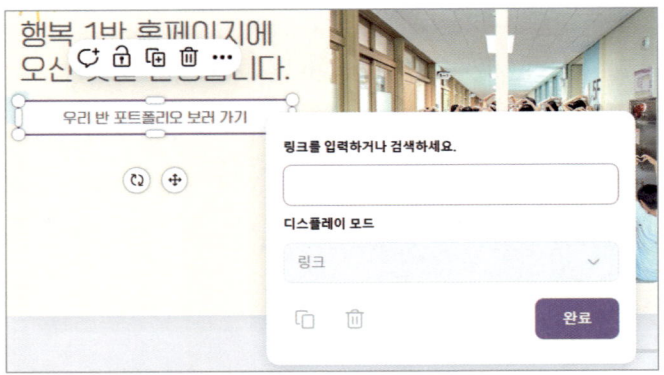

그림 12-9. 웹사이트 주소(URL) 입력

01 해당 요소(텍스트, 버튼, 이미지 등)를 우클릭합니다.

02 [링크] 탭을 클릭합니다.

03 연결하고 싶은 웹사이트 주소(URL)를 입력한 후 Enter를 누릅니다. 링크가 정상적으로 삽입되면, 해당 요소를 클릭했을 때 외부 링크로 이동할 수 있는 상태가 됩니다.

※ 수정이 필요할 경우 [링크 편집]을 클릭하면 언제든지 수정이 가능합니다.

> **Tip.**
> 학급 홈페이지에 구글 폼 링크나 관련 유튜브 영상 등을 연결해 보세요. 요소 위에 마우스를 올렸을 때 손가락 모양 커서로 바뀌면 링크가 정상 작동 중이라는 표시입니다.

다. 화면 추가 및 탐색 메뉴 만들기

기본 템플릿으로 첫 페이지를 구성했다면 이제 추가 섹션을 생성하여 다양한 내용을 이어서 표현해 보겠습니다. 캔바 웹사이트는 여러 화면을 구성할 수 있으며, 게시 시에는 한 페이지씩 세로 스크롤 방식으로 연결됩니다. 또한 방문자가 특정 페이지로 바로 이동할 수 있도록 탐색 메뉴를 구성하여 홈페이지 사용성을 높일 수 있습니다.

1) 화면 추가하기

01   디자인 하단의 [섹션 추가] 버튼을 클릭합니다.

02   새로 추가된 두 번째 섹션이 기본 배경으로 생성됩니다.

03   필요에 따라 배경 색상을 바꾸고, 첫 번째 화면과 자연스럽게 연결되도록 조화롭게 디자인해 봅니다.

　예를 들어 첫 화면에서 '우리 반 소개'를 했다면, 이어서 '학생 작품'이나 '행사 사진' 등으로 추가 화면을 구성할 수 있습니다.

그림 12-10. 섹션 추가

그림 12-11. 두 번째 섹션 기본 배경 생성

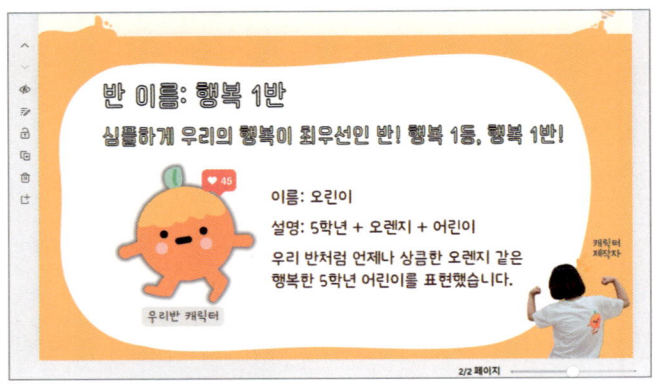

그림 12-12. 배경 색상과 구성 변경

> **Tip.**
> 화면 간 시각적 연결을 위해, 색상 톤을 맞추거나 같은 요소를 반복해 주는 것도 좋은 방법입니다.

2) 탐색 메뉴 만들기

탐색 메뉴는 웹사이트 상단에 메뉴 형태로 표시되며, 클릭 시 해당 페이지로 이동합니다. 홈페이지를 좀 더 완성도 있게 구성하고 싶을 때 반드시 활용해야 할 기능입니다.

01 좌측 하단의 [발표자 노트] 아이콘을 클릭합니다.

02 각 페이지마다 [페이지 제목 추가] 버튼을 클릭해 메뉴에 표시될 제목을 입력합니다.

03 입력한 제목은 홈페이지 게시 시 옵션을 체크하면 자동으로 탐색 메뉴에 반영됩니다.

  ※ 페이지 제목을 모두 입력한 후, 게시 시에 [설정]-[탐색 메뉴] 옵션을 반드시 체크해야 합니다.
  ※ [설정]-[페이지] 탭에서 페이지별로 제목을 한 번에 수정할 수도 있습니다.

그림 12-13. 탐색 메뉴

그림 12-14. 탐색 메뉴

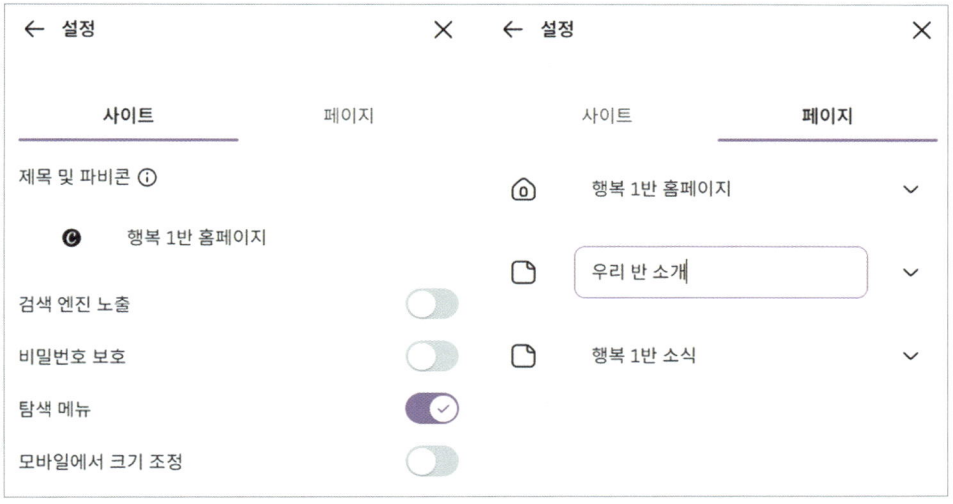

그림 12-15. 탐색 메뉴 설정 및 페이지명 수정

라. 외부 콘텐츠 임베드하기

웹사이트를 더욱 풍부한 콘텐츠를 담은 공간으로 구성하고 싶을 때는 '임베드' 기능을 활용할 수 있습니다. 이 기능을 사용하면 외부 사이트의 콘텐츠를 우리 반 홈페이지 안으로 가져올 수 있어, 사용자가 페이지를 벗어나지 않고도 바로 열람이 가능합니다.

그림 12-16. 웹사이트 임베드

1) 임베드할 콘텐츠 준비하기

가장 먼저 삽입하고자 하는 외부 콘텐츠의 링크(URL)를 복사합니다. 대표적으로 유튜브 영상, 구글 설문지, 구글 문서 및 지도, 패들렛 페이지 등 다양한 콘텐츠를 임베드할 수 있습니다.

그림 12-17. 웹사이트 임베드

2) 캔바 웹사이트에 붙여넣기

01 웹사이트 편집 화면에서, 임베드를 삽입할 페이지로 이동합니다.

02 아무 곳이나 클릭한 후 Ctrl+V(붙여 넣기)를 실행합니다.

03 캔바가 자동으로 해당 링크를 인식하고, 미리보기 형태로 변환해 보여줍니다.

이후 위치를 드래그로 조정하거나, 모서리를 클릭해 크기를 조절할 수 있습니다.

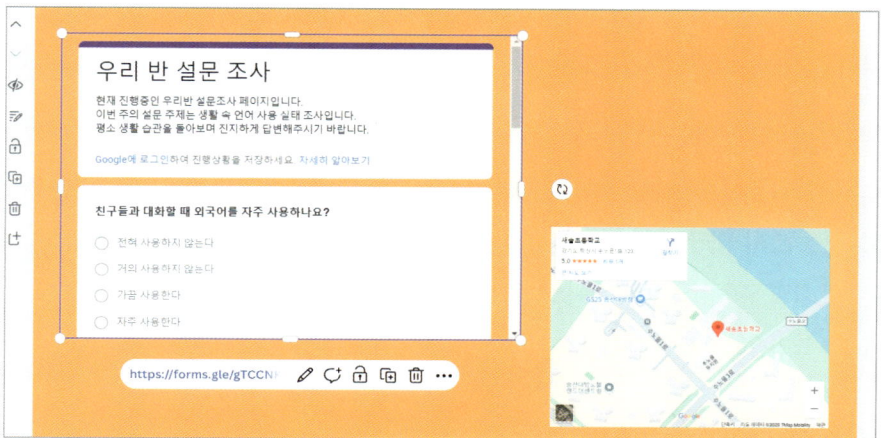

그림 12-18. 웹사이트 임베드 추가사진

※ 글 문서나 설문 등을 임베드할 경우, 해당 문서의 공유 설정이 [링크가 있는 모든 사용자에게 공개]로 되어 있어야 합니다.

마. 웹사이트 게시 및 설정하기

이제 여러 페이지와 탐색 메뉴까지 구성된 웹사이트를 실제로 외부에 게시해 보겠습니다. 캔바에서는 클릭 몇 번만으로 게시가 가능하며, 무료 도메인 설정, 모바일 보기 최적화, 브라우저 탭 이름 설정 등 다양한 옵션을 함께 제공하고 있습니다.

그림 12-18. 웹사이트 게시

1) 웹사이트 게시 화면 열기

01 디자인 화면 우측 상단의 [웹사이트 게시] 버튼을 클릭합니다.

02 새로운 팝업창에서 다양한 설정 항목들이 나타납니다.

2) 게시 전 설정 항목 살펴보기

01 모바일에서 크기 조정

– 모바일 환경에서 자동으로 콘텐츠 비율을 조정할지 여부를 선택합니다.

– 체크하면 콘텐츠가 자동으로 줄어들어 보기 좋게 조정되며,

– 체크 해제 시, PC에서 설정한 레이아웃 그대로 모바일에 표시됩니다.

02 탐색 메뉴

– 앞서 설정한 탐색 메뉴와 각 페이지를 실제 웹사이트에 표시하려면 반드시 체크합니다.

– 체크하지 않으면 메뉴바 없이 세로 스크롤만 가능한 단일 페이지로 표시됩니다.

03 웹사이트 주소 설정

– 캔바는 기본적으로 '.my.canva.site' 주소를 무료 제공합니다.

– 원하는 주소를 입력하면 https://[내주소].my.canva.site 형식으로 생성됩니다.

– 하단의 [맞춤형 도메인 사용]을 클릭하면 기존 도메인을 연결하거나 새 도메인을 구매할 수 있습니다.

웹 사이트 URL

.my.canva.site

맞춤형 도메인 사용

그림 12-19. 웹사이트 게시 화면

04 브라우저 탭 제목 및 설명 설정

– 설정을 클릭합니다.

– 제목 및 파비콘을 클릭해 탭에 표시될 사이트 이름을 입력할 수 있습니다.

– 검색 엔진 결과나 공유 시 미리보기 정보로도 활용됩니다.

05 고급 설정 (선택 사항)

– 비밀번호 보호: 특정 사용자에게만 공개하고 싶은 경우 설정

– 검색 엔진 노출 여부: 사이트를 검색 결과에 노출할지 여부 선택

– 소셜 미디어 링크 미리보기: SNS 등에서 공유할 때 섬네일과 설명이 함께 보이도록 설정

3) 웹사이트 게시 완료하기

설정을 모두 마쳤다면 하단의 [웹사이트 게시] 버튼을 클릭합니다. 잠시 로딩 후, 생성된 도메인 주소로 웹사이트가 활성화되며 실제로 열어볼 수 있게 됩니다.

※ 교육용 계정 유의 사항

학생 계정에서는 게시 기능이 비활성화되어 있고, 대신 [교사에게 보내기] 버튼이 나타납니다. 학생이 제출한 작업물은 교사가 검토 후 [검토 완료]를 클릭하면, 학생 화면에서 비로소 웹사이트 게시 버튼이 활성화됩니다.

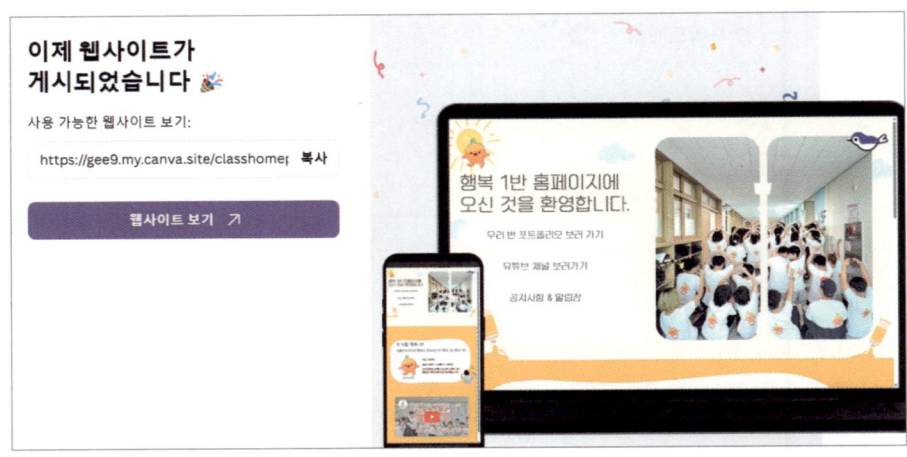
그림 12-20. 웹사이트 게시 완료

지금까지 실습을 통해 학급 웹사이트를 제작하고 게시하는 전 과정을 익혔다면, 이번에는 실제 교육 현장에서 캔바 웹사이트 기능이 어떻게 활용되었는지 구체적인 사례들을 살펴보겠습니다.

1) 학급 경영용 소개 홈페이지 만들기

학기 초, 교사 자신과 학급 목표를 소개하는 웹사이트를 제작한 사례입니다.

- 담임 선생님의 간단한 인사말, 학급 운영 방침, 반 분위기 등을 시각적으로 전달할 수 있습니다.
- 학급 홈페이지를 소개 후, 이어서 학생 개인 소개 페이지 제작 활동으로 확장할 수 있습니다.

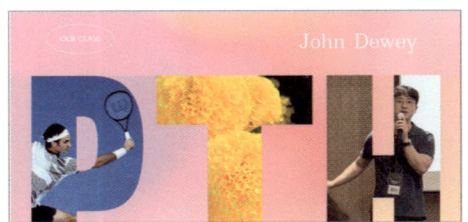
그림 12-21. 수업 예시

그림 12-22. 수업 예시

250

이 활동은 학생들에게 교사에 대한 신뢰감을 주고, 자기소개 및 표현력 활동으로 자연스럽게 연결될 수 있습니다.

2) 교과 수업 속 창의 글쓰기 활동과 연계

초등 국어 4학년 1학기 5단원 '내가 만든 이야기'의 마지막 차시로 자신이 상상한 이야기를 친구들에게 들려주는 수업 활동에서, 캔바 웹사이트 기능을 활용해 작가가 되어 나의 이야기를 소개하는 홈페이지를 제작하였습니다.

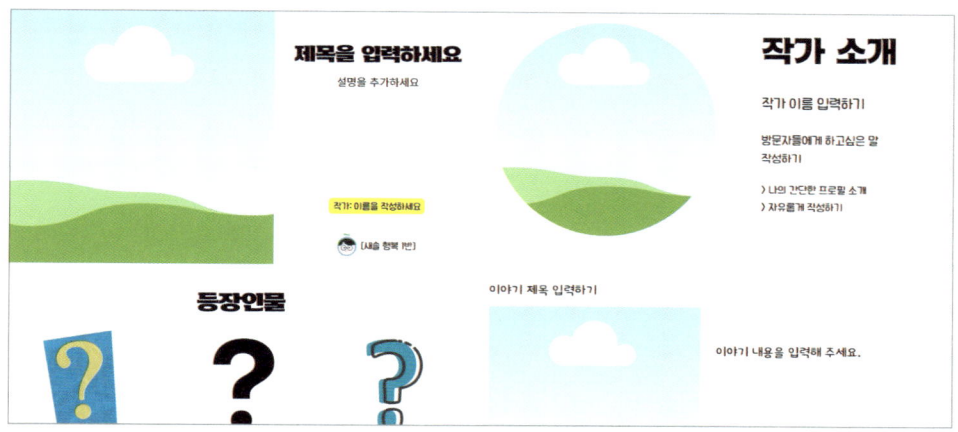

그림 12-23. 수업 예시

이야기를 소개하는 홈페이지 양식에 맞게 기본적인 프레임과 가이드를 삽입한 템플릿을 과제로 먼저 배부하였으며, 학생들은 표지 이미지와 등장인물 및 이야기 삽화 등을 캔바의 다양한 기능을 종합적으로 활용해 이야기를 꾸몄습니다.

완성된 페이지는 검토완료 후 웹사이트로 게시하여 클래스보드(패들렛)를 활용해 우리 반 출판사를 만들고 게시물에 링크로 첨부하여 장르별로 이야기를 분류하였습니다.

그림 12-24. 수업 예시

그림 12-25. 수업 예시

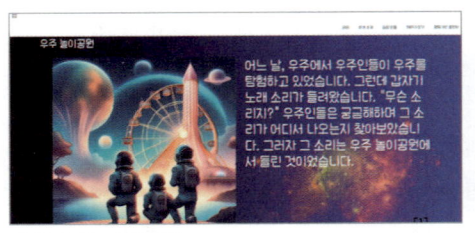
그림 12-26. 수업 예시

그림 12-27. 수업 예시

그림 12-28. 수업 예시

이 과정을 통해 학생들은 단순히 글을 쓰는 것을 넘어 캔바를 활용하여 창의적이고 시각적인 이야기 구성을 경험할 수 있었습니다. 각자의 상상력을 발휘해 표지 그림, 등장인물, 작가 소개, 삽화 등을 포함한 완성도 높은 웹사이트를 제작하며 스스로 작가가 되어 몰입하고 자신을 표현할 기회를 가졌습니다.

그림 12-29. 수업 예시

그림 12-30. 수업 예시

또한 디지털 활용 능력을 향상시키는 동시에 서로의 이야기를 공유하며 글쓰기 자신감과 협업 능력까지 배양할 수 있었습니다.

3) 프로젝트 기반 수업 - ESG 기업 홍보 웹사이트 만들기

환경교육 주제로 진행된 프로젝트 수업에서는 모둠별로 가상의 스타트업을 운영하며 ESG 경영을 실천하는 시뮬레이션을 진행했습니다. 모둠별로 기업의 비전,

ESG 원칙, 제품 소개, 팀원 역할을 기획한 뒤 캔바를 활용해 실제 기업의 공식 홈페이지처럼 홍보 웹사이트를 제작했습니다. 발표와 공유는 실제 스타트업 IR 발표처럼 구성되어 몰입감을 높였습니다. 이 활동은 단순한 보고서 제출을 넘어서 학생들이 직접 자료를 구성하고 타인을 설득하는 역량을 키우는 데 유의미한 도움이 되었습니다.

그림 12-31. 수업 예시

그림 12-32. 수업 예시

4) 수업 이후의 웹사이트 활용 가치

무엇보다 캔바 웹사이트 기능의 큰 장점 중 하나는, 학생들이 만든 결과물을 온라인에 반영구적으로 보존할 수 있다는 점입니다.

완성된 프로젝트는 수업이 끝난 후에도 언제든지 다시 열람 및 발표, 공유가 가능하며 학부모와의 공유, 포트폴리오 제출 등 다양한 방식으로 활용될 수 있습니다. 학생들에게는 자신이 만든 콘텐츠에 대한 성취감과 자존감을 높이는 계기가 됩니다.

이번 장에서 살펴본 수업 사례들은 캔바 웹사이트 기능이 단순한 디자인 도구가 아니라, 학생의 참여를 이끌고 수업의 질을 향상시키는 교육 매체로서의 가능성을 충분히 보여줍니다. 앞으로 나만의 수업에 어떻게 적용할 수 있을지 다양한 방식으로 상상해 보며, 창의적인 교실을 함께 만들어 가시길 바랍니다.

13 온라인 포트폴리오 제작하기

수업 중 학생들이 제작한 결과물들을 어디에 모아 두고 계신가요? 그동안 출력물로 모아두던 학습 결과물을 이제는 언제 어디서나 열람 가능한 '온라인 포트폴리오' 형태로 정리해 보는 건 어떨까요?

온라인 포트폴리오는 단순한 자료 모음이 아니라 학생 개인의 성장을 시각적으로 보여줄 수 있는 창구입니다. 학생 스스로 작업물을 정리하고 연결하면서 자연스럽게 성찰과 피드백이 이루어지고, 학부모와도 학습 결과를 링크 하나로 쉽게 공유할 수 있어 매우 유용합니다.

이번 장에서는 캔바의 웹사이트 기능을 활용해 단일 페이지 형태의 심플한 포트폴리오부터, 여러 과목을 담은 다중 화면 구성까지 단계별로 제작해 보고, 소셜형 링크 플랫폼인 '리틀리(lit.ly)'를 활용한 사례까지 함께 알아보겠습니다.

가. 단일 페이지 포트폴리오 만들기

캔바를 활용하면 그동안 만든 과목별 수업 결과물을 한 장의 단일 페이지 포트폴리오로 쉽게 구성할 수 있습니다. 지금부터 캔바의 '공개 보기 링크' 기능을 활용하여 내 작업물을 간단하고 효과적으로 공유하는 방법을 함께 실습해 보겠습니다.

1) 캔바 결과물 '공개 보기 링크' 만들기

포트폴리오에 삽입할 각 과목의 작업물은 '공개 보기 링크' 형태로 공유할 수 있습니다.

① 공유하고자 하는 디자인 편집 화면에서 우측 상단 [공유] 버튼을 클릭합니다.

② [공개 보기 링크 만들기] 항목을 찾아 클릭합니다.

③ 생성된 링크를 복사 후 저장해 둡니다.

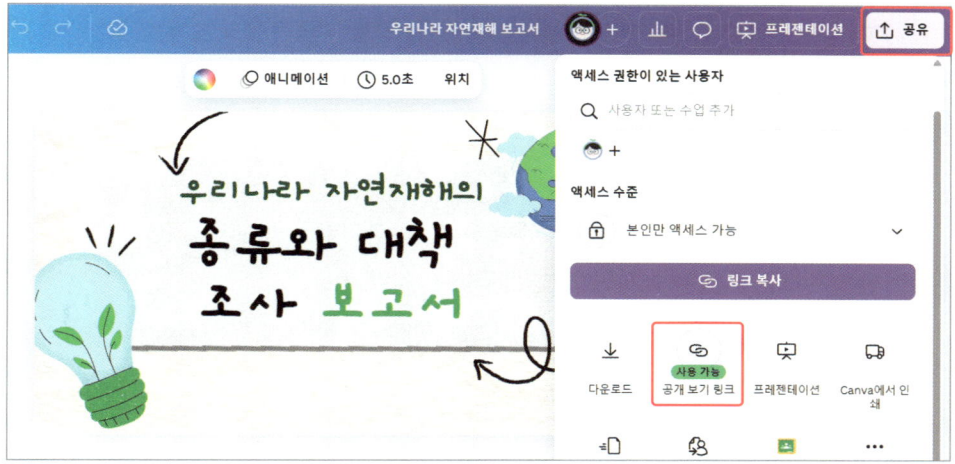

그림 13-1. 공개 보기 링크

※ 공개 보기 링크는 누구나 로그인 없이 볼 수 있으며, 프레젠테이션 형태로 전체 화면 확인이 가능합니다.

2) 포트폴리오 웹사이트 단일 페이지 구성하기

하나의 페이지 안에 각 과목의 수업 결과물을 연결하는 공개 보기 링크를 삽입하여 간단하면서도 효율적인 온라인 포트폴리오를 제작해 보겠습니다.

01 캔바에서 [디자인 만들기]를 클릭하여 웹사이트 유형을 선택한 후, 새 빈 페이지를 생성합니다.

02 배경색을 설정하고 [요소]를 활용해 화면 좌측에 세로로 도형을 삽입하여 포트폴리오 제목과 이름을 입력합니다(예: 나의 온라인 포트폴리오 2025, 캔바초등학교 박태호).

03 우측에 포트폴리오를 구성할 각 과목명을 나열한 뒤, 구분선을 추가하여 시각적으로 정리합니다(예: 사회, 과학, 국어, 수학, 기타 등).

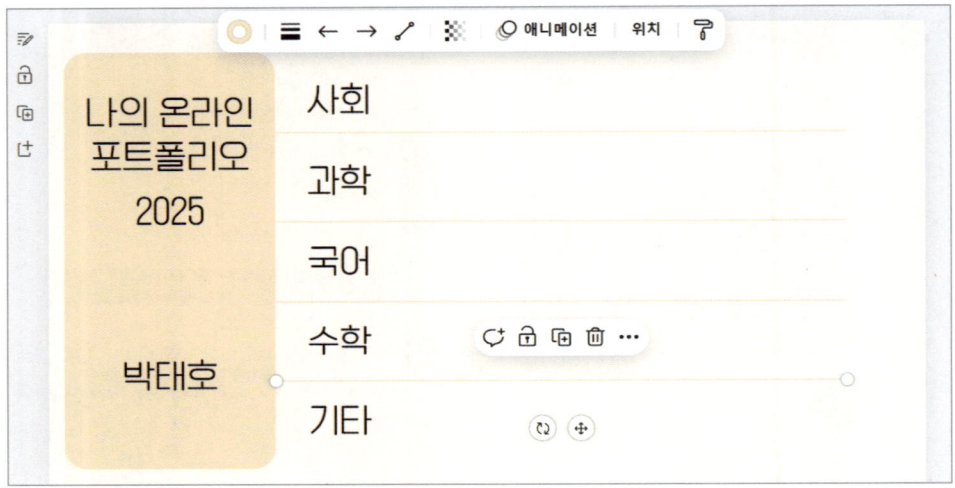

그림 13-2. 웹사이트 단일 페이지

그림 13-3. 웹사이트 단일 페이지

04 각 과목 옆에 주제나 수업의 특징을 나타내는 그래픽 아이콘을 검색하여 배치합니다.

– 예: 사회시간에 자연재해 보고서를 제작한 경우 → **기후변화와 관련한 아이콘 삽입**

– 예: 생활 속 법과 관련된 사례를 제작한 경우 → **법과 관련한 아이콘 삽입**

– 예: 과학 시간에 태양계 행성의 특징을 조사한 경우 → **태양계와 관련한 아이콘 삽입**

05 각 아이콘을 우클릭한 후 [링크] 탭을 선택하여, 앞서 만들어 둔 공개 보기 링크를 삽입합니다.
이제 아이콘을 클릭 시 바로 수업 결과물을 열람할 수 있습니다.

그림 13-4. 웹사이트 단일 페이지

06 모든 작업이 끝나면 우측 상단의 [웹사이트 게시] 버튼을 눌러 최종적으로 웹에 게시합니
다. 게시된 포트폴리오는 링크만 있으면 누구나 열람 가능하며, 학부모 상담, 평가 기록, 학생 발
표 등 다양한 상황에서 활용할 수 있습니다.

그림 13-5. 웹사이트 단일 페이지

나. 임베드 기능으로 다중 페이지 포트폴리오 만들기

단일 페이지 구성은 간결하고 빠르게 만들 수 있는 장점이 있지만, 여러 과목의 결과물을 좀 더 깊이 있게 정리하고자 할 경우에는 과목별 다중 페이지 방식이 효과적입니다. 이번 장에서는 각 과목별로 페이지를 나누고, 캔바 작업물을 임베드(Embed) 방식으로 삽입해 포트폴리오를 제작하는 방법을 배워봅시다.

1) 캔바 결과물 '공개 보기 링크' 만들기

01   캔바에서 [디자인 만들기]를 클릭하여 웹사이트 유형을 선택한 후, 새 빈 페이지를 생성합니다.

02   **포트폴리오 웹사이트 단일 페이지 구성하기**와 동일한 방법으로 도형과 제목을 배치한 뒤, 이번에는 좌측 도형을 페이지 하단까지 확장하여 여러 페이지가 하나로 연결되는 듯한 일관된 디자인을 유지합니다.

그림 13-6. 웹사이트 다중 페이지

03   우측 공간에는 학생이 자신을 자유롭게 표현할 수 있는 다양한 요소를 삽입합니다.

– 자기소개 이미지, 관심사 관련 아이콘, 자신을 나타내는 그래픽 등

※ 이 화면은 포트폴리오의 '표지' 역할을 하므로, 학생이 개성을 살려 창의적으로 구성하도록 안내하되, 학급 상황에 따라 융통성 있게 조정하여 활용합니다.

2) 과목별 페이지 구성 및 레이아웃 복제하기

01 섹션을 새로 추가한 후, 이전 화면에서 사용했던 도형을 복사하여 붙여 넣습니다. 복사한 도형은 화면의 위아래 끝까지 늘여 화면 간 자연스럽게 이어지는 구성을 만듭니다.

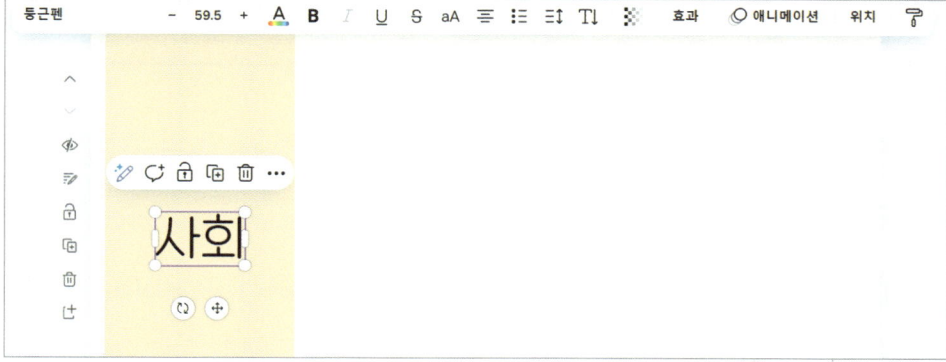

그림 13-7. 웹사이트 다중 페이지

02 페이지 중간에 과목명을 입력합니다. 예를 들어, 국어, 수학, 과학 등과 같이 명확히 구분될 수 있도록 합니다.

이렇게 레이아웃을 복제하여 페이지마다 같은 디자인 요소를 반복하면, 스크롤 기반의 웹사이트에서 시각적으로 일관되고 안정된 느낌을 줄 수 있습니다.

그림 13-8. 웹사이트 다중 페이지

그림 13-9. 웹사이트 다중 페이지

03 이제 각 섹션에 해당 과목별 캔바 작업물의 '공개 보기 링크'를 복사하여 붙여 넣습니다. 링크를 임베드로 삽입하면 페이지 내에서 클릭과 슬라이드, 전체 화면 보기로 작품을 편리하게 확인할 수 있습니다.

04 모든 작업이 완료되면 최종적으로 웹페이지로 게시합니다. 게시된 링크를 통해 언제든지 포트폴리오를 공유하고 확인할 수 있으며 업데이트가 필요할 때는 다시 수정 후 간단히 재게시할 수 있습니다.

> ※다중 페이지 포트폴리오는 학생의 과목별 성과를 구조화된 방식으로 전달하기에 효과적이며, 포트폴리오 발표, 학기 말 평가, 학부모 상담 등에 유용하게 활용할 수 있습니다.

다. 리틀리(Litly)로 나만의 모바일 포트폴리오 만들기

1) 리틀리란?

웹사이트는 단순히 정적인 정보만 전달하는 용도가 아니라 클릭을 통해 다른 사이 리틀리(Litly)는 여러 링크와 콘텐츠를 한 페이지에서 연결해 보여줄 수 있는 올인원 프로필 링크 플랫폼입니다. 단순한 구조와 조작이 특징이며, 학생들이 만든 캔바 결과물이나 영상, 자기소개 등을 한 곳에 모아 모바일 최적화된 포트폴리오로 구성할 수 있습니다.

- 모바일 화면에 자동 최적화되어 스마트폰, 태블릿 등 모든 디바이스에서 보기 편합니다.
- 학생 개인의 학습 성과뿐 아니라 관심사와 개성을 함께 표현할 수 있습니다.
- 학교 구글 계정 또는 개인 이메일로 가입이 가능하며 만 14세 미만은 보호자의 동의가 필요합니다.

2) 가입 후 기본 설정하기

01 [가입하기] 버튼을 클릭 후, 학교에서 발급받은 구글 계정이나 개인 이메일로 가입합니다. 버튼 디자인을 만들고 싶다면 [요소]에서 사각형을 넣고, 그 위에 텍스트를 배치해 그룹화해도 좋습니다.

02 가입 후 나만의 홈페이지 URL을 설정합니다. 자신의 이름이나 특성을 반영하여 개성 있는 주소를 만듭니다.

그림 13-10. 링크 연결하기

03 제작 화면에서 우측은 콘텐츠를 추가하거나 배치하는 공간이며, 좌측에서는 모바일 화면 기준 실시간 미리보기가 가능합니다.

3) 블록을 활용한 콘텐츠 구성하기

그림 13-11. 리틀리

그림 13-12. 리틀리

01 [프로필] 탭을 클릭하여 이미지와 문구를 입력하고 프로필을 완성합니다.

그림 13-13. 리틀리

02 하단의 [블록 추가] 버튼을 클릭하여 필요한 블록을 추가합니다. 이 중에서 학생들과 함께 포트폴리오를 구성할 때 유용한 네 가지 블록을 소개합니다.

– **링크 블록**: 수업 주제를 입력하고 캔바 작업물의 공개 보기 링크를 삽입합니다. 버튼에 이모지나 이미지를 추가해 꾸밀 수 있습니다.

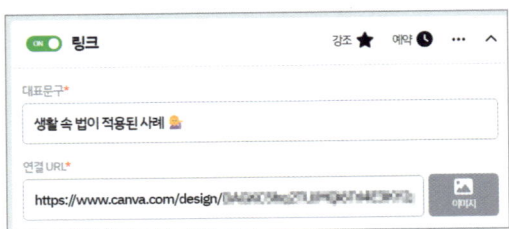

그림 13-14. 링크블록

– **텍스트 블록**: 페이지에 간단한 설명이나 과목 소개를 작성할 때 사용합니다.

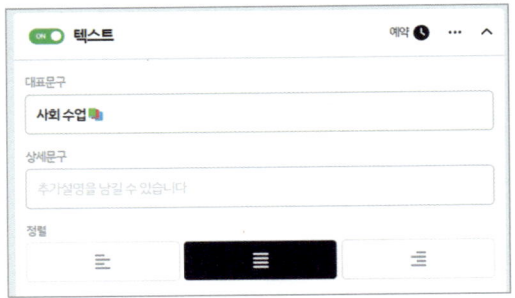

그림 13-15. 텍스트블록

– **갤러리 블록**: [+] 버튼을 클릭하여 가지고 있는 사진을 업로드할 수 있으며, 수업 관련 사진이나 여러 이미지를 함께 보여줄 때 유용합니다.

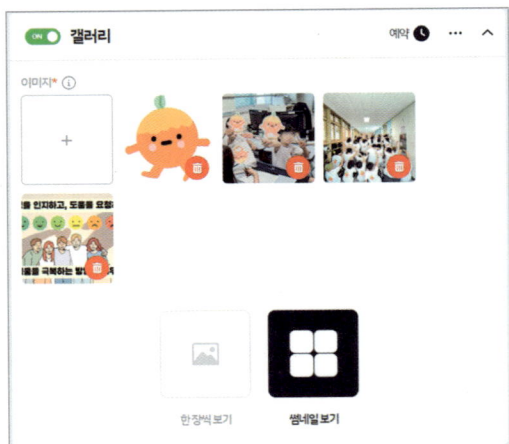

그림 13-16. 갤러리블록

- **여백 블록**: 콘텐츠 간 간격을 조절하거나 구분선을 추가하여 페이지를 깔끔하게 정리할 수 있습니다.

그림 13-17. 여백블록

4) 디자인 및 공유 설정 마무리하기

그림 13-18. 디자인 탭

- 상단 [디자인] 탭에서 전체 색상, 버튼 모양, 글꼴 등을 조절할 수 있습니다.
- 완성된 페이지는 설정한 URL 주소(litt.ly/OOO)를 통해 언제든 공유 가능합니다.

5) 학생 제작 사례

학생들은 과목별 링크 블록을 사용하여 수업에서 만든 다양한 결과물로 손쉽게 연결했습니다. 또한 페이지 하단에는 갤러리 블록과 유튜브 영상 블록을 활용해 프로젝트의 과정이나 성과를 시각적으로 소개하고 있습니다.

특히 프로필 이미지와 배경 사진을 자유롭게 설정하여 자신의 개성을 표현했으며, 관심사나 취미까지 함께 담아 학습 내용과 학생의 개성이 자연스럽게 공존하는 포트폴리오를 완성했습니다.

그림 13-19. 학생 제작 사례

그림 13-20. 학생

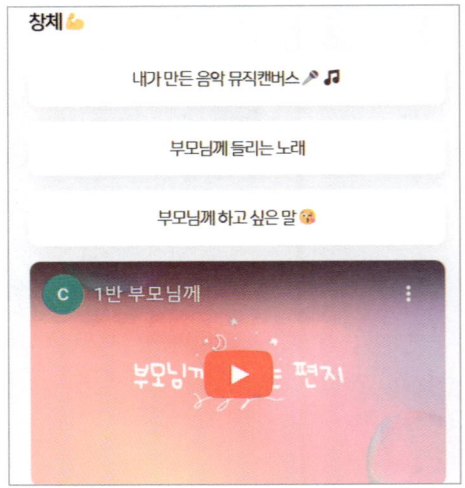

그림 13-21. 학생

이처럼 리틀리로 제작한 포트폴리오는 학습 자료와 개성을 함께 담는 공간으로 활용 가능하며, 언제 어디서든 접근이 가능해 학생들의 학습 성취와 창의성을 더욱 잘 표현할 수 있습니다.

이번 장에서는 캔바와 리틀리를 활용해 온라인 포트폴리오를 제작하는 방법에 대해 알아보았습니다. 온라인 포트폴리오는 학생들의 학습 성과를 체계적으로 관리하고, 언제 어디서나 쉽게 공유할 수 있어 매우 유용한 도구입니다. 특히 학생들이 직접 자신만의 포트폴리오를 제작하면서 창의성과 성취감을 느낄 수 있고, 학부모와도 손쉽게 학습 이력을 공유할 수 있는 점이 큰 장점입니다.

14 함께 쓰면 효과 두 배! 추천 캔바 인앱 BEST 10

캔바는 단순한 디자인 툴을 넘어 다양하고 유용한 앱을 제공하여 창의적이고 흥미로운 수업 활동을 할 수 있도록 도와줍니다. 지금부터 학습의 재미와 효율성을 동시에 높일 수 있는 캔바의 인앱 열 가지를 살펴보고 수업에 활용할 수 있는 방법도 살펴보도록 하겠습니다.

1. **Speed Painter** 그림 넣으면 스케치 드로잉 과정 영상 생성됨.
2. **Deepreel AI videos** 대사를 입력하면 아바타가 말해 줌.
3. **Choppy Crop** 이미지를 자유롭게 자를 수 있음.
4. **Magic Morph** 글로 요청하면 일러스트, 텍스트의 재질감과 스타일을 수정받을 수 있음.
5. **Cartoonify** 사진을 만화 스타일로 바꿔 줌.
6. **Easy Reflection** 이미지에 반사 효과 넣어 줌.
7. **Character Builder** 인물 캐릭터 일러스트를 간단히 디자인할 수 있음.
8. **FontFrame** 글씨 테두리만 남기고 내부를 그림으로 채울 수 있음.
9. **AI Music** 음악을 간단히 만들어 낼 수 있음.
10. **Voice Studio** 내용 입력하면 다양한 목소리의 오디오로 만들 수 있음.

1. Speed Painter

스피드 페인터(speed painter)는 그림을 넣으면 그 그림을 '손으로 스케치 드로잉하는 과정이 담긴 영상'으로 표현해 주는 앱입니다. 일러스트 이미지를 넣으면 그리는 과정을 바로 표현해 주며, 사진을 넣으면 그 사진을 일러스트 이미지로 바꿔서 스케치 하는 과정이 담긴 영상으로 표현해 줍니다.

그럼 지금부터 앱 사용 방법을 알아보겠습니다.

01 먼저 홈 화면에서 **프레젠테이션** 아이콘을 클릭하여 빈 프레젠테이션을 생성합니다.

02 좌측 사이드 **패널 – [앱]** 에서 'speed painter'를 검색합니다.

03 **파일 선택하기**를 눌러 스케치 과정을 표현할 이미지를 불러옵니다. 이미지 형식은 jpeg, jpg, png 등이 가능하며 최대 파일 크기는 6mb입니다.

그림 14-1. 파일 선택하기

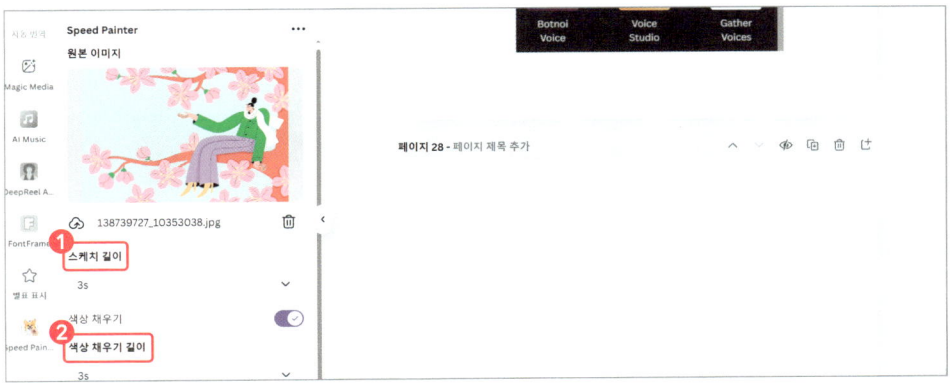

그림 14-2. 스케치 길이와 색상 채우기 길이 설정하기

1 **스케치 길이**: 스케치 지속 시간을 말하며 1, 3, 5, 10초 중에서 선택할 수 있습니다.

2 **색상 채우기 길이**: 채색 지속 시간을 의미하며 1, 3, 5, 10초 중에서 선택할 수 있습니다.

총 영상의 길이는 위 두 시간을 합친 만큼이 됩니다. 그리고 '손 유형'에서는 그림을 그리는 손 모양을 추가하거나 선택하지 않을 수 있습니다. '캔버스 유형'에서는 이미지의 배경화면을 선택할 수 있는데, 배경이 투명한 이미지를 사용할 때에만 적용됩니다.

04 **[생성하기]**를 클릭하면 영상이 만들어집니다.

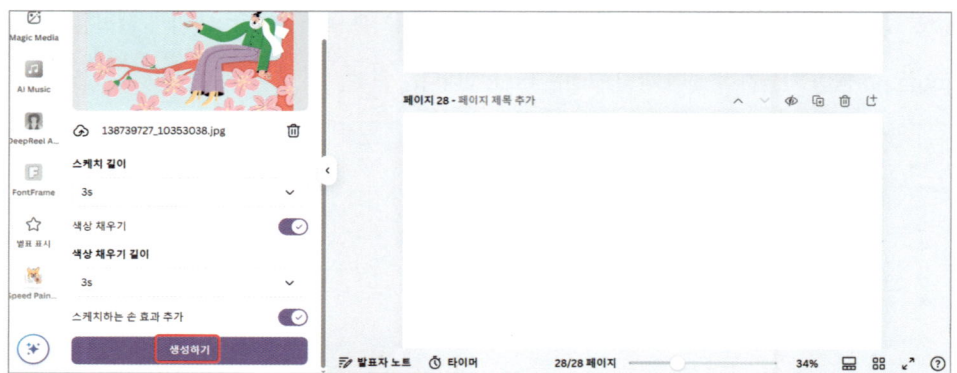

그림 14-3. 생성하기 클릭

05 **[디자인에 추가]**를 눌러 삽입합니다.

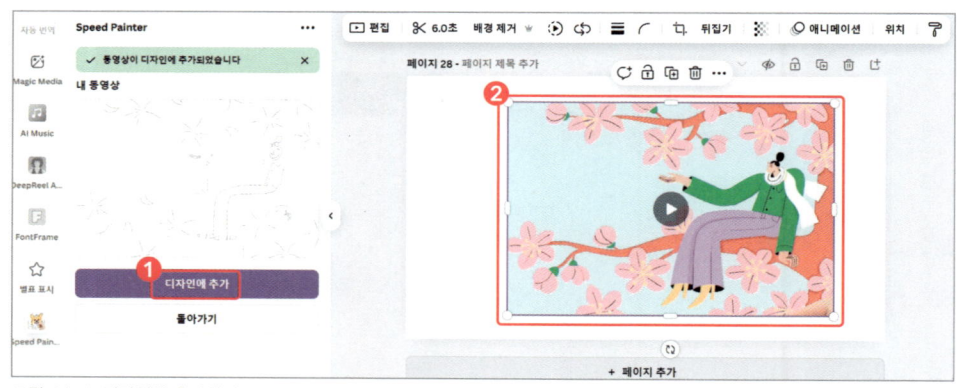

그림 14-4. 디자인에 추가하기

speed painter 앱은 학생들이 자신이 그린 그림을 소개하는 활동에서 사용할 수 있습니다. 연필이나 펜으로 그린 손 그림, 디지털 드로잉으로 그린 그림 등 모두에 적용할 수 있는 유용한 앱입니다.

2. Deepreel AI videos

이 앱을 사용하면 인공지능 아바타 프리젠터를 쉽게 만들 수 있습니다. 원하는 아바타를 고르고 말할 내용을 입력한 다음 원하는 목소리로 말을 하도록 만들 수 있는 앱입니다.

01 빈 프레젠테이션을 연 상태에서 **좌측 사이드 패널 – [앱]**을 선택합니다. '**Deepreel AI videos**'를 검색합니다.

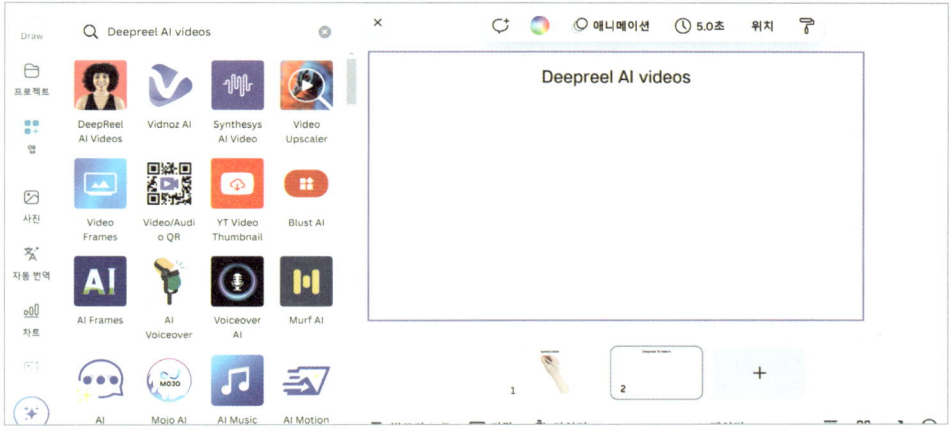

그림 14-5. 앱 검색하기

02 **Presenter**를 골라 보겠습니다. Create 탭에서 Video를 선택하고 하단의 '**Choose a presenter**'에서 **See all(모두 보기)**를 클릭합니다. 여러 프리젠터 중에서 원하는 모습의 프리젠터를 자유롭게 선택합니다.

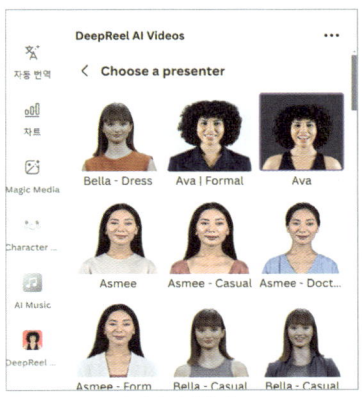

그림 14-6. 프리젠터 선택하기

03   하단으로 스크롤을 내려 **[Use]**를 클릭합니다.

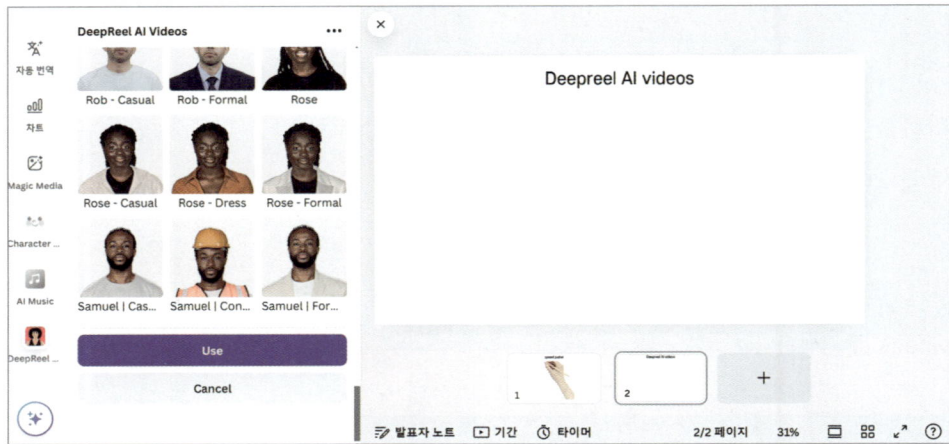

그림 14-7. Use 클릭하기

04   Video Settings를 클릭하여 비디오의 **비율**과 **배경 색상**을 설정합니다. 'Choose aspect ratio'에서 16:9와 1:1 비율 중에 선택할 수 있습니다. 'Choose background color'에서 원하는 배경 색상을 고릅니다. 'Save Settings'를 클릭하여 저장합니다.

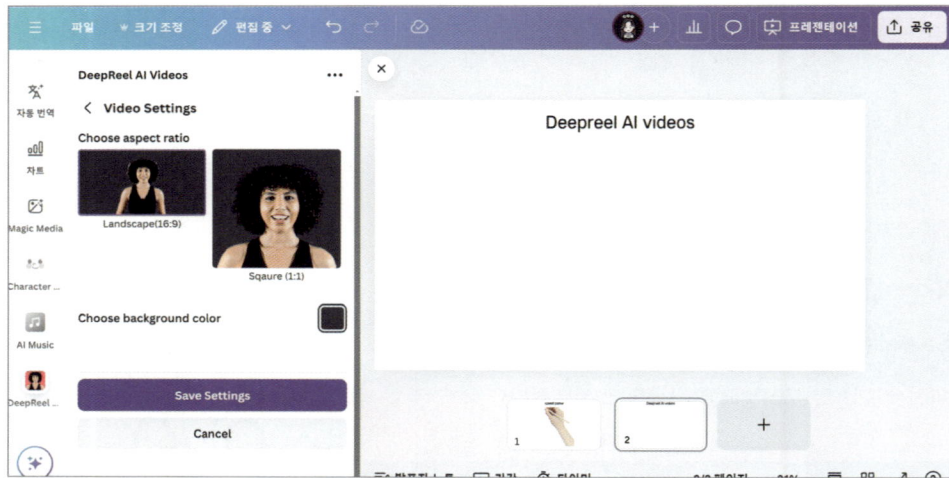

그림 14-8. Video settings에서 비율과 배경 색상 설정하기

05 다음으로 프리젠터가 말하도록 하고 싶은 내용을 **Type your Script**에 입력합니다.

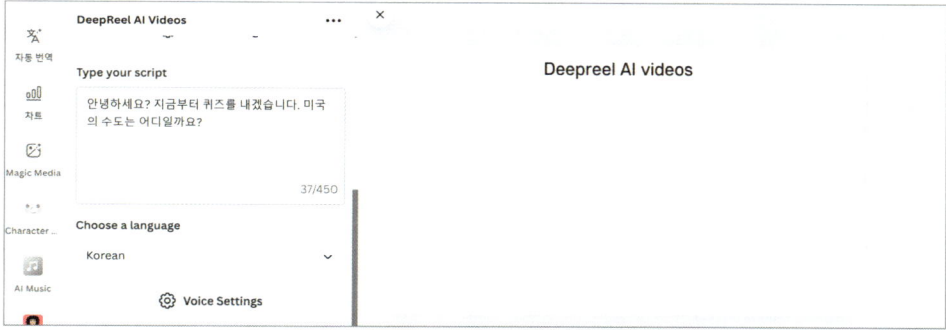

그림 14-9. 스크립트 입력하기그림 11-12. 글꼴 정하기

06 **Choose a Language**에서 내가 스크립트에 입력한 언어를 선택합니다. 여기에서는 스크립트를 한국어로 입력했으므로 'korean'을 선택하겠습니다.

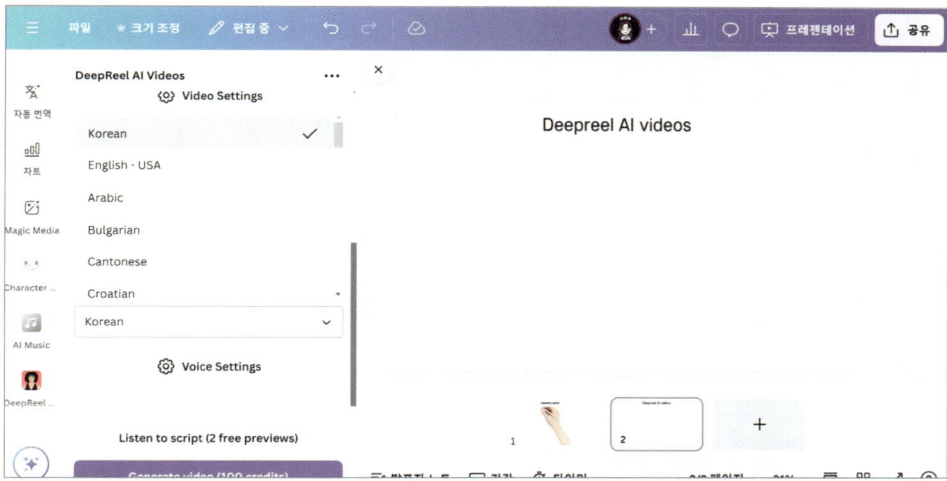

그림 14-10. 언어 선택하기

07 [Generate video]를 클릭하여 비디오를 생성합니다.

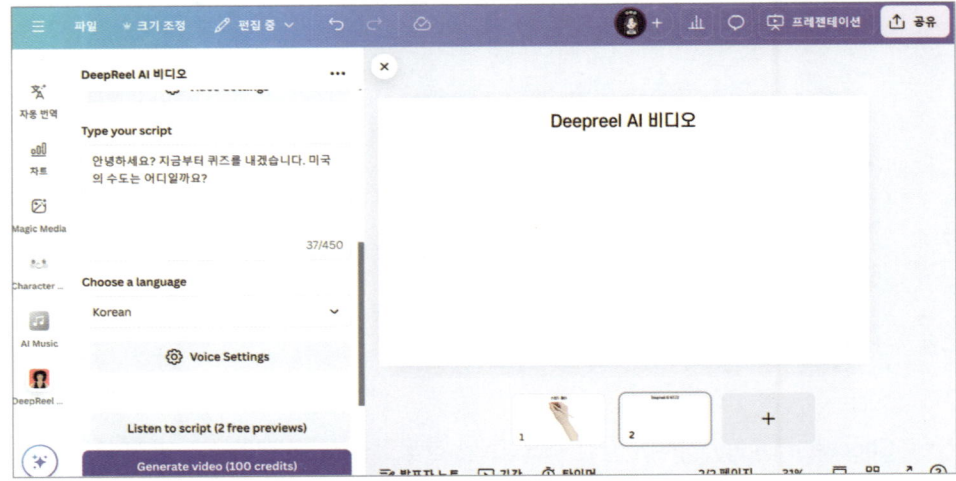
그림 14-11. 비디오 생성하기

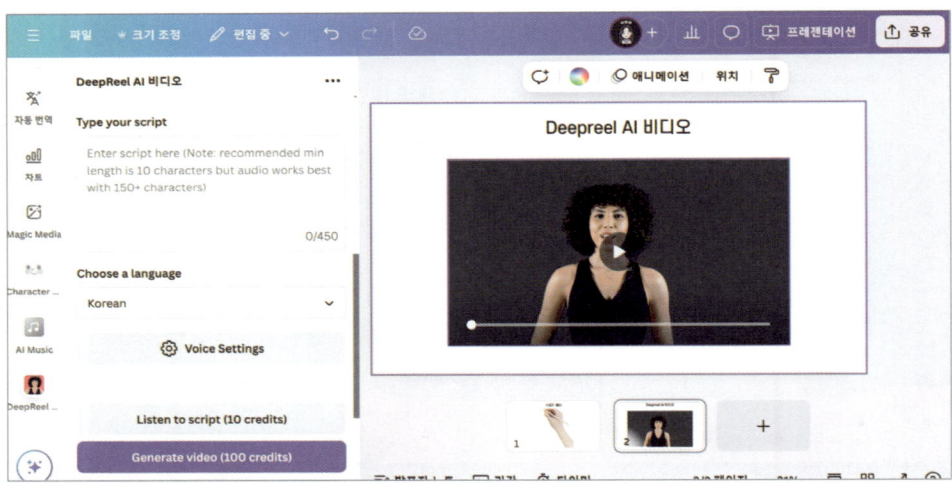
그림 14-12. 인공지능 프리젠터를 활용한 비디오가 생성된 모습

위와 같이 인공지능 프리젠터 비디오를 만드는 DeepReel AI video 앱을 활용하면 광고 만들기, 퀴즈 내기, 협동 역할극 등 다양한 수업에 적용할 수 있습니다.

3. Choppy Crop

이 앱은 원하는 방식으로 이미지의 선을 따서 자를 수 있도록 도와주는 앱입니다. 올가미 툴로 선을 따서 원하는 모양으로 이미지를 자유롭게 자를 수 있습니다.

01 원하는 디자인의 캔버스를 열고 좌측 **사이드 패널 – [앱]**을 선택한 다음, 'Choppy Crop'을 검색합니다.

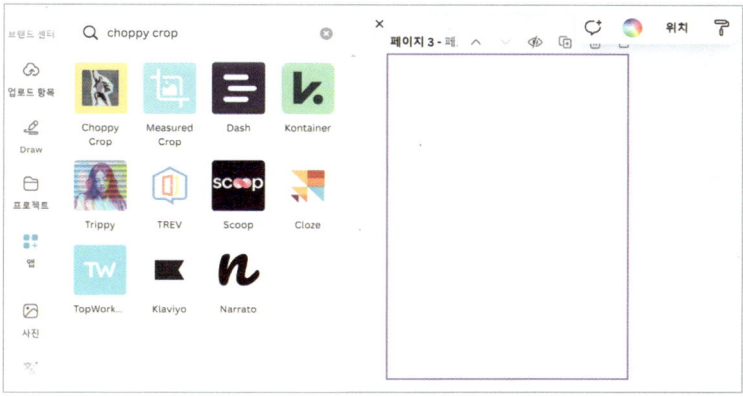

그림 14-13. 앱 검색하기

이때, Choppy Crop 앱을 사용하기 위해서는 캔버스 화면 내의 이미지를 선택해야 합니다.

02 자르고 싶은 이미지를 캔버스에 불러옵니다. **이미지를 선택**하면 좌측 패널에 **Editor** 화면이 활성화됩니다.

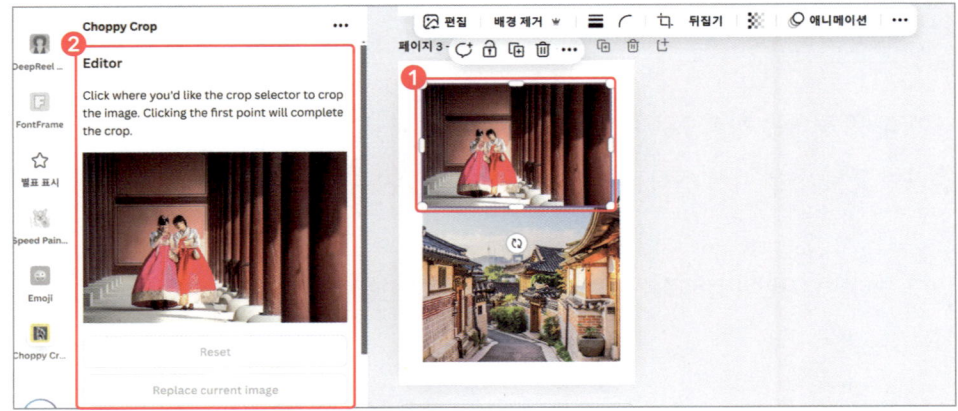

그림 14-14. 이미지를 선택하여 에디터 화면 활성화하기

03　**Editor** 화면에서 이미지 위에 마우스를 놓고 클릭하면 올가미 툴을 사용할 수 있습니다. **올**

가미 툴을 사용해 오리고 싶은 이미지의 가장자리를 따라 꼭짓점을 찍습니다.

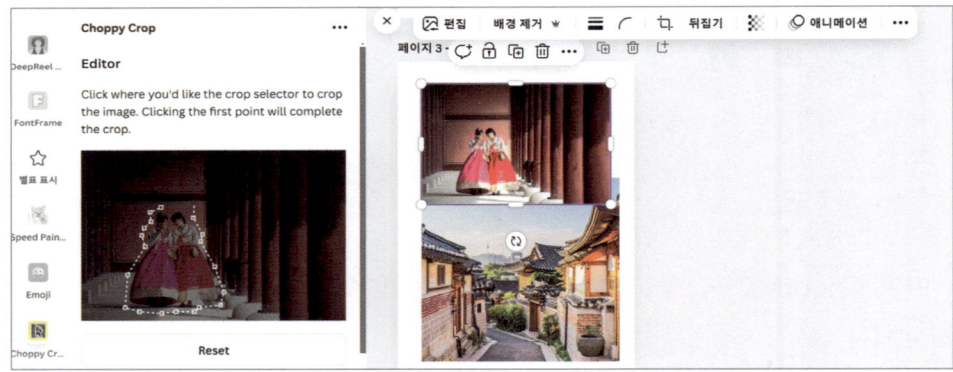

그림 14-15. 올가미 툴 사용하기

04　첫 번째로 찍었던 꼭짓점을 다시 클릭하면 자르기가 완성됩니다.

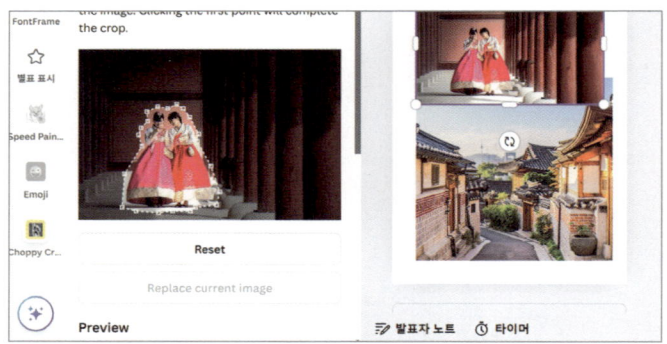

그림 14-16. 첫 번째로 찍었던 꼭짓점을 다시 클릭하여 자르기 완성하기

05 Editor 화면에서 스크롤을 내리면 자르기가 완성된 이미지를 'Preview(미리보기)' 할 수 있습니다. 자르기가 잘 되었는지 확인한 다음, 하단의 **Add to design**을 클릭하여 캔버스에 삽입합니다. 삽입된 이미지를 어울리게 배치합니다.

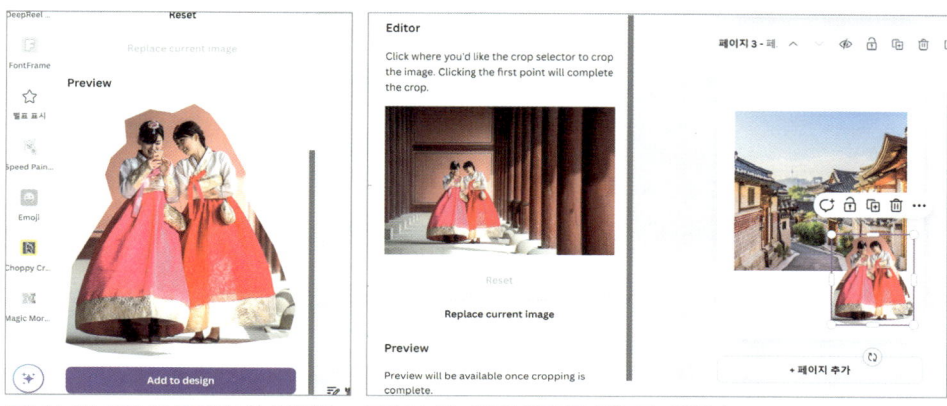

그림 14-17. 미리보기 후 캔버스에 삽입하기   그림 14-18. 삽입된 이미지를 어울리게 배치하기

이처럼 Choppy crop 앱을 사용하면 아래와 같이 '나의 여름방학을 소개하는 포스터'를 만들 수 있습니다. 나의 여름방학과 관련된 이미지를 불러온 다음, Choppy Crop 앱을 사용하여 이미지의 가장자리를 따라 자릅니다. 자른 각각의 이미지를 어울리게 배치하고 제목과 설명을 추가하여 나의 여름방학을 나타내는 콜라주 포스터를 만들어 봅시다.

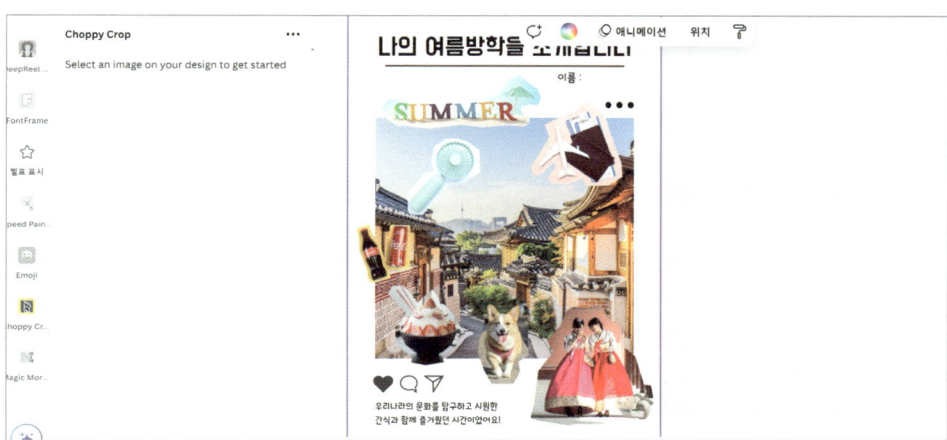

그림 14-19. 나의 여름방학 소개 포스터 완성하기

이외에도 자기소개 콜라주, 우리 가족 소개하기, 나만의 퍼즐 만들기 등 여러 활동에 응용할 수 있습니다.

4. Magic Morph

Magic Morph는 프롬프트를 작성하여 요소나 텍스트, 도형 등을 원하는 대로 변환할 수 있는 앱입니다. 그래픽과 질감을 빠르게 다듬을 수 있다는 특징이 있으며 영어뿐만 아니라 한글로도 프롬프트 작성이 가능해 학생들도 쉽게 사용할 수 있습니다.

01 빈 캔버스를 열고 좌측 **사이드 패널 – [앱]**을 선택한 다음, 'Magic Morph'을 검색하여 클릭합니다.

02 캔버스에 'Canva'라는 **텍스트**를 입력해 보겠습니다.

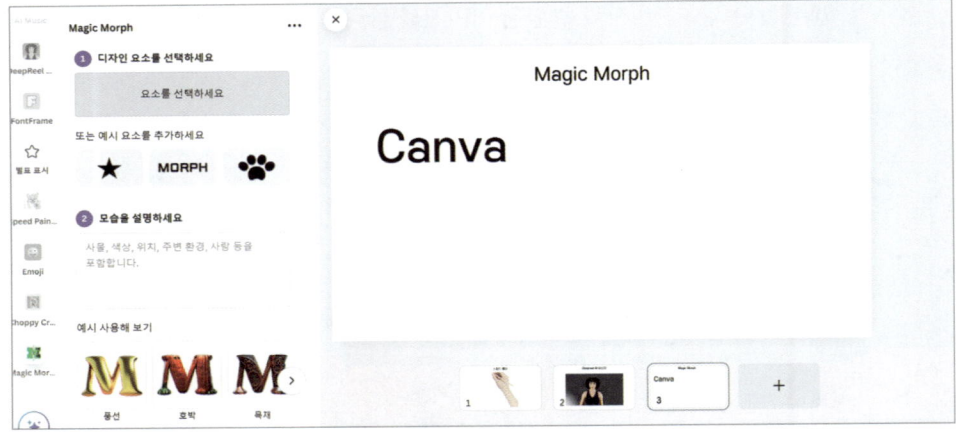

그림 14-20. 텍스트 입력하기

03 'Canva' **텍스트**를 선택하면 좌측 화면의 **'디자인 요소를 선택하세요'** 하단에 'Canva' 텍스트가 표시됩니다.

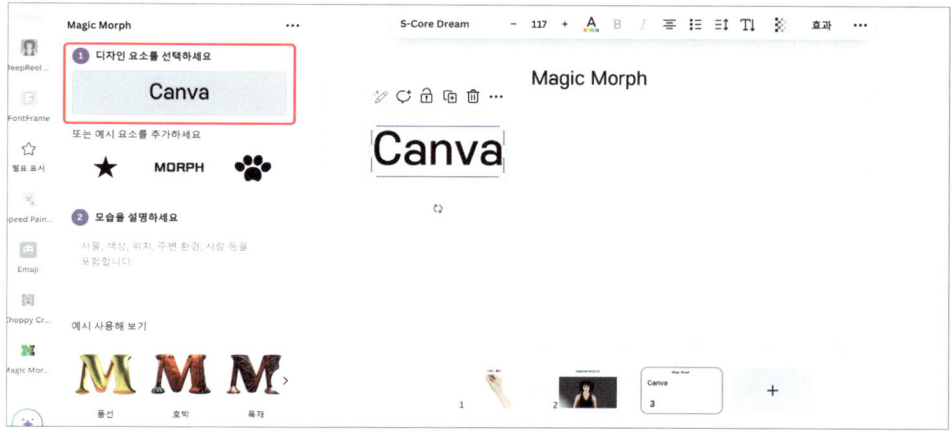

그림 14-21. 좌측 화면에서 텍스트 확인하기

04 Magic Morph 좌측 화면에 제시된 예시 요소의 '**별**'을 추가합니다.

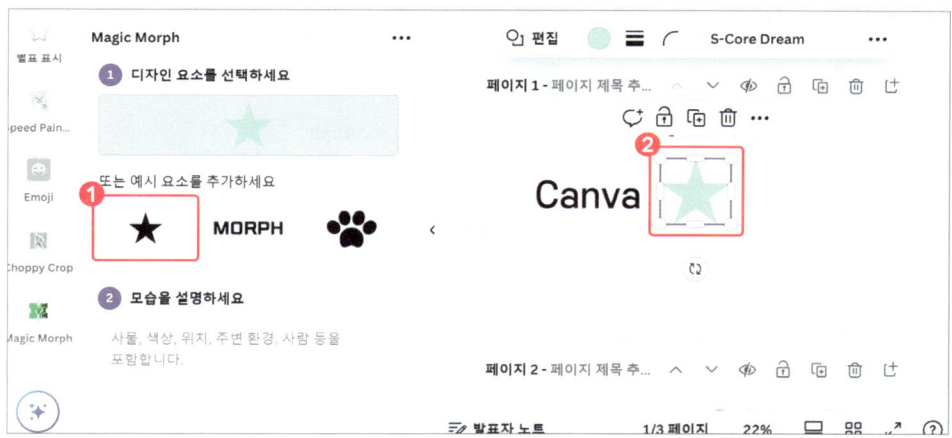

그림 14-22. 예시 요소 '별' 추가하기

05 **사이드 패널**의 [**요소**]에서 '모자'를 검색하여 원하는 '**모자**' 그래픽 이미지도 추가합니다. Magic Morph에서는 캔바에서 제공하는 그래픽 이미지도 변환할 수 있습니다. 다만 모든 요소가 가능한 것은 아니며, 요소를 선택했을 때 좌측의 화면에 해당 디자인 요소가 표시되면 변환이 가능한 요소입니다. 캔버스 화면에서 '모자' 이미지를 선택했을 때는 좌측 화면의 '**디자인 요소를 선택하세요**' 하단에 '모자' 이미지가 표시되는 것을 알 수 있습니다.

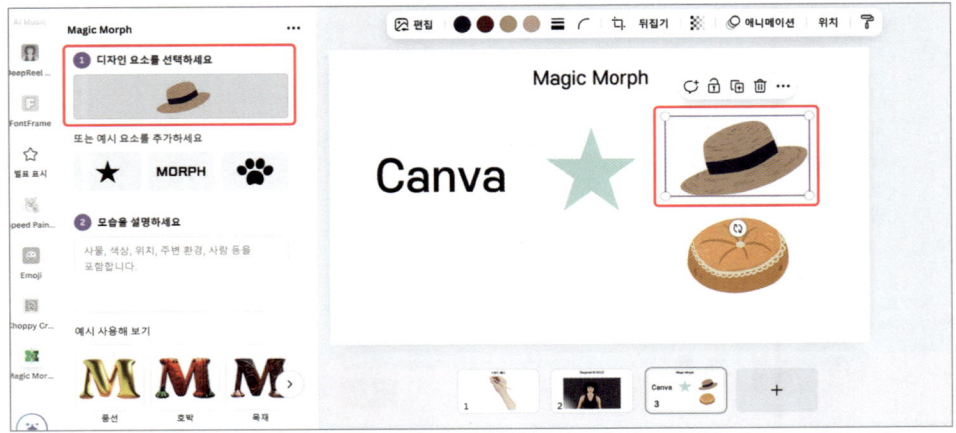

그림 14-23. 디자인 요소 '모자' 선택하기

06 반면에 '방석' 이미지를 선택했을 때는 **'이 요소를 지원하지 않는다'**는 안내를 확인할 수 있습니다.

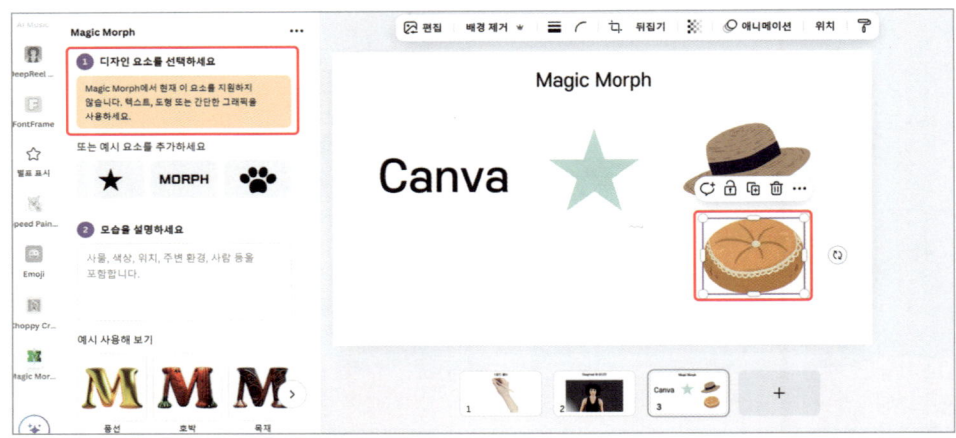

그림 14-24. 디자인 요소 '방석' 선택하기

이제 Magic Morph 앱을 활용하여 앞서 추가한 'Canva' 텍스트, '별', '모자'를 변환해 보겠습니다.

01 먼저 Canva **텍스트**를 선택하고 좌측 화면의 **'예시 사용해 보기'**의 **'풍선'**을 선택한 다음 하단의 'Magic Morph'를 클릭합니다.

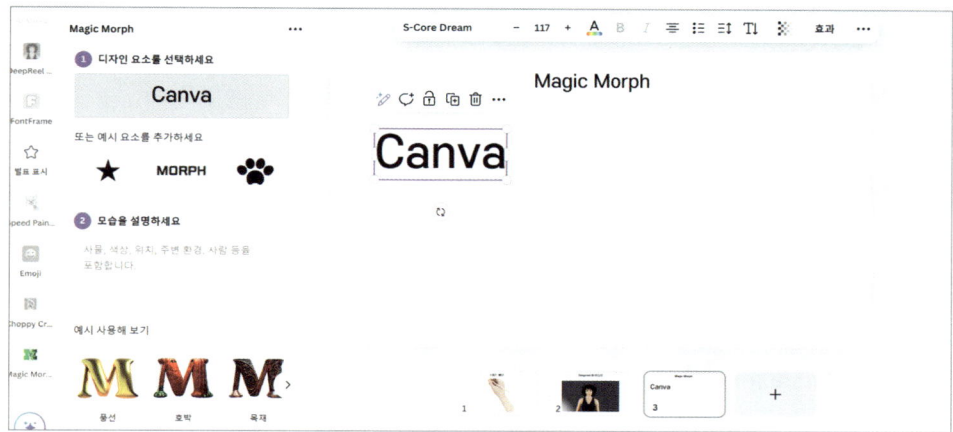

그림 14-25. 텍스트를 '풍선'으로 변환하기

02 풍선 모양의 [Canva]가 생성된 것을 확인할 수 있습니다. 네 개의 이미지 중 원하는 것을 선택하여 캔버스에 삽입합니다.

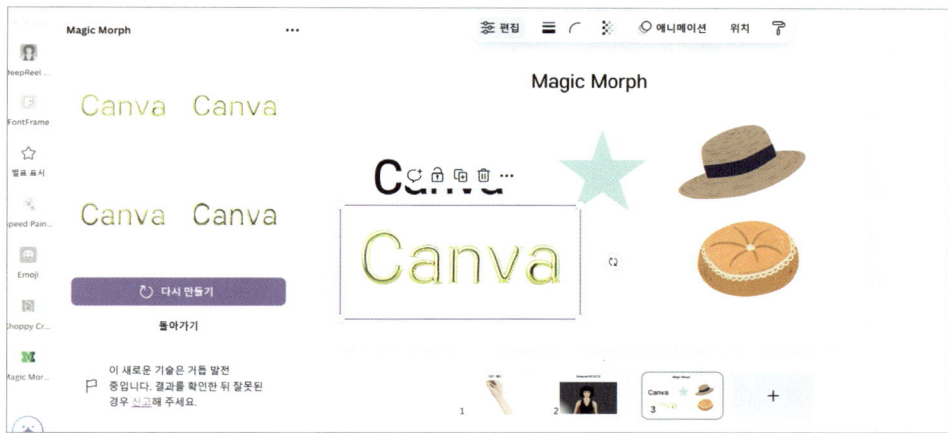

그림 14-26. 풍선으로 변환된 텍스트의 모습

03 다음으로 캔버스에서 '별'을 선택하고 좌측 화면의 **'모습을 설명하세요'**에 **'은색 매끈한 금속 별'**을 입력한 다음 하단의 'Magic Morph'를 클릭합니다.

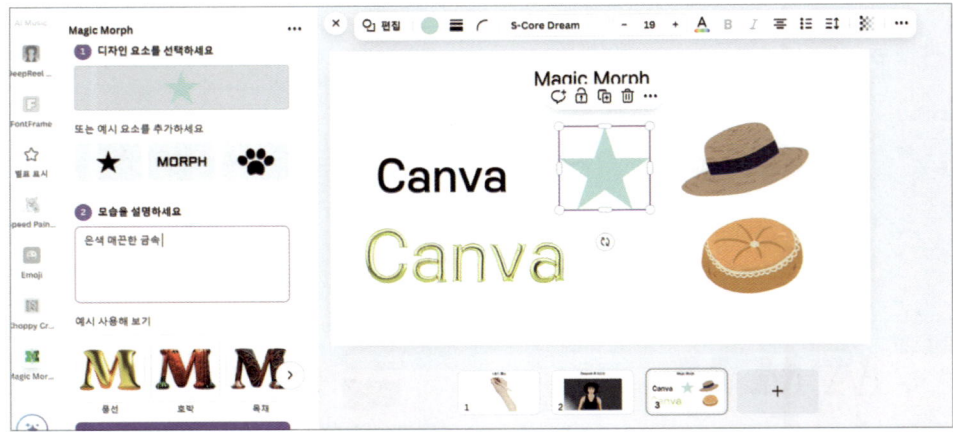

그림 14-27. 변환하고 싶은 모습 설명 입력하기

04 캔버스에 '은색 매끈한 금속'으로 변환된 '별'을 삽입할 수 있습니다.

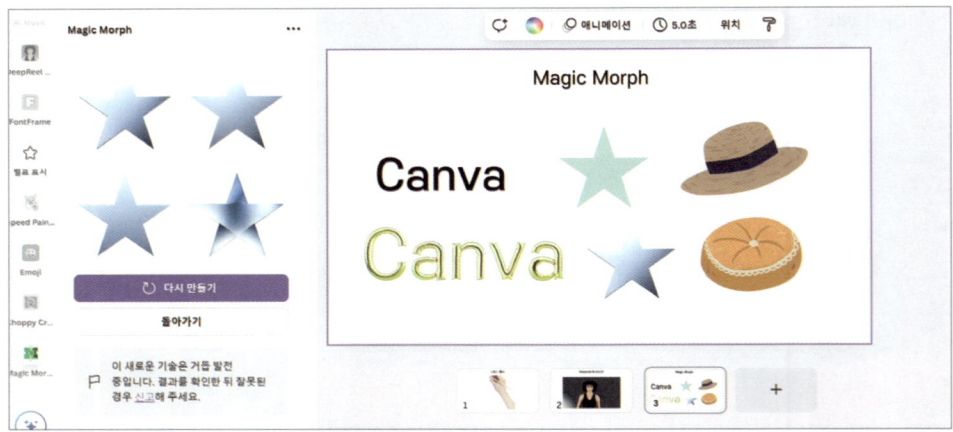

그림 14-28. Magic Morph 앱을 사용하여 변환한 '별'의 모습

05 마지막으로 캔버스의 '모자'를 선택하고 좌측 화면의 '**모습을 설명하세요**'에 '**파란색 벨벳 모자**'를 입력한 다음 하단의 'Magic Morph'를 클릭합니다.

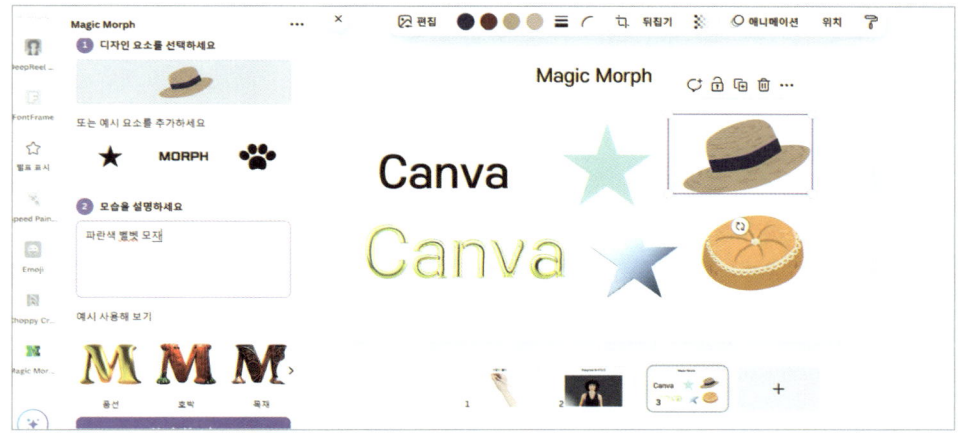

그림 14-29. 변환하고 싶은 모습 설명하기

06 캔버스에 '파란색 벨벳 모자'를 삽입할 수 있습니다.

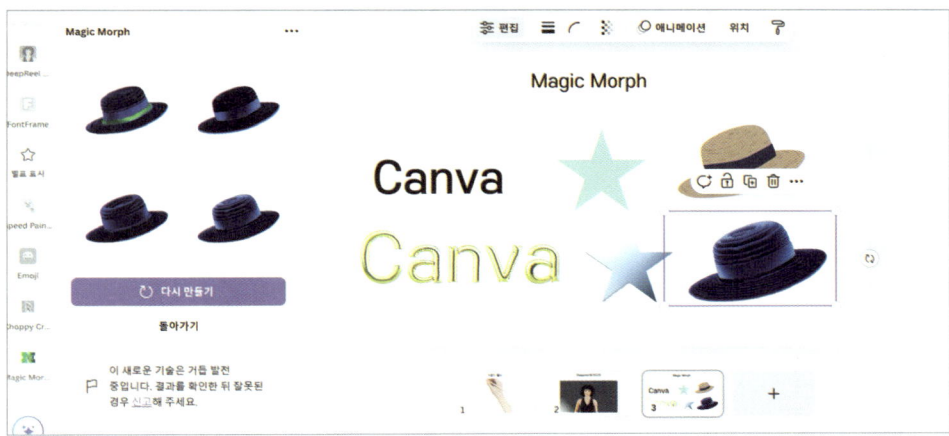

그림 14-30. Magic Morph 앱을 사용하여 변환한 '모자'의 모습

위와 같이 Magic Morph를 통해 내가 원하는 디자인과 질감의 도형, 텍스트를 쉽게 만들 수 있습니다.

5. Cartoonify

캔바의 재미있고 창의적인 앱, Cartoonify는 사진을 손쉽게 만화 스타일로 변환해 주는 앱입니다. 이 앱을 사용하면 평범한 이미지를 마치 만화 속 장면처럼 변신시킬 수 있어, **창의적이고 독특한 콘텐츠**를 만들기에 안성맞춤입니다.

01 빈 캔버스를 열고 좌측 **사이드 패널 – 앱**을 선택한 다음, '**Cartoonify**'를 검색하여 클릭합니다.

02 다음으로 Cartoonify로 변환할 사진을 업로드해야 합니다. 하단의 **choose file**을 통해 내가 갖고 있는 **사진을 업로드**하거나, 캔바에서 제공하는 **요소**를 캔버스에 불러와서 사용할 수도 있습니다.

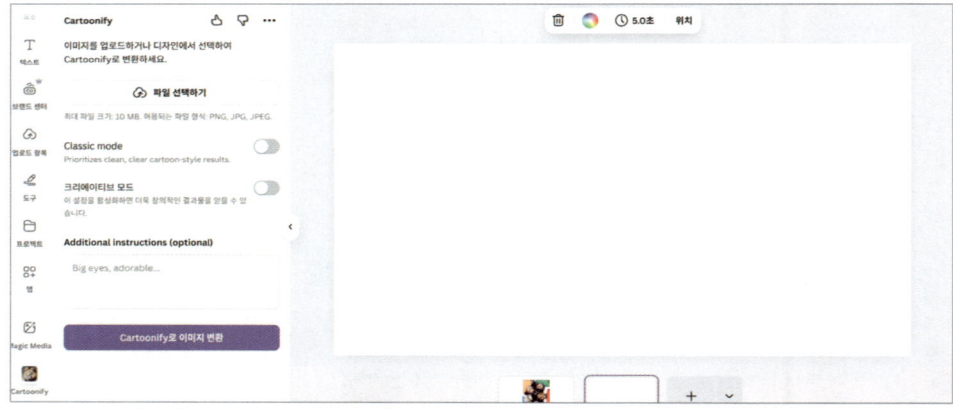

그림 14-31. 사진을 업로드하거나 캔바에서 제공하는 이미지 요소 선택하기

03 **사이드 패널 – 요소**에서 '**어린이**'를 검색하고 캔버스에 '어린이 사진'을 1장 삽입합니다. Cartoonify 앱을 다시 실행하고 조금 전에 불러온 '어린이 사진'을 누르면 좌측 화면의 [**Choose file**] 버튼이 [**Cartoonify and replace**] 버튼으로 바뀝니다.

그림 14-32. 앱을 실행하고 이미지 선택하기

04 [Cartoonify and replace] 버튼을 누르고 잠시 기다리면 '어린이 사진'이 만화풍의 그림으로 변환됩니다.

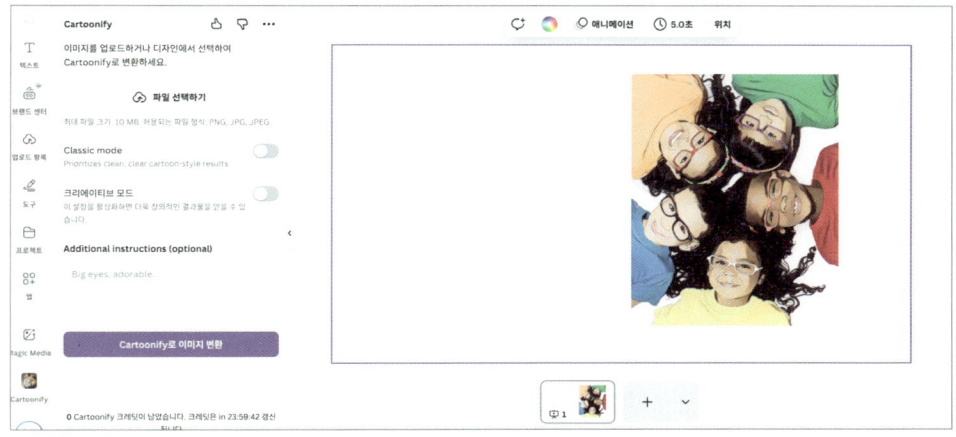

그림 14-33. 이미지를 만화풍으로 변환하기

위와 같이 Cartoonify 앱을 활용하면 인물, 풍경, 건물 등 다양한 사진을 만화풍의 그림으로 바꿀 수 있습니다. 학생들의 관심을 끌 수 있는 재미있는 학습 자료를 제작하기에 편리합니다. 예를 들어, 과학 프로젝트나 역사 발표에 만화 같은 시각 자료를 추가하거나 학생들이 자신의 사진을 만화로 변환하고 웹툰으로 만들어 보는 활동 등에 적용할 수 있습니다.

6. Easy Reflection

캔바의 Easy Reflection 앱은 이미지나 그래픽에 간단하게 반사 효과를 추가해 주는 도구입니다. 이 앱을 사용하면 사진이나 텍스트 아래에 물에 비친 듯한 반사 효과를 쉽게 적용할 수 있어, 디자인에 깊이감과 시각적 흥미를 더할 수 있습니다.

01   빈 캔버스를 열고 좌측 **사이드 패널 – [앱]**을 선택한 다음, 'Easy Reflection'을 검색하여 클릭합니다.

02   캔버스에서 반사 효과를 적용할 **이미지를 선택**하고 [Create reflection]을 클릭합니다. 이미지는 직접 업로드하거나 캔바의 요소에서 제공하는 이미지를 불러와 활용할 수 있습니다.

그림 14-34. 반사 효과를 적용할 이미지 선택하기

03   이미지를 선택하면 좌측 화면에 옵션이 표시됩니다. 이제 좌측 화면의 옵션을 하나씩 살펴보겠습니다.

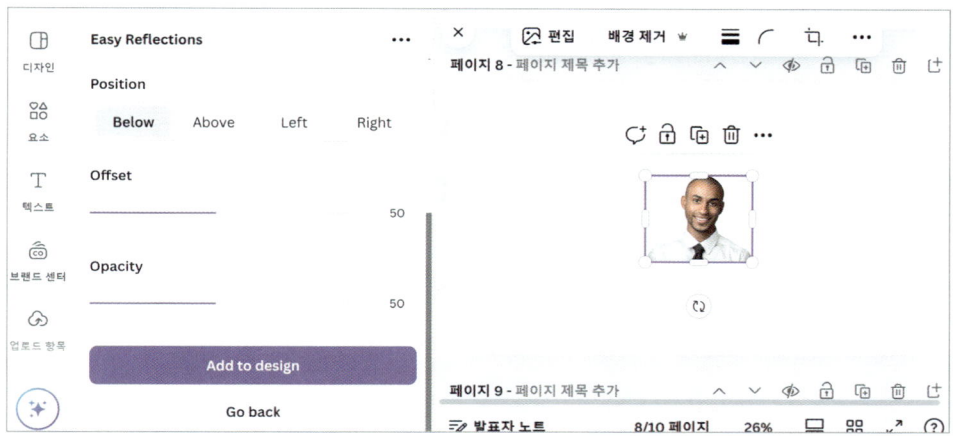

그림 14-35. 옵션 살펴보기

❶ Position: 반사 효과의 위치가 아래인지 위인지, 왼쪽인지 오른쪽인지 선택할 수 있습니다.

❷ Offset: 반사 효과의 크기, 퍼짐의 정도를 설정합니다.

❸ Opacity: 불투명도를 말합니다.

04 인물의 이미지에 각각 아래, 위, 왼쪽, 오른쪽으로 반사 효과를 적용해 보겠습니다.

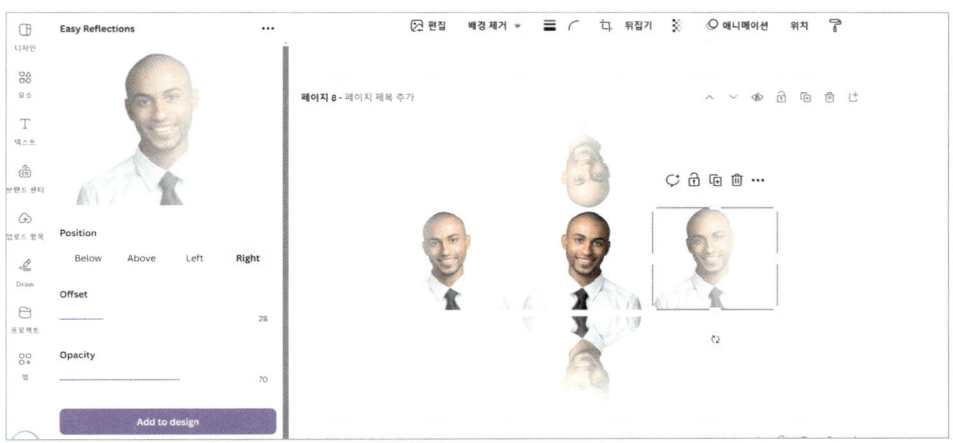

그림 14-36. '반사 효과'를 적용하기

　　Easy Reflection은 **반사된 이미지**를 통해 더 강하고 세련된 분위기를 연출할 수 있으므로 광고 만들기 수업이나, 포스터 만들기, ppt 제작 등에 활용할 수 있습니다. 과학 시간에 거울에 비친 물체의 모습과 관련된 수업을 할 때도 활용할 수 있습니다.

7. Character Builder

Character Builder 앱은 사용자가 다양한 **캐릭터를 손쉽게 디자인**할 수 있도록 도와주는 도구입니다. 이 앱을 통해 사람 모양의 캐릭터를 만들어 프레젠테이션, 소셜 미디어 콘텐츠, 교육 자료, 게임, 또는 다른 프로젝트에 사용할 수 있습니다. 또한 캐릭터의 헤어 스타일, 얼굴 표정, 의상, 포즈 등을 직접 정할 수 있어 다양한 스타일의 캐릭터를 생성하는 데 유용합니다.

01 빈 캔버스를 열고 좌측 **사이드 패널 – [앱]**을 선택한 다음, 'Character Builder'을 검색하여 클릭합니다.

02 좌측 화면에서 [머리] – [전체 보기]를 클릭합니다.

그림 14-37. 머리 선택하기

03 이미지를 선택하면 좌측 화면에 옵션이 표시되고, 머리 스타일을 선택하면 캔버스에 **기본 캐릭터**가 나타납니다.

그림 14-38. 기본 캐릭터의 모습

04 **[뒤로]**를 누르고 **얼굴**을 설정하겠습니다. 얼굴에서는 웃는 얼굴, 진지한 얼굴, 놀란 표정 등 원하는 표정을 선택해 캐릭터의 감정을 표현할 수 있습니다. **[전체 보기]**를 클릭하면 모든 얼굴을 살펴볼 수 있습니다.

그림 14-39. 얼굴 선택하기

05 **[뒤로]**를 누르고 **[몸통]**을 선택합니다. 몸통에서는 캐릭터의 옷과 캐릭터가 서 있거나, 손을 들거나, 앉아 있는 등의 포즈를 설정할 수 있습니다. 하단으로 스크롤을 내리면 **피부색**과 **머리색**도 원하는 대로 설정할 수 있습니다.

그림 14-40. 몸통 선택하기

06 앱을 닫으면 캐릭터가 캔버스에 저장됩니다.

이 앱을 활용해 우리 반 학생들이 체육 시간에 운동장에서 노는 모습을 표현해 보았습니다. 운동장 이미지를 배경으로 넣습니다.

그림 14-41. 배경 사진 넣기

Character Builder에서 여러 캐릭터를 만들어 캔버스에 삽입하면 완성됩니다.

그림 14-42. 다양한 캐릭터 삽입하기

　Character Builder 앱을 수업에서 활용하면 학생들의 창의력과 참여도를 높이는 데 매우 유용합니다. 특히 학생들이 캐릭터를 만들어 직접 표현할 수 있는 기회를 제공해 학습 효과를 극대화할 수 있습니다. 이 앱은 캐릭터를 활용하여 학생들이 자신만의 이야기를 쓰고, 그 속의 캐릭터를 디자인하는 이야기 창작 활동, 다양한 감정을 캐릭터의 표정으로 표현하는 활동 등에 적용할 수 있습니다.

8. FontFrame

　FontFrame 앱은 캔바에서 제공하는 텍스트 스타일링 도구로, 글씨 테두리 안에 그림을 채울 수 있도록 만들어 줍니다.

01　빈 캔버스를 열고 좌측 **사이드 패널 – [앱]**을 선택한 다음, '**FontFrame**'을 검색하여 클릭합니다.

02　앱을 실행하면 좌측에 기본적인 미리보기 화면이 표시됩니다.

그림 14-43. 좌측 미리보기 화면

03 **텍스트 추가** 난에 'KOREA'를 두 줄로 입력합니다.

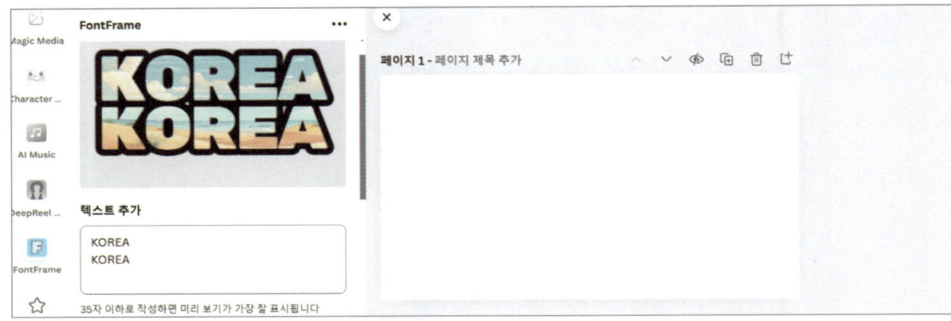
그림 14-44. 텍스트 추가하기

04 **Rubik** 폰트 오른쪽의 '>' 아이콘을 클릭하고 원하는 글꼴로 변경합니다.

그림 14-45. 글꼴 선택하기

05 **프레임 테두리**에서 테두리의 **색상**과 **두께**를 변경할 수 있습니다.

그림 14-46. 테두리의 색상 변경하기

06 다음으로 텍스트 안에 넣을 사진을 불러오겠습니다. **사이드 패널 - [요소]**에서 **'한국'**을 검색하여 텍스트 안에 넣을 '한국' 사진을 골라 캔버스에 추가합니다.

그림 14-47. 텍스트 안에 넣을 사진 불러오기

07 다시 fontframe 앱을 실행하고 방금 불러온 **사진**을 **선택**한 다음, 좌측 화면의 **이미지 선택**에서 **[선택한 이미지 사용]**을 클릭합니다.

그림 14-48. 선택한 이미지 사용 클릭하기

08 미리보기 화면의 KOREA 텍스트 안에 선택한 '한국' 이미지가 들어 있는 것을 확인할 수 있습니다.

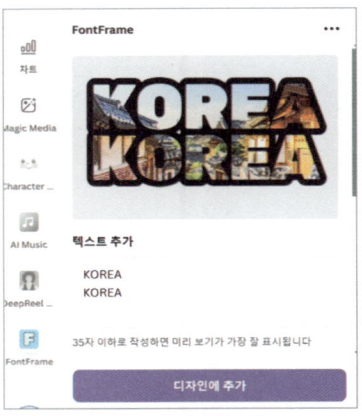

그림 14-49. 미리보기 화면 확인하기

09 하단의 '**디자인에 추가**'를 눌러 'KOREA'를 캔버스에 삽입합니다.

그림 14-50. 디자인에 추가 클릭하기

10 뒷배경의 '한국' 이미지를 삭제하고 삽입된 'KOREA'의 크기를 원하는 대로 조절합니다.

그림 14-51. 크기 조절하기

사이드 패널 – [요소]에서 '**한국**'을 검색하여 한국을 나타내는 그래픽 이미지로 캔버스의 여백을 꾸밉니다.

그림 14-52. 요소에서 '한국' 그래픽 이미지 검색하기

그림 14-53. '한국' 그래픽 이미지로 워드 아트 표지 꾸미기

이처럼 Fontframe 앱을 사용하면 발표 자료, 포스터 등 예쁜 교육 자료를 만들기 쉽습니다. 세계의 다양한 나라에 대해 조사하고 국가 이름으로 워드 아트 표지 만들기, 나의 이름을 가지고 나에 대해 나타내기, 단어 카드 만들기 등 다양한 활동에 적용할 수 있습니다.

이 앱은 AI를 이용해 음악을 생성할 수 있는 앱입니다. 분위기와 음악 요소들의 강도를 조절하여 간단하게 원하는 스타일의 음악을 만들고 삽입할 수 있어, 캔버스를 활용한 동영상 만들기에 유용합니다. 다만, 생성형 인공지능으로 만 18세 이상 연령층만 사용할 수 있기에 학생들은 사용할 수 없고 교사가 교수·학습 자료를 제작할 때 활용하는 것이 좋습니다.

01 빈 캔버스를 열고 좌측 **사이드 패널 - [앱]**을 선택한 다음, 'AI Music'을 검색하여 클릭합니다.

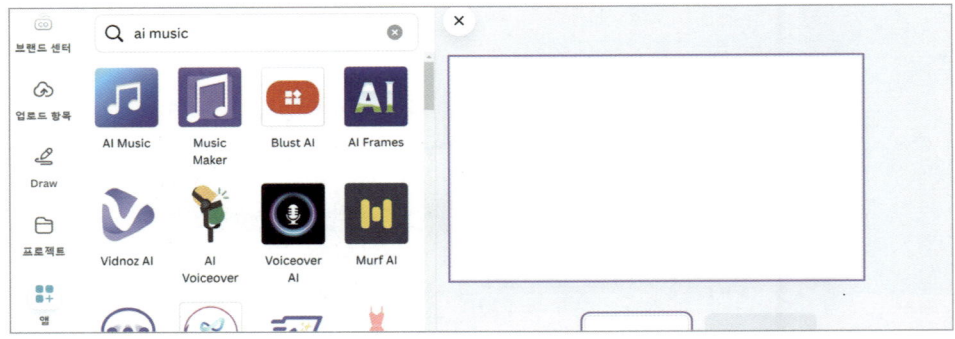

그림 14-54. 앱 검색하기

02 **스타일 및 분위기 선택**에서 내가 만들고 싶은 음악의 분위기를 선택합니다. 선택하는 분위기에 따라 음악 매개 변수가 자동으로 설정됩니다.

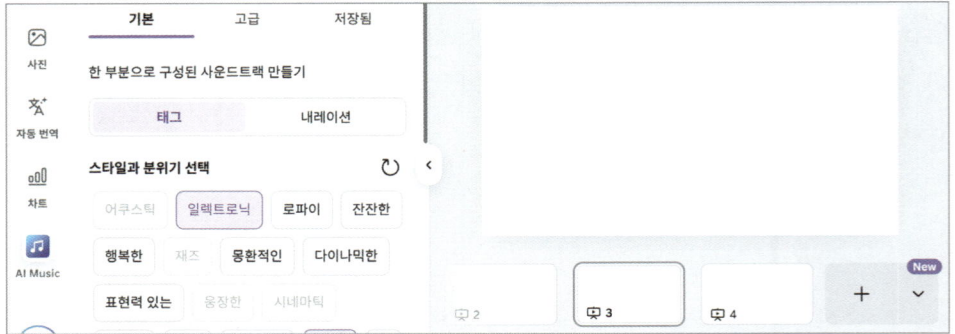

그림 14-55. 스타일 및 분위기 선택하기

03 **음악 매개 변수**는 원하는 대로 세밀한 조절이 가능합니다. '편안한', '느리게', '느슨한' 등의 매개 변수를 자유롭게 조절합니다.

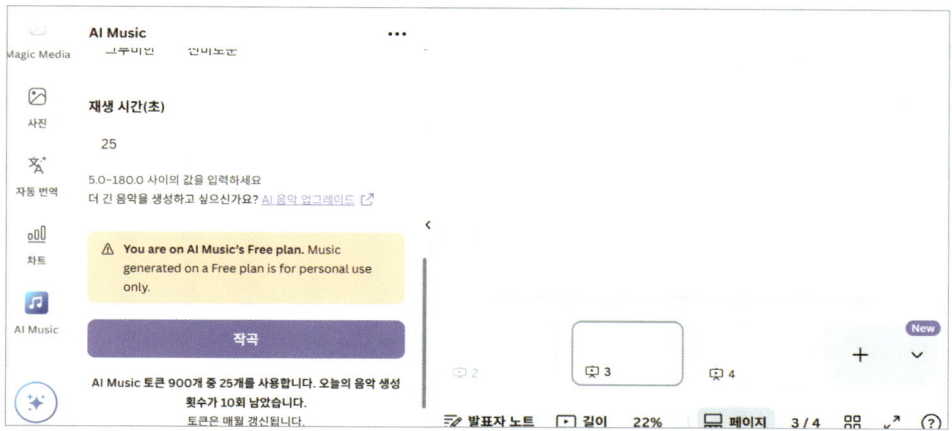
그림 14-56. 음악 매개 변수 조정하기

04 **길이 설정**에서는 음악의 길이를 5~180초 사이로 설정할 수 있습니다. 원하는 음악의 길이에 맞게 5.0~180.0 사이의 숫자를 입력합니다.

05 하단의 [**작곡**]을 클릭하여 나만의 배경 음악을 생성합니다.

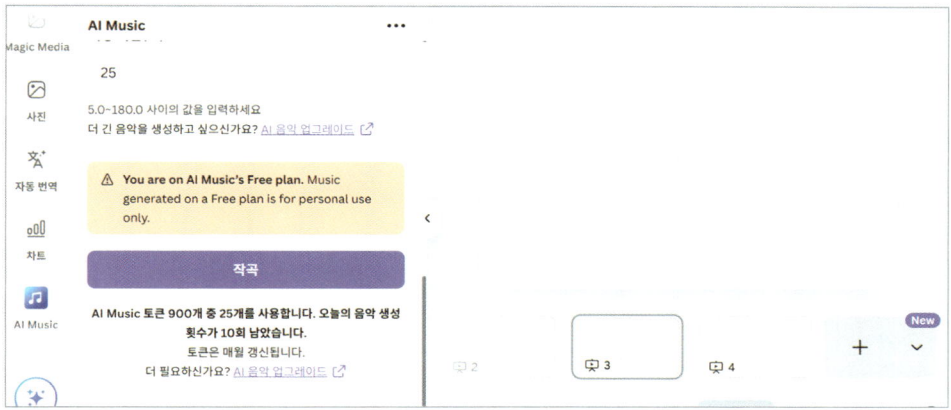
그림 14-57. 길이 설정하기

이처럼 **AI Music**을 사용하면 빠른 시간에 손쉽게 나만의 배경 음악을 생성할 수 있습니다. 분위기와 템포, 길이 등을 고려하여 자신의 콘텐츠에 적합한 음악을 만들 수 있기 때문에 다양한 교육 콘텐츠를 만들고 그 배경 음악으로 사용하기에 용이합니다.

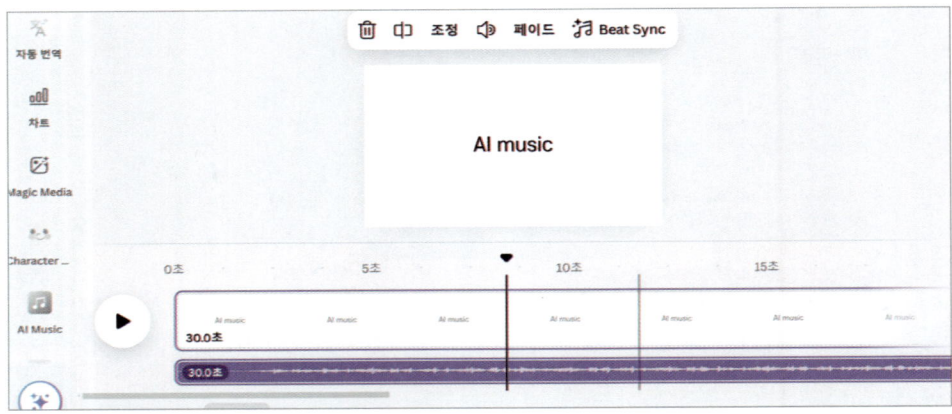

그림 14-58. 배경 음악이 완성된 모습

10. Voice Studio

이 앱은 스크립트를 입력하면 그 내용을 다른 사람의 목소리로 바꾸어 오디오로 만들어 주는 앱입니다.

01 빈 캔버스를 열고 좌측 **사이드 패널 – [앱]**을 선택한 다음, 'Voice Studio'을 검색하여 클릭합니다.

02 Voices에서 **See all(모두 보기)**를 누르고 원하는 **언어**를 선택합니다. English부터 Korean까지 다양한 언어를 선택할 수 있습니다.

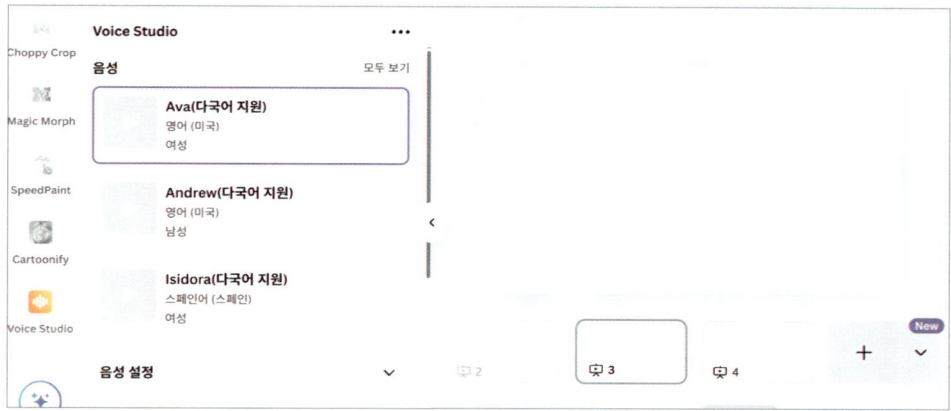

그림 14-59. 언어 선택하기

03 **Korean**(South Korea)을 선택하고 스크롤을 내리면 62종의 **한국어 목소리**를 찾을 수 있습니다. 목소리 왼쪽의 재생 버튼을 누르면 해당 목소리를 미리 확인할 수 있습니다. 여기에서는 '순복' 목소리를 선택하겠습니다.

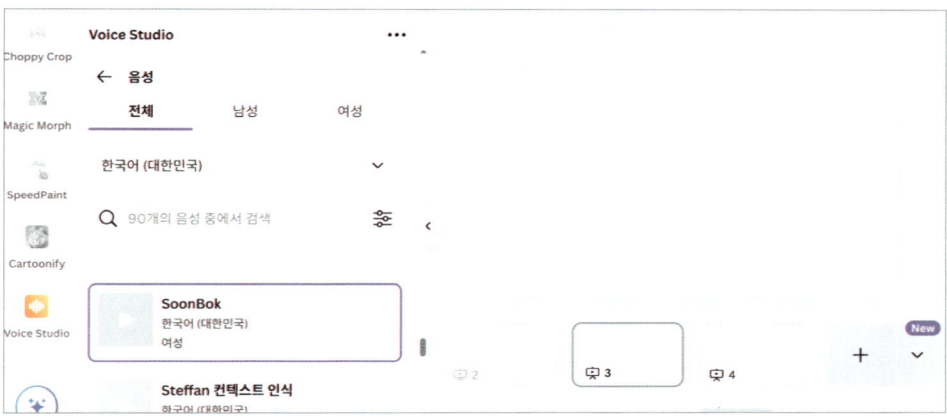

그림 14-60. Korean 선택하고 원하는 목소리 고르기

04 **Voice Settings** 오른쪽의 하단 화살표(   ) 아이콘을 눌러 펼쳐봅니다.

그림 14-61. Voice settings 펼쳐보기

05 목소리의 **Speed(속도)**를 설정할 수 있습니다. Speed는 기본적으로 '1'로 설정되어 있으며 숫자를 작게 하면 더 느리게, 숫자를 크게 하면 더 빠르게 조절할 수 있습니다.

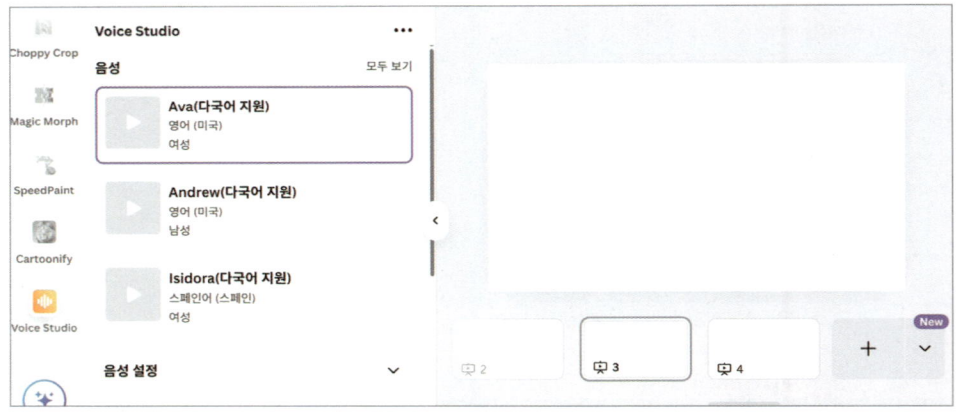

그림 14-62. Speed 설정하기

06 **Script source**에는 세 가지 메뉴가 있습니다. **Manual**에서는 직접 스크립트를 입력하여 목소리를 생성할 수 있고, **Selection**은 캔버스 화면의 텍스트를 선택하면 해당 텍스트를 인식하여 스크립트로 만들어 주는 메뉴입니다. **Upload**는 SRT, VTT 형식의 캡션 파일을 직접 업로드하여 오디오로 바꿀 수 있는 메뉴입니다.

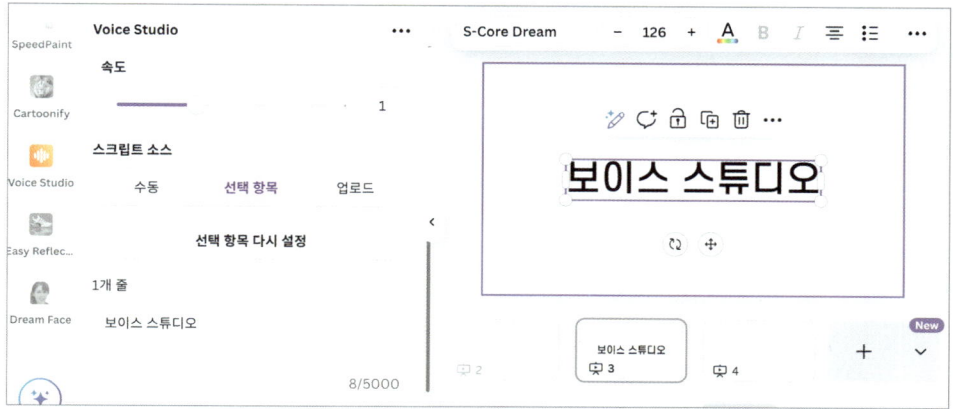

그림 14-63. Script source 선택하기

07 여기에서는 직접 스크립트에 대본을 입력할 수 있도록 Script source에서 **Manual**을 선택하고 하단의 **Script** 난에 대본을 입력합니다.

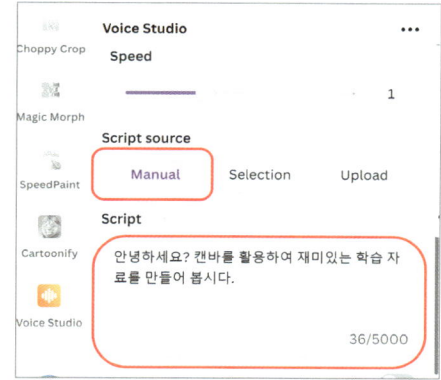

그림 14-64. Script 입력하기

08 [**Generate voice(음성 생성)**]를 누르면 오디오가 생성되고 캔버스에 삽입됩니다.

그림 14-65. 오디오 생성하기

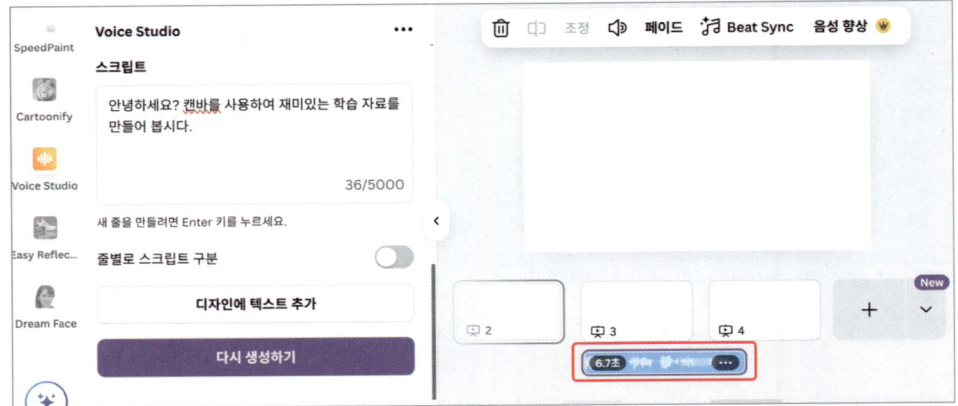

그림 14-66. 오디오가 삽입된 모습

09 삽입된 오디오는 하단의 [길이]를 클릭하면 표시되는 재생 버튼을 눌러 확인할 수 있습니다.

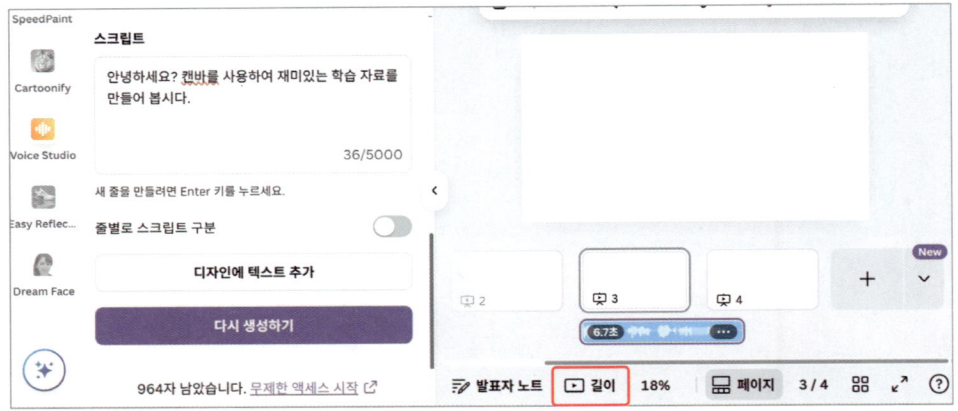

그림 14-67. 오디오 하단의 '길이' 클릭하기

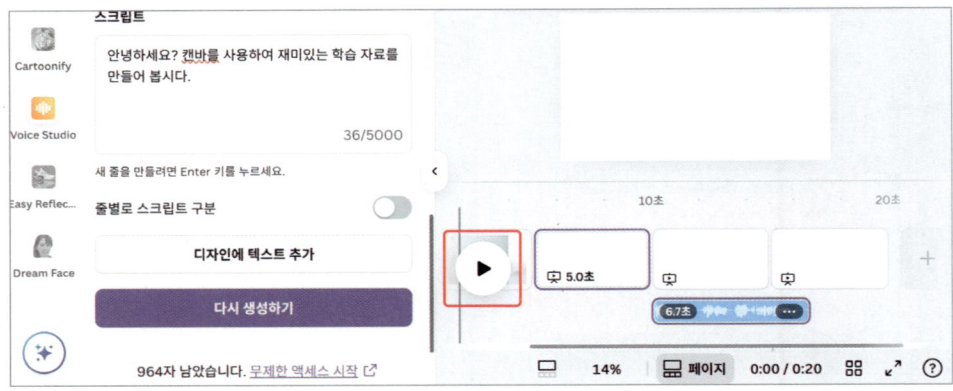

그림 14-68. 오디오 재생하기

이렇게 voice studio 앱을 활용하면 프레젠테이션에 안내 음성을 삽입할 수 있고, 영상을 만들거나 퀴즈를 제작할 때에도 활용할 수 있습니다. 다만, 18세 미만 미성년자는 사용이 불가능하여 수업에서는 쓸 수 없고 교사의 교수학습 자료 제작 등에 활용하는 것이 좋습니다.

지금까지 수업이나 교육 자료 제작 등에 활용할 수 있는 캔바의 앱 열 가지에 대해 알아보았습니다. 이처럼 캔바의 다양한 앱을 활용하면 창의적인 수업 자료와 콘텐츠를 쉽고 간편하게 만들 수 있습니다.

15 캔바와 함께 쓰면 좋은 앱

 이번에는 '캔바와 함께 쓰면 좋은 외부 사이트'라는 주제로, 캔바 디자인 작업을 더욱 풍성하게 만들 수 있는 다양한 외부 사이트를 소개하겠습니다. 캔바와 외부 색조합 사이트를 활용하는 방법을 익히면 캔바 디자인의 색감을 향상시키고 디자인 완성도를 높이는 방법을 알 수 있습니다.

가. 색 조합 사이트

– 캔바와 외부 색조합 사이트를 함께 사용하면 좋은 이유

 캔바는 기본적인 색상 팔레트와 디자인 도구를 제공하지만, 외부 색조합 사이트를 활용하면 더욱 독창적이고 다양한 색상 팔레트를 손쉽게 만들 수 있습니다. 브랜드나 특정 프로젝트에서 색상 규칙을 정하는 데 매우 유용하며, 이를 통해 캔바의 디자인을 더욱 전문적으로 완성할 수 있습니다. 이 과정에서 외부 색조합 사이트에서 원하는 색상을 선택하고, 캔바의 브랜드 키트(Brand Kit)에 등록하여 디자인 작업을 체계적으로 관리할 수 있습니다.

1) 캔바와 함께 쓰면 좋은 외부 색조합 사이트: Adobe Colors

 ※ 사이트 링크: https://color.adobe.com/ko

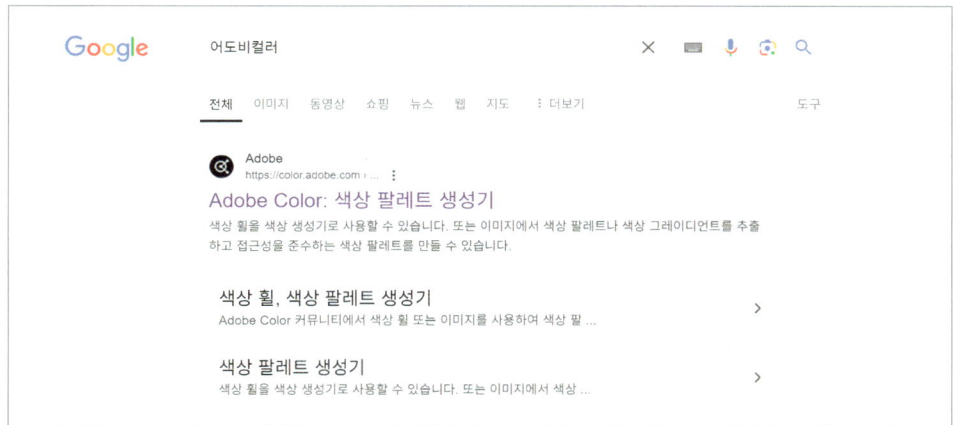

그림 15-1. Adobe Colors 구글 검색창

첫 번째로 소개할 사이트는 Adobe Colors입니다. **구글 검색창에 Adobe colors를 검색해 주세요. 가장 상단에 뜨는 공식사이트를 클릭합니다.** 이 사이트는 매우 직관적이고 유용한 색상 팔레트 생성 도구로, 특히 트렌드에 맞는 색조합을 추천받는 데 탁월합니다.

01 구글 계정으로 간단히 가입하기

Adobe Colors를 더 효율적으로 사용하려면 로그인을 권장합니다. 우측 상단에 로그인 버튼을 눌러 구글 계정으로 쉽게 가입하고 로그인할 수 있습니다. 처음 가입하시는 분들은 간단한 정보만 입력하시면 됩니다. 로그인하면 생성한 색상 팔레트를 저장할 수 있고, 나중에 다시 불러와 사용할 수 있습니다.

02 트렌드 탭 활용하기

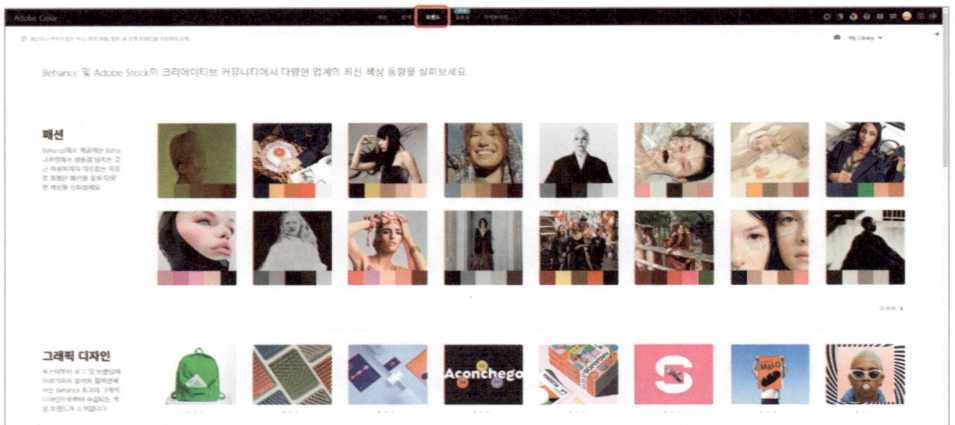

그림 15-2. Adobe Colors 트렌드 탭

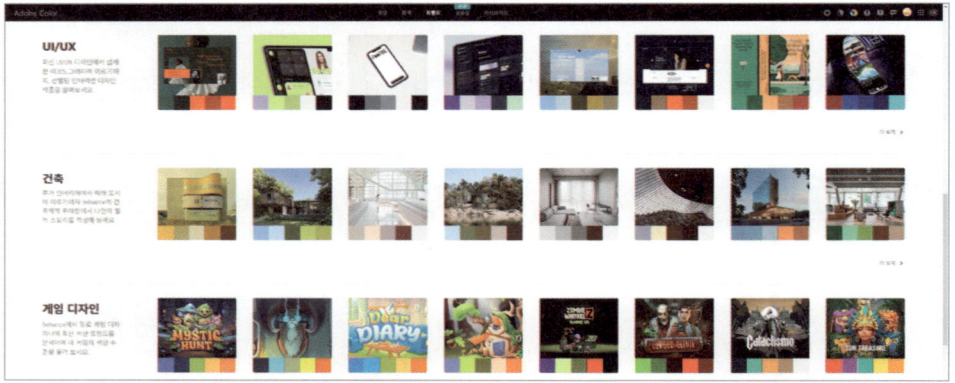

그림 15-3. Adobe Colors 트렌드 탭의 다양한 카테고리

    Adobe Colors의 다양한 기능 중 트렌드 탭은 캔바와 함께 사용하기에 가장 유용합니다.

    상단 바에서 트렌드 탭을 클릭하면, Behance 같은 커뮤니티에서 최신 트렌드를 반영한 색상 조합을 추천받을 수 있습니다. Behance는 전 세계 크리에이터들이 포트폴리오를 공유하고, 최신 디자인 트렌드를 선보이는 Adobe가 운영하는 디자이너 커뮤니티입니다.

    트렌드 탭에는 다양한 카테고리 별로 잘 조합된 색상 팔레트를 추천해 줍니다. 추천되는 색상 팔레트는 최신 트렌드를 반영한 색상 조합이므로, 디자인 업계에서 많이 사용하는 색상을 손쉽게 적용할 수 있는 큰 장점이 있습니다.

03 트렌드 팔레트 선택 및 복사

다양한 카테고리별로 트렌디한 색상 팔레트와 그 색이 사용된 참고 사진(작품)들을 둘러볼 수 있습니다. 패션, 그래픽디자인, 일러스트레이션, UI/UX 등 다양한 카테고리가 있습니다. 그중에서 학교 수업 자료를 만들 때 사용하면 좋을 것 같은 알록달록한 색상이 모여 있는 게임 디자인 카테고리를 조금 더 자세히 둘러보겠습니다.

게임 디자인 카테고리를 클릭하면 현재 유행하는 색상을 기반으로 다양한 팔레트를 추천받을 수 있습니다(그림 15-4). 사용하고 싶은 색상 팔레트를 클릭하면 팔레트의 색상 코드를 바로 클릭하여 복사할 수 있습니다.

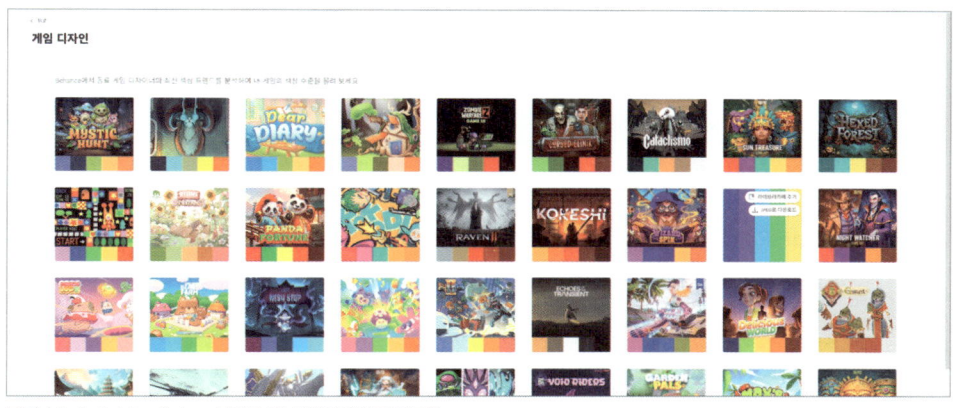

그림 15-4. Adobe Colors 트렌드 탭 게임디자인 카테고리

또 우측에서 로그인한 계정의 라이브러리에 이 팔레트를 저장해두고 꺼내 쓰거나 색상 팔레트 자체를 다양한 파일형식으로 다운로드 받을 수도 있습니다.

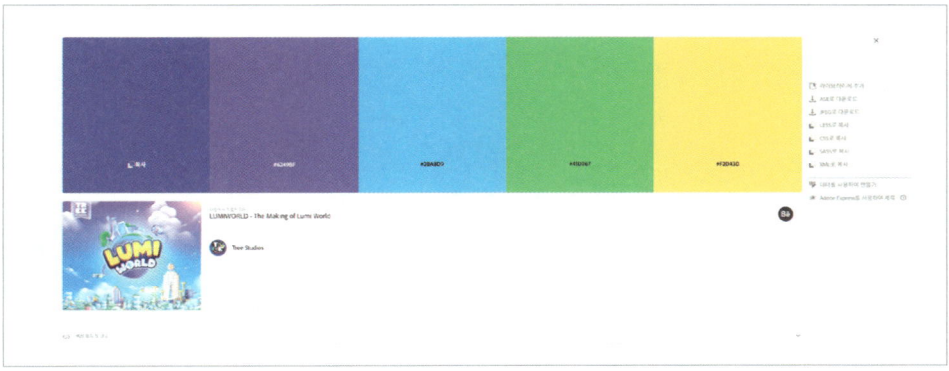

그림 15-5. 선택한 팔레트 활용하기

04 캔바에 색상 등록하기

이제 Adobe Colors에서 선택한 색상 팔레트를 **캔바의 브랜드 키트**에 추가하는 방법을 설명드리겠습니다(그림 15-6).

그림 15-6. 복사한 색상 코드를 캔바 브랜드 키트에 등록하기

❶ **Adobe Colors의 트렌드 탭**에서 원하는 색상팔레트의 색상코드를 클릭해 복사합니다.

❷ **색상 팔레트 등록을 위해 캔바 홈으로 다시 돌아옵니다.**

❸ **캔바**로 이동하여 좌측 사이드 메뉴에서 **브랜드 센터**로 들어간 후 브랜드 키트(Brand Kit)를 선택합니다.

❹ **새 항목 추가** 버튼을 클릭한 후, [팔레트 추가하기(그림 15-7)] - [맞춤 팔레트 추가(그림 15-8)]를 클릭합니다. 새로 생성된 **팔레트의 +버튼**을 눌러 복사한 색상 코드를 붙여 넣습니다(그림 15-9).

그림 15-7. 브랜드키트 팔레트 추가하기

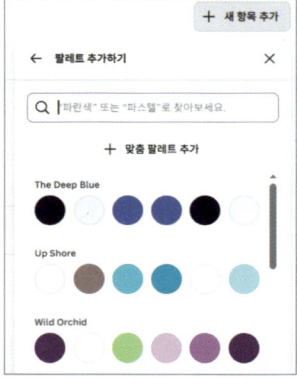

그림 15-8. 맞춤 팔레트 추가하기 클릭

그림 15-9. 복사한 색상코드 붙여넣기

308

이렇게 Adobe colors에서 복사한 색상 팔레트를 하나씩 캔바에 등록할 수 있습니다.

Adobe Colors를 활용하면 최신 트렌드를 반영한 색상을 빠르게 찾아 캔바에 적용할 수 있습니다. 캔바 자체에서도 색상 팔레트를 추천받을 수 있지만, Adobe Colors와 조합해 사용하면 더욱 감각적이고 전문적인 디자인을 완성할 수 있습니다. 또한 Behance에 올라온 다양한 작품을 참고해 시각적인 영감을 얻고, 이를 수업 자료 제작에 반영할 수 있는 장점도 있습니다.

2) 캔바와 함께 쓰면 좋은 외부 색조합 사이트: Color Space

※ 사이트 링크: https://mycolor.space/

그림 15-10. Color Space 홈 화면

또 다른 사이트는 Color space입니다. 구글 검색창에 'Color space'를 검색합니다. 검색 결과 가장 상단에 뜨는 공식사이트를 클릭합니다. 이 사이트는 매우 간단하면서도 강력한 색상 팔레트 생성 도구로, 특히 하나의 색상만으로 다양한 팔레트를 만들 때 유용합니다. Color Space는 교사가 학급이나 학교 로고의 색상을 기반으로 수업 자료를 디자인하거나, 머릿속에 떠오르는 특정 색상에서 출발하여 시각적 일관성을 유지할 수 있는 좋은 도구입니다.

01 Color Space의 강점

Color Space는 하나의 기본 색상을 입력하면 그 색상과 어울리는 팔레트를 자동으로 생성해 줍니다. 이 기능은 디자이너들이 특정 회사의 로고 색상을 기반으로 디자인할 때 많이 사용한다고 합니다.

02 Color Space 사용 방법

- **기본 색상 입력**: 사이트에 접속한 후, 중앙부에 하나의 색상코드를 입력합니다. 예를 들어, 환경 보호 수업을 하면서 녹색이 들어간 디자인을 하려고 할 때 사용하고 싶은 하나의 녹색 색상코드를 입력합니다. **색상코드를 잘 모르는 경우 색상 팔레트에서 직접 중심이 될 색상을 선택할 수 있습니다.**

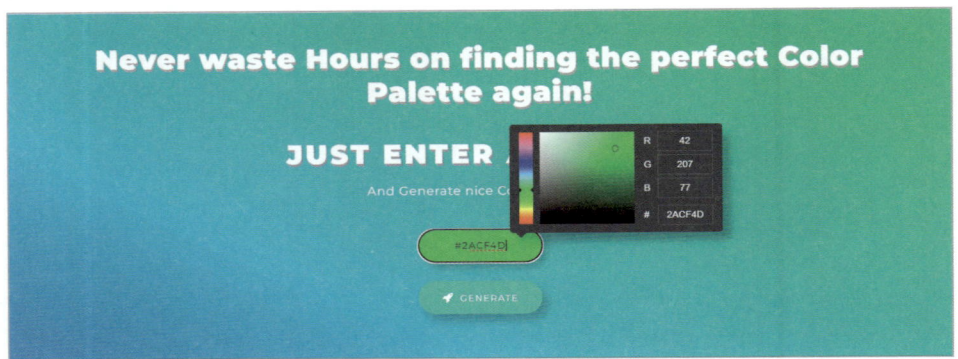

그림 15-11. 중심 색상 선택하기

- **팔레트 생성**: Color Space는 자동으로 어울리는 색상 조합을 제안합니다. 하나의 중심이 되는 색상코드만 입력했을 뿐인데 정말 다양한 팔레트를 추천해 주는 것을 볼 수 있습니다(그림 15-12).
- **복사 및 적용**: 마음에 드는 팔레트를 찾았다면, 색상을 클릭하여 복사합니다. 이 색상은 캔바에 등록하여 바로 사용할 수 있습니다.

그림 15-12. 중심 색상과 어울리는 다양한 팔레트 추천

03 Color Space에서 캔바로 색상 등록하기

　　Color Space에서 선택한 색상을 캔바의 Brand Kit에 등록하는 과정은 Adobe Colors와 동일합니다. 클릭으로 색상을 복사한 후, 캔바의 브랜드 키트에서 새 항목 추가를 클릭해 색상을 붙여 넣으면 됩니다.

　　이렇게 Color Space의 기능을 통해 학급이나 학교의 로고 색상이나 수업 주제에 맞는 색상 팔레트를 쉽게 만들 수 있습니다.

3) 캔바와 함께 쓰면 좋은 외부 색조합 사이트: Color Hunt

※ 사이트 링크: https://colorhunt.co/

　　이번에 소개할 사이트는 **Color Hunt**입니다. 구글에 Color hunt를 검색합니다. 검색 결과 가장 상단에 뜨는 Color hunt 공식 사이트를 클릭합니다. 이 사이트는 직관적이고 간단한 사용자 인터페이스(UI) 덕분에 누구나 손쉽게 팔레트를 둘러보고 선택할 수 있어 많은 사람들이 사용합니다. 사이트에 접속하면 바로 오늘의 인기 팔레트가 화면에 표시되며, 다양한 팔레트를 쉽게 탐색할 수 있습니다(그림 15-13).

그림 15-13. Color Hunt 홈 화면

01 Color Hunt의 강점

Color Hunt는 간단하면서도 직관적인 UI 덕분에 사용자가 원하는 팔레트를 쉽게 찾을 수 있습니다. 특히 각 팔레트 아래에 하트 아이콘이 있어, 팔레트의 인기 여부를 한눈에 확인할 수 있습니다. 인기가 많은 팔레트일수록 하트 수가 많아, 트렌디한 팔레트를 빠르게 선택할 수 있죠. 또 홈 화면 좌측 사이드에서 new, popular 등의 탭으로 새로운 팔레트나 인기 있는 팔레트를 모아볼 수 있습니다.

02 Color Hunt 사용 방법

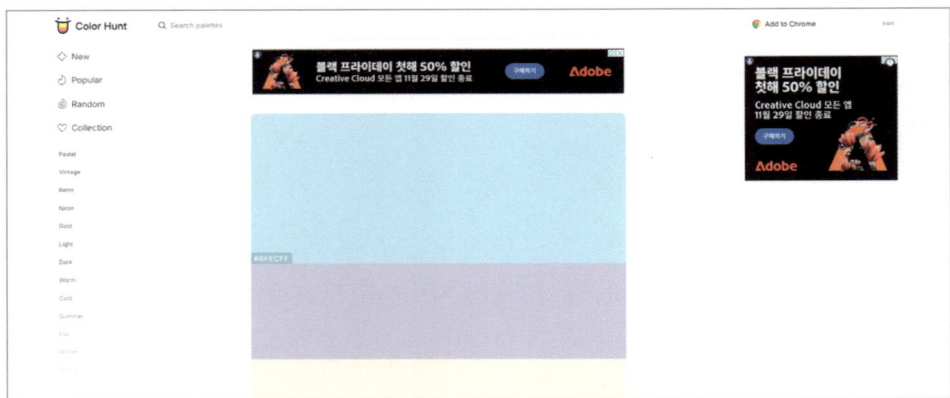

그림 15-14. Color Hunt 팔레트 선택 화면

312

Color hunt 사용 방법을 설명드리겠습니다.

- **팔레트 선택**: Color Hunt의 메인 페이지에서 마음에 드는 **팔레트를 선택**합니다. 팔레트 하단의 하트 수를 참고해 인기가 많은 팔레트를 선택할 수도 있습니다.

- **복사 및 적용**: 원하는 팔레트를 클릭하면 색상들이 표시되며, 각각의 색상을 클릭하여 복사할 수 있습니다.

- 팔레트를 이미지로 저장하거나 링크로 공유를 할 수도 있습니다.

03 Color Hunt에서 캔바로 색상 등록하기

Color Hunt에서 선택한 색상을 캔바의 Brand Kit에 등록하는 과정은 Adobe Colors 및 Color Space와 동일합니다. 색상을 클릭해 복사한 후, 캔바의 브랜드 키트에서 새 항목 추가 버튼을 눌러 색상을 붙여 넣으면 됩니다.

Color Hunt의 단순하고 직관적인 UI 덕분에, 최신 트렌드에 맞는 팔레트를 손쉽게 찾아 캔바에 적용할 수 있습니다. 이제 Color Hunt에서 트렌디한 팔레트를 찾아 현대적이고 감각적인 수업 자료나 디자인 프로젝트에 활용해보세요.

나. 폰트 사이트

1) 캔바와 함께 쓰면 좋은 무료 폰트 사이트: 눈누

이번에는 캔바와 함께 사용하면 좋은 무료 폰트사이트 **'눈누'** 사용법을 알아보겠습니다. 구글에 '눈누'라고 검색하여 가장 상단에 뜨는 공식 사이트를 클릭합니다.

※ 사이트 링크: https://noonnu.cc/

그림 15-15. 눈누 홈 화면

　캔바에는 이미 훌륭한 폰트들이 많이 등록되어 있으며, 교육 계정을 사용하시면 모든 폰트를 비영리 목적으로 사용할 수 있습니다. 그럼에도 불구하고 캔바에 등록되어 있지 않은 유명하고 예쁜 폰트들도 많이 있습니다. 만약 그런 폰트를 사용하고 싶다면, 제가 추천할 무료 폰트 사이트가 있습니다. 바로 눈누입니다. 눈누를 통해 한국어 폰트를 추가하여 더욱 다양한 스타일의 디자인을 완성할 수 있습니다.

01 눈누의 강점

　눈누는 저작권이 명확하게 구분된 무료 한국어 폰트를 제공하는 사이트입니다. 눈누에 올라온 글꼴은 모두 저작권 정보가 명확하게 표시되어 있어, 저작권 확인만 하면 수업 자료나 업무 자료를 제작할 때 저작권 문제를 걱정할 필요가 없습니다. 또한, 각 글꼴별로 상업적 사용 가능 여부가 표시되어 있으므로, 확인 후 상업적 용도로도 안전하게 사용할 수 있습니다.

라이선스 요약표

카테고리	사용 범위	허용 여부
인쇄	브로슈어, 포스터, 책, 잡지 및 출판용 인쇄물 등	O
웹사이트	웹페이지, 광고 배너, 메일, E-브로슈어 등	O
포장지	판매용 상품의 패키지	O
영상	영상물 자막, 영화 오프닝/엔딩 크레딧, UCC 등	O
임베딩	웹사이트 및 프로그램 서버 내 폰트 탑재, E-book 제작	O
BI/CI	회사명, 브랜드명, 상품명, 로고, 마크, 슬로건, 캐치프레이즈	O

그림 15-16. 눈누 글꼴 라이선스 요약표

02 눈누에서 글꼴의 저작권 확인 방법

눈누에서 글꼴의 저작권을 확인하는 방법을 알려드리겠습니다.

- 원하는 폰트를 클릭하면, 해당 폰트의 상세 페이지가 열립니다.
- 스크롤을 조금 내리면 [라이선스 요약표]에서 저작권 정보를 확인할 수 있습니다. 글꼴의 사용 범위를 명확히 알 수 있습니다.
- 콘텐츠 제작 목적에 따른 사용 범위 확인 후, 폰트를 안전하게 사용할 수 있습니다.

03 눈누에서 글꼴 다운받기

이제 눈누에서 글꼴을 다운받아 봅시다.

- 눈누에서 '나눔'이라고 검색해 봅시다(그림 15-17).
- '나눔스퀘어체' 글꼴의 라이선스 요약표를 살펴보겠습니다. 모든 카테고리에서 폰트 사용이 허용이 되어 있습니다. 특히 폰트 파일의 수정, 복제, 배포가 가능하다는 OFL 카테고리가 눈에 띕니다. 유료 판매만 하지 않으면 수업자료 제작에 사용해도 무방할 것 같습니다.
- '나눔 스퀘어체' 글꼴을 사용하기 위해 [다운로드 페이지로 이동] 버튼을 누릅니다. 글꼴의 다운로드는 눈누를 벗어나 폰트 사이트에서 다운로드를 받아야 합니다.
- 폰트는 압축 파일(zip) 형태로 다운로드됩니다. 파일이 다운로드되면 압축을 풀어야 사

용 가능합니다.

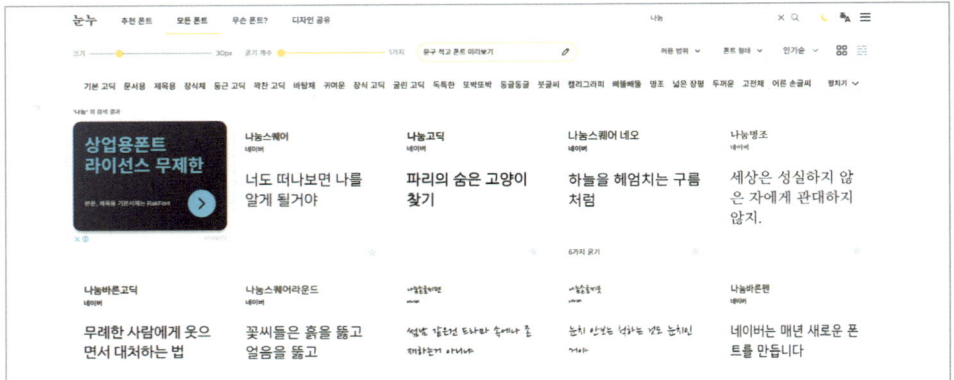
그림 15-17. 눈누에서 글꼴 검색하기

그림 15-18. 글꼴 선택하기(나눔스퀘어)

그림 15-19. 글꼴 다운로드 받으러 가기

04 압축 파일 해제 방법

다운받은 폰트 파일은 압축 파일이므로, 먼저 압축을 풀어야 합니다.

- 알집 같은 압축 프로그램을 사용해 파일을 해제합니다.
- 알집은 구글에서 '알집 다운로드'를 검색해 설치할 수 있습니다.
- 압축을 풀면 여러 가지 폰트 파일이 나타납니다.
- 이 중 원하는 굵기나 스타일의 폰트를 선택해 캔바에 업로드할 수 있습니다.
- 이제 압축 프로그램을 이용해 '나눔 폰트'의 압축을 해제해 봅시다.

05 캔바에 글꼴 업로드하기

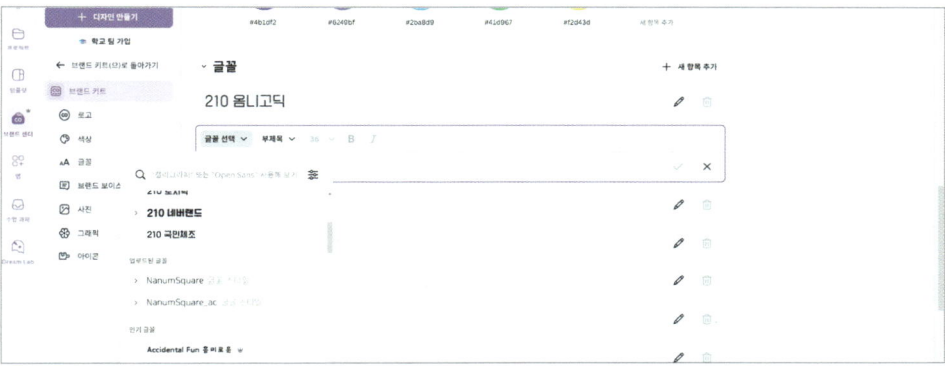

그림 15-20. 캔바 브랜드 키트에서 글꼴 업로드 선택하기

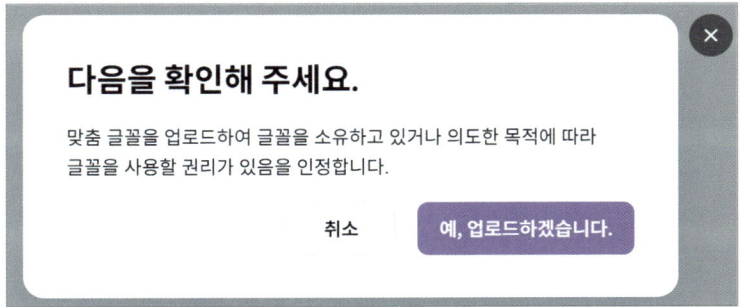

그림 15-21. 글꼴 업로드하기

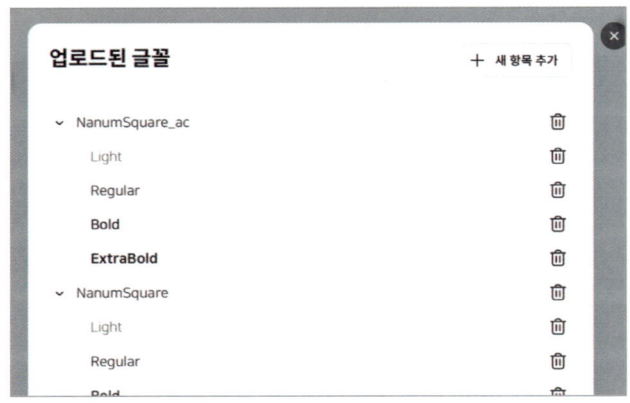

그림 15-22. 업로드 된 글꼴 확인하기

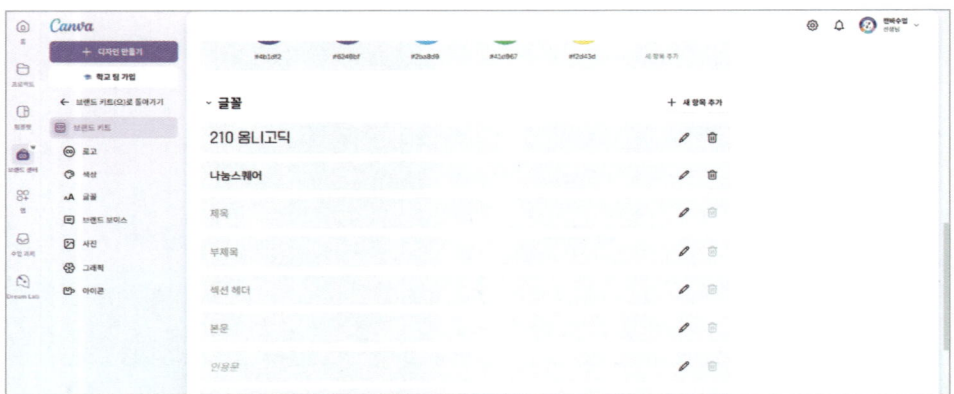

그림 15-23. 업로드한 글꼴(나눔스퀘어) 브랜드키트 글꼴로 등록하기

눈누에서 다운받은 폰트를 캔바의 브랜드 키트에 업로드하는 방법을 알아봅시다.

❶ 캔바로 이동하여 좌측 메뉴에서 브랜드 센터로 들어간 후, 브랜드 키트(Brand Kit)를 선택합니다.

❷ 브랜드 글꼴 추가 버튼을 클릭하고, 다운로드한 폰트를 파일 선택 창에서 업로드합니다.

❸ 폰트를 업로드할 때 저작권 경고창이 뜨므로, 다시 한번 저작권 문제가 없는지 확인을 합니다.

❹ 업로드가 완료되면, 해당 폰트를 캔바의 텍스트 편집에서 자유롭게 사용할 수 있으며 브랜드
키트의 대표 글꼴로도 설정할 수 있습니다

이처럼 눈누를 통해 다양한 무료 한국어 폰트를 다운로드하고, 캔바에 업로드함으

로써 디자인 작업에 더 많은 글꼴을 활용할 수 있습니다. 글꼴을 사용할 때는 반드시 저작권 정보를 확인하고, 안전하게 사용해야 한다는 점을 잊지 마세요.

외부 색 조합 사이트와 무료 폰트 사이트를 적절히 결합하면, 디자인의 일관성과 시각적 임팩트를 극대화할 수 있습니다. 수업 자료나 프로젝트 디자인에 더욱 창의적이고 전문적인 요소를 추가할 수 있으니, 오늘 배운 내용을 활용해 여러분만의 독창적인 디자인을 완성해 보세요.

캔바와 함께한 외부 사이트 활용 강의가 여러분의 디자인 작업에 많은 도움이 되었기를 바랍니다. 이제 여러 도구들을 잘 활용해, 더욱 풍부한 디자인 작업을 경험해 보시기 바랍니다.

저자진 소개

박준호 | nalssam@naver.com

반송초등학교 교사. 2016년 디지털 미디어 교육 콘텐츠를 제작하며 '몽당분필' 교사 연구 모임을 창립하고, 유튜브·인스타그램·블로그 등에서 교육 콘텐츠를 공유해 왔다. 미디어 리터러시와 에듀테크 활용 수업에 관심을 갖고, 정보화 교육을 통해 학생 맞춤형 수업을 실천해 왔다. 2020년부터 네이버 커넥트재단과의 협업을 통해 인공지능 교육을 연구하기 시작했으며, 코로나19 극복 위기관리 교육분야 대상 수상 및 국무총리 선정 인플루언서로도 활동했다. 현재는 디지털미디어교육콘텐츠 교사연구협회 '몽당분필'의 대표이사로서, 교육을 통한 사회 공헌에 힘쓰고 있다.

장덕진 | jdj931013@korea.kr

2019년 학생 탐구 대회에서 포트폴리오를 효과적으로 공유하기 위해 구글 사이트 도구를 아이들에게 지도하며 에듀테크의 교육적 적용을 시작했다. 이후 디지털 활용 교육을 지속적으로 실천한 성과로 2022년 대한민국 정보교육상을 수상하였다.
경기도교육청, 경기도융합과학교육원, 교육부 학부모정책과(함께학교)에서 교육행정을 경험한 뒤, 현재는 교육부 중앙교육연수원 교육연구사로서 더 나은 교육을 만들어 가기 위해 힘쓰고 있다.

강나진 | andchunsa@korea.kr

서탄초등학교 교사. 에듀테크와 학교 교실을 연결하기 위해 부단히 노력하고 있다. 2024/2025 경기도 수업혁신 연구대회 1등급, 비상 AI 창의 수업안 경진대회 최우수상 등 다수 수상하였으며, 특히 캔바를 활용한 수업을 계획하고 교실 현장에 적용하기 위해 꾸준히 실천하고 있다. 또한 NWEE(Naver Whale Educator Expert), 지식샘터 강사, KERIS 주관 e학습터 기반 공공학습 플랫폼 교육자료 사례 발굴 등에 참여하며, 교사 자신과 동료 교사의 역량 함양을 위한 활동에도 함께하고 있다.

김현희 | apple_hee@naver.com

종덕초등학교 교사. 교실 현장에서 학생 맞춤형 디지털 교육을 꾸준히 실천하고 있으며, 아이들이 즐겁게 참여하며 성장할 수 있는 배움의 장을 만들고자 노력하고 있다.
서울교육대학교 대학원 인공지능교육과에서 학문적 탐구를 이어가고 있으며, (사)디지털미디어교육콘텐츠 교사연구협회 '몽당분필' 정회원으로 활동 중이다.
디지털교육연구대회 전국 2등급, 구글 공인 트레이너, 경기에듀테크소프트랩 지원단, 교육부 AIEDAP 마스터교원, 교실혁명 선도교원, 경기도 AIDT 실행 강사 등으로 참여하며 교사의 디지털 역량 강화를 실천하고 있다.
부총리 겸 교육부 장관상, 교육감·교육장 표창을 수상하였고, 지식샘터 Canva 활용 수업 우수 강사로도 선정되었다. 교사·연구자·전문가로서 현장과 연구를 잇는 가교가 되기를 꿈꾼다.

박태호 | hopeourhappiness@gmail.com

새솔초등학교 교사. 디지털기반교육혁신선도학교 운영을 맡아 학생 맞춤형 디지털 교육을 연구하고 실천하고 있다.
캔바 코리아 에듀 크리에이터로 활동하며, 교사와 학생 모두가 쉽게 활용할 수 있는 시각·디지털 자료 템플릿과 제작 방법을 공유하고 있다.
(사)디지털미디어교육콘텐츠 교사연구협회 '몽당분필' 운영진으로서, 미디어 활용 교육과 에듀테크 기반 수업 모델을 연구하고 현장에 적용할 수 있는 다양한 프로그램을 기획하고 있다.

신민경 | shmk11013@gmail.com

오산초등학교 교사. 학생 맞춤형 에듀테크 교육을 교실 현장에서 실천하고 있으며, (사)디지털미디어교육콘텐츠 교사연구협회 '몽당분필' 정회원으로서 미디어 활용 및 에듀테크 기반 수업 모델을 연구·확산하는 데 힘쓰고 있다.

지학사 에듀테크 수업자료 공모전 최우수상 수상자이며, 구글 공인 교육 전문가이자 에듀테크 연수 강사로 활동하며 교사와 학생의 디지털 리터러시 역량 강화를 위한 교육과 지원에 앞장서고 있다.

윤지원 | jwt515@naver.com

용죽초등학교 교사. 교실 현장에서 디지털 미디어 교육에 관심을 갖고, 학생들과 다양한 자료와 콘텐츠를 활용한 수업을 실천하고 있다.

(사)디지털미디어교육콘텐츠 교사연구협회 '몽당분필' 운영진으로 활동하며, 학생들의 삶에 밀접한 디지털 환경 속에서 올바른 배움을 위한 교육과 지원을 실천하고 있다.

이은지 | eyngi@naver.com

금당초등학교 교사. 다양한 에듀테크 기반 수업을 교실 속에서 실천하며, (사)디지털미디어교육콘텐츠 교사연구협회 '몽당분필' 운영진으로 활동 중이다.

2022 HTHT(High Touch High Tech) 마스터클래스 기술융합상을 수상하였으며, 뤼튼 선도교사단, NHN Edu 원더버스 연구개발위원, 각종 교육 출판사 콘텐츠 크리에이터, 연수 강사 등으로 활동하고 있다.

디지털 도구와 콘텐츠를 교실에 연결하여 더 많은 학생들이 배움의 기쁨을 경험할 수 있도록 힘쓰고 있다.

정지현 | lemonsteen@naver.com

초등 교사 출신의 교육 콘텐츠 전문가이자 디지털 아트 강사. 현장 경험을 바탕으로 실용적인 콘텐츠를 기획하고, 디지털 드로잉 기술을 교육에 접목하는 활동을 지속하고 있다.

Canva 공식 Korea Teacher Canvassador 및 Edu-Creator로서, 기술과 교육을 잇는 전문가로 활동 중이며, 교사들의 역량 강화를 돕고 있다.

최서원 | seowon930@naver.com

도곡초등학교 교사. 교실 속에서 학생 맞춤형 디지털 교육을 실천하고 있으며, (사)디지털미디어교육콘텐츠 교사연구협회 '몽당분필' 운영진으로 활동 중이다.

경기도교육청 미디어교육센터 지원단, 광주하남교육지원청 공유학교 홍보 지원단 등 다양한 프로젝트에 참여하며, 교사와 학생 모두가 즐겁게 배움에 몰입할 수 있는 환경을 만들고자 한다.

앞으로도 교육 현장의 경험을 바탕으로, 학생과 교사가 함께 성장하는 디지털 교육을 실천해 나가고자 한다.

황은지 | sally506477@gmail.com

다산한강초등학교 교사. 교실 속 디지털 전환과 에듀테크 기반 수업 혁신을 실천하고 있다. 국내 1호 캔바 크리에이터이자 에듀크리에이터로서, 교사와 학생이 수업에서 즉시 활용할 수 있는 다양한 디자인 템플릿과 수업 자료 제작 방법을 공유하고 있다.

캔바 티처 앰배서더(로컬 리더)로서 교사 커뮤니티와의 연결을 이끌고 있으며, KERIS 지식샘터 스타지식샘과 ITDA 올해의 채널 운영자로 선정되어 연수와 디지털 리터러시 확산에 기여하고 있다.

경기도교육청 교사 크리에이터 1기(GT-C), 구글 공인 트레이너로 활동하며 교사의 디지털 역량 강화와 수업 혁신을 지원하고 있다.

교사를 위한 **캔바** 심화편 수업활용의 **모든 것**

초판 1쇄 발행 2025년 9월 30일

지은이 박준호, 장덕진, 강나진, 김현희, 박태호, 신민경, 윤지원, 이은지, 정지현, 최서원, 황은지

펴낸이 이형세
펴낸곳 테크빌교육㈜
테크빌교육 출판 서울시 강남구 언주로 551, 5층 | **전화** (02)3442-7783 (333)

기획편집 한아정 | **디자인** 하남선

ISBN 979-11-6346-204-0
책값은 뒤표지에 있습니다.

테크빌교육 채널에서 교육 정보와 다양한 영상 자료, 이벤트를 만나세요!

티처빌 teacherville.co.kr
쌤동네 ssam.teacherville.co.kr
티처몰 shop.teacherville.co.kr
체더스 www.chathess.com